生の倫理と世界の論理

座小田　豊
栗原　隆　編

東北大学出版会

Ethics of life, the logic of the universe

Yutaka ZAKOTA　Takashi KURIHARA

Tohoku University Press, Sendai
ISBN978-4-86163-260-0

はじめに

栗原　隆

本書は、平成二三年度から二六年度にかけて、科学研究費補助金（基盤研究（A）：代表・栗原隆：課題番号 23242002）を受託して展開された、「共感から良心に亘る『共通感覚』の存立機制の解明、並びにその発現様式についての研究」の、いわゆる成果報告書に代わるものとして成立した。有り難いことにこれまでの一一年間、本研究課題に到るまで、平成一六年度から一七年度にかけて、科学研究費補助金（基盤研究（A）：代表・栗原隆：課題番号 16202001）を受託して、「芸術終焉論の持つ歴史的な文脈と現代的な意味についての研究」を、平成一八年から一九年度にかけては、科学研究費補助金（基盤研究（B）：代表・栗原隆：課題番号 18320007）を受託して、『新旧論争』に顧みる進歩史観の意義と限界、並びにそれに代わり得る歴史モデルの構築」を、平成二〇年度から二二年度にかけては、科学研究費補助金（基盤研究（B）：代表・栗原隆：課題番号 20320003）を受託して、「空間における形の認知を介した『主体』の存立の基底に見る感覚の根源性についての研究」を展開することができた。

そもそもは、ヘーゲルの美学・芸術論の特徴的な発想である「芸術終焉論」と呼ばれる思想の解明から始まった一連の共同研究を通して、際立ってきたのは、合理的な知の営みとして捉えられる哲学においても、

「感覚」や「表象」、「共通感覚」や「良心」、そして「気分」や「感応（Stimmung）」といった、従来は主観的なものだと捉えられがちだった心の作用が、実に、間主観的な働きをして、知の成り立ちを支えているということであった。とりわけ、思弁的な理性の哲学、あるいは精神の壮大な哲学体系を構築したと、見なされてきたヘーゲル哲学の基底には、遠くは古代ギリシア哲学に淵源を発し、ヘーゲル自身の青春期に盛んに試みられていた、経験的心理学や人間学から流れ込んできていた発想、言い換えると意識下にあって概念化されていない想像や記憶などに代表されるような、いわゆる人間学や心理学の問題圏が広がっている、ということが明らかになった。こうした研究成果は既に、『共感と感応――人間学の新たな地平――』（栗原隆（編）、東北大学出版会、二〇一一年）、さらには『世界の感覚と生の気分』（栗原隆（編）、ナカニシヤ出版、二〇一二年）などにおいて上梓されてきた。これらの一連の共同研究の中心にあって、私たちに指導を惜しまなかったのが、加藤尚武先生である。

東北大学大学院あるいは京都大学大学院で、院生の指導に力を尽くされ、多くの人間を研究者へと育て上げた加藤先生は、二〇一四年に喜寿をお迎えになっていた。したがって、これまでの一連の共同研究の総括とも言うべき本書が、実質的に、加藤尚武先生の喜寿記念論集になったのは、自然の成り行きであった。

本書は三部構成から成っていて、第一部は、「哲学史研究の再構築」と題されている。ここには、『「かたち」の哲学』（岩波書店、二〇〇八年）を初めとして、哲学史にあって隠されていた水脈を掘り起こした加藤先生のお仕事に連なる研究が配置されている。第二部の「ヘーゲル哲学研究の革新」は、『ヘーゲル哲学の形成と原理』（未來社、一九八〇年）に始まった、日本のヘーゲル研究の水準と内容を、世界水準へと高めた加藤先生の研究からご学恩を賜った論考が配置されている。そして何よりも、日本に「生命倫理学」を根付かせ、また「環境倫理学」を主導して、多くの若手研究者に道を拓いた、加藤先生の最大のご業績である応用倫理学の問題を展開する研究が、第三部「応用倫理学の可能性」に列せられている。

　全体のタイトルである『生の倫理と世界の論理』とは、加藤先生の研究軸の二つである、「自然環境の倫理や生命の倫理」と「ヘーゲルの思弁的世界の論理」を併せた上で簡略化して、書名にしたものである。ところが、約めて書名にしてみると、意外な切り口が仄見えてくる。というのも、「生」と「世界」こそ、ヘーゲル初発の哲学的問題意識、と言っていいものだからである。そして　加藤先生は、その論考「青年期ヘーゲルにおける生の弁証法」（『思想』一九七〇年九月）＝加藤尚武『ヘーゲル哲学の形成と原理』（未來社、一九八〇年）第二章「生の存在構造」において、青年ヘーゲルにあって、古代ギリシアの自由な人士の「祖国という理念、その国家という理念は、彼がそのために働き、彼を突き動かす不可視なもの、より高いものであった。それは世界における彼の究極目的であり、言い換えると彼の世界の究極目的であった」（SW.I,205：GW.I,368：加藤尚武『ヘーゲル哲学の形成と原理』未來社、四六～四七頁）と看破されたところに、生の理念の具体化を剔抉されていた。ヘーゲルにおけるそうした発想を哲学史的に遡及すると見えてくる風景は、加藤先生の手になる本書の「序文」によって改めて示されている。そしてさらに新たな背景が透けて見えて来るのも事実なのである。

　『キリスト教の精神とその運命』にあっては、『ヨハネの福音書』に即しながら、生の思想が語られている。イエスに仮託してヘーゲルが目指しているのは、「律法のプレーローマ」（SW.I,326 u. 329：GW.II,158 u. 163）であり、そのためにヘーゲルは、「愛と生命の充実（Lebens-fülle）における宥和」（SW.I,354：GW.II,215）、「愛のプレーローマ」（SW.I,370：GW.II,246）を実現する道徳をイエスのうちに読みとろうとする。

カント倫理学に見られる、義務の命令とそれに聴き従う者との乖離や、それと同じような対立を招来しかねない律法を充足させるためにヘーゲルが用いた「プレーローマ」という言葉そのものに接するだけで、ヨハネの福音書の解釈についての、膨大な蓄積と壮大な歴史に想い到らざるを得ない。たとえばR・ブルトマンは、『ヨハネによる福音書』の一の一六「わたしたちは皆、この方の満ちあふれる豊かさの中から、恵の上に、さらに恵みを受けた」について、啓示者が「彼の神的な本質の充満にあずからせる。啓示者のこの賜物は普通『永遠の生命』と呼ばれる」(R・ブルトマン『ヨハネの福音書』日本キリスト教団、杉原助訳、九六頁)と解釈した上で、充満、すなわちプレーローマについて、次のように注記している。「プレーローマも神的な領域の伝統的な性格規定である。(……)啓示者は信者を彼の愛または真理の言葉で『満たす』。グノーシスはすべてのものを『満たす』。人は主の生命の泉から『満たさ』れねばならない」(ブルトマン『ヨハネの福音書』六一五~六一六頁)。対立や乖離を宥和する働きとしてプレーローマを語ったところに、神学校で学んだヘーゲルの教養の一端を垣間見る思いに誘われるのである。

さらにブルトマンのもとで学んだH・ヨーナスによれば、グノーシスについては、要約や引用などの二次資料の他には、「一九世紀までは(プロティノスの著作を除けば)それらより他には資料がまったくなかった」(H・ヨーナス『グノーシスの宗教』人文書院、六一頁)という。ただしそのプロティノスは、グノーシスを激しく攻撃したというのであるから、事情は複雑である(ヨーナス『グノーシスの宗教』、二一九~二二一頁参照)。

『ヨハネの福音書』の冒頭、「初めに言が**あった**。言は神と共に**あった**。言は神で**あった**」(一・一)(SW.I,373 : GW.II,254)、そして「言(Logos)の内に命(Leben)が**あった**」(一・四)(SW.I,373 : GW.II,254)という章句からヘーゲルは、「個々のものや制限されたものが、対立するもの、死せるものとしてあったとしても、同時に無限の生の樹の小枝である。いかなる部分も全体の外にあるとともに、同時に一つの全体であり、一つの生である」（SW.I, 374 : GW.II, 255）という解釈を導き出す。些か強引とも思えるヘーゲルの解釈には、根拠がある。ヘーゲルによれば、「ヨハネの福音書の冒頭を理解する両極端な仕方のうちで、最も客観的な理解の仕方は、ロゴスを一つの現実的なもの、一つの個体として捉えるやり方であり、最も主観的な理解の仕方は、ロゴスを理性として捉えるやり方である」（SW.I, 373 : GW.II, 255）という。反省的に思考するなら、神とロゴスとが区別されてしまうことになると見たヘーゲルは、一度、対立のない全一なるものとして想定しておきながら、同時に、無限に分割される可能性を全一なるものにもたらす反省的な思考を斥ける。「神とロゴスとは、神が、ロゴスという形相における素材である限りにおいて、違うだけである。ロゴスそのものは神と共にあり、両者は一つである」（SW.I, 374 : GW.II, 255）。

このようにして語られた「生命の樹」の思想については、『ヨハネの福音書』以外にも、その淵源を明示することができる。それは、ヤコービの『スピノザ書簡（増補第二版）』（一七八九年）の巻末に、新たに付せられた「付論I」の「ジョルダーノ・ブルーノの『原因・原理・一者について』からの抜き書き」であり、ブルーノを通して、ヘーゲルが間接的にプロティノスを知っていたのは確実なようである。「エンペドクレスはプロティノスにとって、父であり、産み出した者であった。というのも、エンペドクレスは、自然の耕地の上に種を播いて、彼の手から、結局のところ、いっさいの形相が生じている。私には畑地は、内面的な芸術家のように思われる。というのも、畑地は、内面から質料を形成し、形態化するからである。根もしくは穀物の種子の内面から畑地は、新芽を芽生えさせる。新芽から枝を伸ばさせて、枝から分枝を伸ばさせる。分枝の内面からつぼみをつけさせる。葉や花そして果実という柔らかな組織のすべてが、内面にあって賦与されていて、準備されていて、完成されている。そして内面から、畑地は再び、樹液を果実や葉から分枝へと呼び戻す。分枝から枝へと呼び戻す。枝から幹へと呼び戻す。幹から根へと呼び戻すのである。――植物においてこうであるように、動物においても、万物においてもこうなのである」(Jacobi.I-1,186f.)。

さてヤコービによる「抜き書き」は、抜粋というより、ジョルダーノ・ブルーノの『原因・原理・一者について』の要約のようなものであって、対応づけが難しい。とはいえ、ブルーノの著作の次の箇所を踏まえていることは明らかであろう。「プロティノスは、それを『父にして始祖』と言っていますが、その理由は、それが自然の領域に種子を分配する、形相の間近な配給者だからです。われわれは、それを『内なる職人』と呼んでいます。なぜならば、それは、質料に内から形や姿を与えるのですから。この『内なる職人』の働きは、植物や動物を見れば明らかです。実際、種子や根の内部から幹が発達して、幹の内部から枝が伸び、枝の内部から小枝が形成され小枝の内部から芽が現われ、芽の内部から葉や花や果実が形成され、神経のように編まれるのです。そして特定の時期になると、樹液は、芽や果実から小枝へと、小枝から枝へと、枝から幹へと、幹から根へと呼び戻されるのです」(ジョルダーノ・ブルーノ『原因・原理・一者について』東信堂、七二〜七三頁)。

実に、「生の倫理と世界の論理」という問題設定から、研究を進めてゆくと、思想史の隠されていた脈絡が明らかになるところにこそ、共同研究の醍醐味とその意義があるようにおもわれる。こうした方向性のもとで展開された一二の共同研究によって、読者諸賢にとっても魅力的な思想史のタペストリーが織りなされていることを本書が実証できていたなら、加藤尚武先生の喜寿を寿ぐにこれ以上を望むべくもない喜びである。

《出典略号》

GW…………G.W.F.Hegel : Gesammelte Werke. (Felix Meiner)

Jacobi ………Friedrich Heinrich Jacobi : Gesamtausgabe. (Felix Meiner)

SW …………G.W.F.Hegel : Werke in zwanzig Bänden. (Suhrkamp)

生の倫理と世界の論理　目次

II　ヘーゲル哲学研究の革新

序文　生と世界

加藤尚武

われわれは、多くの異質・異次元の知をもっているが、その知を統合する必要が起こった時、どうしていいか分からない。「知」には、共感的、情緒的な判断もあって、たとえば気まずい関係になってしまった女友達と久しぶりに再会するとき、彼女の顔を冷静に観察することはできないだろう。「私は貴方とは結婚しません」という告白を読み取ることになるかどうかという不安が私のこころを押し潰している。もちろん、純粋に客観的に観測することには、不安を感じない。物差しではがきの幅を測って、一〇センチであると知った時、それを疑う必要はない。重力の加速度、光の速さ、一モルに含まれる分子数など、特別なデータを示されない限りは、もはや疑う必要はない。共感的・情緒的な対応から、まったく冷静な測定までの幅のある知の能力をわれわれは持っている。

「生」というときには、多分に共感的な関係でわたしをとりまく全体的なものを想定するだろう。「世界」というときには、私の意志から独立した地理的関係、社会的関係、歴史的な関係等を含む全体的なものを想定する。「生」には、社会的規約（倫理）が大いに影響し、「世界」には、構造的な認識（論理）が、一定限度で成り立つ。その世界が「客観的に観測可能」であるかどうかは、難しい問題である。

火星人が地球の上を走る「自動車」の運動を観察して、その運動が法律上の制限速度の影響を受けていることを知る条件はなんだろう。「制限速度」の近傍で、速度の変化が有意義に変化することの観察から、「ある速度をこえると抑止に働く要因がある」ことは観測可能だろうが、「違反だと認定されると罰金を払う」ことが、運転者の行為に与える心理的影響を測定することは不可能だろう。規範の存在は観察されたデータからは判定できない。

生と世界は連続しているが、規範と事実は連続していない。世界と言うときには、法律などの規範が、事実に組み込まれている状態をさしている。そういう問題に、たえず人間は直面しているが、現実は複雑すぎて、その複雑な現実のありのままでは、われわれは対処できない。ニコラス・ルーマンの言うように、法律や規範を作ることによって、現実そのものの複雑さを縮減する。

現実の複雑さを縮減するはずの規則が多様化して、規則による複雑を生み出す。繁文縟礼。規則や法律の解釈を行う専門家が発生して、規則があれば個人の自己決定が可能になるという条件が奪われる。そういう状況の中では、一義性への要求が高まるが、その一義性を守るためには、解釈の専門家の助言が必要になる。キリスト教やユダヤ教からイスラム教に改宗した人の告白には、「真の一義性がイスラムでなければ得られないと思った」という内容が含まれることが多い。世界が複雑になればなるほど、一義性への要求が高まり、それは宗教上の原理主義と結びつきやすい。

スピード違反に対する罰金は、社会全体としては、交通事故による社会的なコストを一定限度以下に縮減するという目的のために課せられる。罰金は、罪への償いではあるが、「払いさえすればいい」という性質をもっている。一般に、罪に対する罰則が行われることは、罪を犯したものが、社会に復帰するための必要条件と見なされている。罪にゆるしがある。

青年期ヘーゲルの思索の一つは間違いなく「罪にゆるしがあるのは何故か」という問いだった。ヘーゲルは、イエスを処刑した歴史的ユダヤ教にも、その中のパリサイ人と呼ばれた人々にも、カントの倫理思想にも「罪にゆるしをみとめないリゴリズム」を感じ取っていた。そのリゴリズムは二世界論・禁欲主義・イデア論と結びついている。罪は、聖書によって定められていると考えてもよいし、カントの定言命法のような方式から定められると考えてもよい。罪を定める仕方から判断すれば、罪は永遠に罪であって、罪が許される条件はどこにも記載されていない。それにも拘わらず、イエスは「汝らの罪は許されたり」と発言し、キリスト教は「赦しの宗教」とさえ言われる。

ある行為を罪と見なす基準と、その罪を犯した人をゆるす基準とが、どのようなつながりを持つべきかということについての学説は、せいぜい刑罰の行政論で付随的に扱われるだけで、中心となる倫理や刑罰論には「ゆるしの原理」が不在である。ヘーゲルは、その不在を意識していた。

現代では、「ユダヤ人はドイツ人をゆるすことができるか」というような問いが、各地の内戦のなかでの事件の被害者と加害者について起こされている。実用的なレベルでは、被害者と加害者が共存して生活せざるをえない、加害者が、すくなくとも公式的には謝罪をしている、加害者が同じ行為を再度行う可能性がないというような条件が成り立つなら、「ゆるし」の可能性があると見なされる。そして、被害者とその関係者による復讐が起こらないことが、「ゆるし」の証明と見なされる。

戦争の時代が終わって、平和の時代になった時、戦時の行為に関して、復讐の無限連鎖を防止することが、「ゆるし」の実用的な意味である。かつての敵との共存を平和的に維持することが「ゆるし」によって可能になる。(1)

「ゆるし」は、問題となる行為が罪ではなかったと見なすことではない。「ゆるし」は、罪と見なすことを否定するのではない。生命の共同体という想定をしたときに、罪の発生は、その生命体の病であり、傷（二分裂）であるが、生命体が、その傷をいやし合一を回復することが、ゆるしであるという解釈がなりたつ。根元となる生命体は、つねに自分を分裂させるとともに、その分裂から、統一を回復する営みを続けている。異化と同化、新陳代謝を通じて、自己を維持する存在である。それを「結合と非結合の結合」などと呼んでもいい。生命体は、新陳代謝を通じて自己同一性を維持している。生命体は、多様に発散すると同時に、統合されていく、発散と収斂のリズムのなかに生きている。多様に分散したままでは、生命が失われる。分散のエネルギーを超える統合のエネルギーが働いていなくてはならない。

プロティノスの存在論は、その統合の根拠となる一者を中心に組み立てられている。「すべての存在は一であることによって存在なのである。第一義的な存在についても、なんらかの「派生的な」存在についても、「存在は一であることによって存在」なのである。なぜなら、ものが一つのものとして語られる、その一つということを取りさられるならば、そこに語られていたものとしては存在しえない。軍団は、一つのものとなっていなければ存在しない。合唱舞踊者の一団もそうであろう。このことは植物や動物の肉体について特にそうであり、その名は一つなのであって、これが多に細分されて、一体性から遠ざかるばあいには、所有していた自己自身の本来のあり方をなくして、いままであったものではもはやなく、これとちがったものになってしまう。[2]」

プロティノスの「軍隊」や「合唱隊」の集合概念は、政治的には過激な全体主義と結びつく要因をもっている。集団の統合を果たす指導者は、各自にその存在の理由を与える絶対的な権限をもつものと見なされやすい。実際にヘーゲルが生きていたドイツは、統合の欠如によってフランスに敗北するという結果が生じていた。ヘーゲルは、主権国家の戦争を行う権限を絶対的なものと考えていたし、個人が国家のためにその生命をささげることは個人の義務であると考えていた。

今日、徴兵制が自由主義の原則に適合しないという理由で、徴兵制を廃止した国では、当然、徴兵制復活の動きがあるが、ヘーゲル主義が徴兵制の正当化に使われる可能性が大きい。「国家は個人の安全を守る手段に過ぎないのではなくて、個人の生命の本来的な目的である」という思想を、ヘーゲルのプロティノス主義から引き出すことができる(3)。

ヘーゲルの国家像は、有機体的な統合の理論を国家に適用したものだった。しかも、国家を統合の最上位に置いた。これが主権（souveranity）国家という観念に一致した。主権（souveranity）とは、「それ以上の決定権がない最上位」を意味した。近代のヨーロッパでは、ローマ法王の支配下には置かれないという意味であった。ヘーゲルは、それにプロティノスの最高の「一者」という概念を当てはめた。実際には一つの国は、より軍事的に強力な他の国家の支配下に置かれることもある。それでも近代の国家間関係では、個々の国家が最高の決定権をもつ。こういう国家間関係におかれた国家は「国民国家」(national state) とも呼ばれる。ヘーゲルの国家観はこの国民国家のあり方をそのまま理論化したもので、それを超える要素を持たない。プロティノス流の概念の粉飾が施されているために、ヘーゲルの国家観に「深い叡智」が潜んでいると信じている人がいる。

現実にヘーゲルは、ドイツが近代国家になる以前に、「国民国家」＝「主権国家」という観念にあこがれて、それを概念的に表現した。そのために国家の「最高の決定機関」という要因が絶対的なものと見なされて、「有限なものを無限化する」という過ちをヘーゲル自身が犯してしまった。

実際には、国家の現実は収拾のつかない分散に向かっているかもしれない。国家の崩壊、細胞の統合からの離反、会社の倒産などは、統合の崩壊であり、それが悪である。すると善は、ほとんど健康とおなじ表現でとらえられる。「健康も、その肉体が綜合的に一つに秩序づけられるところに成り立つ。美も、一体性の支配が身体の部分部分に行き渡っているということである。魂のよさ（徳）も、それが一体化されて、一つに合致し、一つとなることにおいて成立する。(4)」

このプロティノスの健康概念は、プラトンの『ティマイオス』に由来するが、ヘーゲルの犯罪概念の原型をなしている。プラトン・プロティノスの病態観に従うなら、カントの定言命法だとか、聖書の言葉とかの実定的な文言が、共同体を引き裂いてしまうような状態は、生命的な統合というイメージに相応しくない。形式的な規則などは確かに統治の方法として必要ではあるが、それらは一面的なものにすぎない。すべての一面的な規則が、その一面性を自覚して、全体的な人倫の統合を維持することに貢献するなら、人倫の一契機として存在を認められる。応用倫理学は、この次元を超えるわけではない。(5)

生命的な人倫は、悟性的な道徳・倫理・規則・法律などのシステムの総合システムである。そういう部分的なシステムとして「汝の意志の格律が普遍的な立法の原理となるように行為せよ」というカントの定言命法が妥当していてもいい。しかし、あらゆる条件を無視して、この法則の形式だけが、行為の規制原理となるのではない。

ある人は、人に助けてもらわないと生きていけないが、人を助けることはできない。その人の生きることのできる格律は「たとえ人を助けることはできなくても、人に助けてもらうべきである」ということになる。その人の家族や隣人の格律は「たとえ自分がその人に助けてもらえるあてがなくても、困っている人を助けなさい」という内容になるだろう。

おおむね対等の生きる条件を恵まれていて、独りで自立して生きていくことのできる人々の間では、カントの定言命法が妥当する。

個人が成人で判断能力がある場合、「自分のもの」について、他人に危害を加えない限りで、たとえ理性的に見て愚かな行為であっても、自己決定の権限をもつという原則は、愚行についてはなるべく避けるという個人の理性がある程度まで働くと想定される場合には、社会的に健全な個人の尊重という事態を生み出すだろう。しかし、判断能力が低下した者が、社会的に迷惑になる行為を頻発するという事態になれば、パターナリズム原則が発動されることになるだろう。自己決定原則もパターナリズム原則も、それぞれそれを採用することが妥当な条件があり、その条件を発見することが、社会認識の成熟に結びつく。

「未成年であり、判断能力が不十分な者に対して、親権者・保護者が、暴力・威嚇・欺瞞等の手段を用いて、ある行為を強制することが許されるが、それは当の未成年者の最大の利益をめざし、未成年者自身が判断能力を持つならば当然選択するような行為でなければならない」というパターナリズム原則と自己決定原則の使い分けの原則もあるはずであるが、それは明文化されることはない。「状況に応じて適切に判断せよ」という一般原則があるだけである。

集団や個人が良い状態にあるということは、健康な状態にたとえられる。そのすべての部分的な自発性が、全体としては究極の目的に統合されている状態といえるだろう。その統合の中心をプロティノスは「一者」と呼ぶ。

人間社会の倫理は、いつも究極の一者に向けて統合の試みを続けている。応用倫理学は、まるで目標もなくただ対立する意見の調整に明け暮れているように見えるが、じつは、部分の自発性の最大限が、全体としての統合の最大限になるような調整が求められている。これをプロティノス的な生命像を離れて観測すると、全体として配分がもっとも適正であり、個別的な行為の効率の最大限が発揮されている状態と言えるだろう。生命がもっとも生き生きと活動している状態を、測定値によって観測すれば、最大の効率性が得られる。したがって、プロティノス的倫理が求めているのは、最大多数の最大幸福だと言っても間違いにはならない。しかし、そう言えるのは測定と言う一面で切り取って見ている限りにおいてである。

「魂は、生命の根源として、工作、形成、形容、綜合などのはたらきによって、万物を一へとみちびく。いっそ魂がすなわち一者であると言うべきだろうか。魂は肉体に一体性を与えるけれども、魂の与えるその一体性は、魂そのものとは異なる。魂は一者をかなたに仰ぎ見ながら、それぞれのものを一つにする。[6]」

魂は、多様を統合して生命を与えるが、魂は、究極の一者ではない。一者は、魂がつねに仰ぎ見ている目標である。「人間は、動物である、理非を弁える、多くの肢体部分からなる。これらの多は一者によって結び合わされているから、人間と一者とは、一方は部分に分けられるけれども、他方が不可分である限りにおいて、別々なのである。このことはまた特に全体的な存在においてそうなのであって、全体的な存在はすべての存在を自己のうちに含むことによって、ますます多となり、一者とは異なる。一者が第一者なのであって、知性も形相も存在も第一者ではない。[7]」

このように「一者」をいつも当事者から一次元高いところに置いて、当事者が一者を仰ぎ見て、統合の作用を営むという形で、各統合の場面ごとに「理想化」が働いているのが、プロティノスの思想の特色である。認識も、そのような対立を生み出して、その対立から結合を回復する営みである。生命体は、自分を主観と客観に分裂させて、その分裂から統一を回復するという過程をいとなんでいる。ヘーゲルは、しかし各段階ごとに「理想化」が働いているという見方はしていない。像として統合の高次化が意識されて、あこがれ、仰ぎ見る限りで統合が成就するという見方はしていない。ヘーゲルは、理想主義をとりさげても、統合が成り立つことが重要だという立場を採る。

プロティノスの「一者」の概念は、多様を統合する結節点を生み出すものだが、それをヘーゲルは「概念」のもつ一つの機能に組み替えて、「論理学」を組み立てる。プラトンにまでさかのぼれば、「太陽の比喩」で光が存在の原因となるという局面を、ヘーゲルは理想化を離れた、統合の機能の成就として捉えなおす。その論理学は、どうしても普通の論理学の枠にははまらない。概念が有機体モデルとなって、あらゆる多様性を統合するという過剰な働きをすることになる。概念そのものが、あまりにも有機体的な生命力を発揮するように描かれている。

プロティノスの生命論的存在論をヘーゲルは組み替えた。一者との神秘的一体の経験を「絶対知」という非神秘的認識に変えた。心身分離・二世界説を一元的世俗性に転換した。そして「自我（Selbstbewußtsein）は、絶対的であるが、他者にとって絶対的であるということによって、絶対的なのである。すなわち「相互に」承認された存在としてのみ絶対的である。」（SK.3.S.145、GW.9.S.109）というプロティノスにない構造を組み入れる。自我の絶対性、人格の尊厳は、相互承認によって維持される。言葉の意味と言うイデア的なものも相互承認で説明されるなら、イデアの超越性という次元は不要になる。

言葉のイデアの相互承認と言うモデルは、意味論的なプラグマティズムと構造上、とてもよく似ている。石工の一人が「隅石を渡してくれ」というと、もう一人が「隅石」を彼に渡す。一つの解釈は、「隅石」という概念の意味（イデアとしての「隅石」）が、両者に共有されているというものである。もう一つの解釈は、その手渡しが実際にうまくいくという実践が、「イデア的意味の共有」という事態そのものであって、イデアの超越的な存在は不要であるという解釈である。当然、この文脈で「イデアの否定」は不必要であるという「イデア否定の余剰説」もありうる。

ヘーゲルの論理思想では、概念には、一者を与えるという機能と、メテクシス（分有）を可能にするという機能とがともに備っている。概念は、そこに含まれるそれらの機能を、概念に対して他者となる要因のさまざまなあり方に応じて発動させる。(8)

プロティノス由来の生命の存在論は、多様が一者に統合され、その一者が多様な存在者となって放散されて現象となるというものであった。ヘーゲルはそこに個別的に偶然的なものの集合が必然性を形成するという文脈を読み取ることができた。これが彼の市民社会論の原型である。個人が自分の利益の追求という不合理な、偶然性を伴う行為をしても、その全体が必然性を形成する。アダム・スミスの「見えざる手」が、プロティノスの文脈の中に取り込まれる。これは従来の理性観とは、まったく違うものを生み出すことになった。

西洋哲学の歴史がプラトンの注釈に過ぎないという名言に異を唱えるつもりはないが、そのプラトン像として、『ティマイオス』を含まず、二世界論・禁欲主義・イデア論で完結したプラトンしか教科書には記載されていない。『ティマイオス』を主要なテキストとし、二世界論とイデア論を排除したプラトンは、しばしばキリスト教、ユダヤ教、イスラム教の異端派の拠り所であった。プロティノスは、二つのプラトン像を見事に統合して見せたが、ヘーゲルはそのプロティノスを踏み台にして、『ティマイオス』中心のプラトン像を自分の思想として掲げた。

《註》

(1) 二〇一三年九月二一日発表、「和解の哲学的背景」広島大学科研費研究会。現代の和解論の全般的な状況に言及した。
(2) プロティノス『エネアデス』Ⅳ9―1中央公論社プロティノス全集、四巻五六二―五六三)。二〇一四年一二月二〇日、加藤尚武「同一性の変貌と発展」日本ヘーゲル学会(静岡大学)シンポジウムにおける発表を参照のこと。なお、この原稿は『ヘーゲル研究』第二十一号に掲載予定。
(3) 金子武蔵『ヘーゲルの国家観』(岩波書店、一九四四年)参照。
(4) 『エネアデス』Ⅳ9―1、同前、四巻五六四。
(5) 加藤尚武「ヘーゲル」、中央公論新社『哲学の歴史』第七巻、三八一頁「病気と不正の発生学」を参照。
(6) 『エネアデス』Ⅳ9―1、同前、四巻五六四。
(7) 『エネアデス』Ⅳ9―1、同前、四巻五六七―五六八。
(8) 加藤尚武「ヘレニズムとヘブライズムの地平分離」(『井上忠先生追悼集』(二〇一四年一二月二五日)所収)を参照。

I　哲学史研究の再構築

1 〈共通感覚〉の問題圏

――〈感覚の感覚〉（アリストテレス）から〈美的意識〉（カント）へ――

小田部胤久

加藤尚武は論文「情念論小史――心身問題を中心にして」[(1)]において、古代ギリシア（プラトン、アリストテレス）から近代（デカルト、カント）を経て現代（デイヴィドソン）にいたるまでの情念（感情・感性）論に関して問題史的な見取り図を示している。本稿は、「共通感覚」という概念を一つの手がかりとして、加藤によるこの見取り図に小さな補注を付け加える試みである。

「共通感覚（koinê aisthêsis, sensus communis）」という古典古代から伝わる概念に二つの系譜があること、すなわち「共通の」という形容詞の意味の相違に応じて、五感に共通の感覚というアリストテレス以来の系譜と、他者と共通の見解（いわゆる常識）というキケロ以来のローマ的系譜とがあること、これはすでに広く認められた通説である。[(2)]この二つの系譜は、主観内的（intra-subjectiv）な次元と間主観的（inter-subjectiv）な次元として理解することもできる。[(3)]こうした通説に本稿が対置するのは、すでにアリストテレスの内に第二の系譜の萌芽が、かつそれも豊かな萌芽が認められる、という命題である。その上で、カントの美学理論――その根幹には「共通感覚」論（これは大別すれば第二の系譜に属する）がある――の分析を通して、カントが（隔世遺伝的にはあるが）すぐれた仕方においてアリストテレスの議論を継承し発展させていることを明らかにする。

第一節　「共通感覚」論の端緒――『魂について』に即して

アリストテレス『形而上学』（第一巻第一章）に次のような一節がある。

共通の諸感覚（能力）を超えて（para tâs koinâs aisthêseis）何がしかの技術を発見〔考案〕した者は、発見された物のうちに何か有用なものがあったという理由のみならず、この者が知恵を持ち、他の人々から際立っているという理由によって、人々から驚嘆されたが、それは当然のことである。（Met. I 1, 981b 13-17）

ここで「共通の諸感覚（能力）」（Met. I 1, 981b 14）[4]と訳した原語は koinê aisthêsis の複数形であるが、右の一節は従来の研究において不思議なほど注目されてこなかった。[5]一体「共通の諸感覚（能力）を超えて」という語句は何を意味するのか。『形而上学』（第一巻第一章）においてアリストテレスは、「個別的なものども」と関わる「感覚（能力）（aisthêsis）」から始まり、「記憶力（mnêmê）」「経験（empeiria）」を経て、「普遍的」な事柄あるいは「原因」と関わる「技術（technê）」「学問（epistêmê）」へと上昇する人間の知の階梯を論じる。それゆえに、「諸感覚（能力）を超えて」という語句の意味は、「技術」が個別的な事実についての知のみならず、普遍的な原理を必要とすることを意味する。そして、こうした普遍的な原理の洞察が一定の人間に限られるのに対して、「諸感覚（能力）」（具体的には五感）はあらゆる人間に備わっているために「共通の」と形容される。

アリストテレスに由来する「共通感覚」は五感に「共通の」感覚を意味し、それゆえこの語は常に単数形で用いられるが、今検討した一節においてアリストテレスは「共通の」という形容詞を、「あらゆる人間に共通の」という意味で用いており（そしてここで主題とされているのは五感であるため、「共通感覚」という語は複数形である）、この点においてこの用例は後のラテン的系譜に先駆けるものといえる（とはいえ、ラテン的系譜においても常に単数形が用いられる）。

ただし、右に検討した「〔あらゆる人間に〕共通の諸感覚（能力）」という一節をもって、アリストテレスの内に「共通感覚」の第二の系譜の萌芽を認めようというのではない。

「共通感覚」という語を考案したのはアリストテレスであるが、しかし彼がこの語を用いるのは極めて稀であって、その用例は De anima, III 1, 425a 27; De memoria 1, 450a 10 f.; De part. anim. VI 10, 686a 31 の三箇所にとどまり、[6]「共通感覚」は〈術語〉というにはほど遠い。これら三箇所の中で前後の文脈からこの語の意味を最も明確に特定しうるのは『魂について』（第三巻第一章）の用例であるが、その用例に即するならば、「共通感覚」とは――以下に検討するように――色や音や味のようにある特定の感覚（能力）に固有なものではなく、むしろあらゆる感覚に共通なものども（例えば運動、静止、形、大きさ、数、一）を感覚する能力を意味している。だが、こうした用法は人々が今日「共通感覚」と呼び習わしているものの一部を占めるにすぎず、それため、アリストテレスのいう「共通感覚」はわれわれがその語のもとに通常理解するものと比べるならばごく限られた意味を持つにすぎない。ところが、アリストテレスにおいて、〈あらゆる感覚に共通なものどもの感覚〉という「共通感覚」の本来の主題は他の主題群、例えば〈複数の感覚を跨ぐ感覚〉あるいは〈感覚の感覚〉といった主題群と密接に連関しており、この主題群はさらに「共通感覚」の第二のラテン的系譜とも接続している。これら一連の主題を「共通感覚」の〈問題圏〉として関連づけつつ論じることが本節及び次節の課題である。

諸感覚に「共通のもの」について

『魂について』（第二巻第六章）のアリストテレスは、個々の感覚に固有なものと、いかなる個別感覚にも固有ではなく、むしろすべての感覚（ただし、「すべての」という限定は言い過ぎであって、「複数の」とすべきではないか、という点については議論がなされてきた[7]）に共通するものとを区別している。

> 私がそれぞれの感覚に固有のもの（idion）と呼ぶのは、他の感覚によっては感覚しえず、それについて誤りえないものである。例えば、視覚が色に、聴覚が音に、味覚が味にかかわる場合がそうである。……これに対して、共通のものども（koina）とは、運動、静止、数、形、大きさである。なぜならば、そうしたものどもはいかなる感覚にも固有のものではなく、すべての感覚に共通だからである。実際、運動は触覚にとっても感覚されるものであるが、視覚にとってもそうである。（De anima II 6, 418a 11-13, 17-20）

ここでアリストテレスは「運動」を例にとって、それは決して視覚や触覚といったある特定の感覚（能力）に固有のものではなく、あらゆる感覚（能力）に共通であることを指摘している。ただし、ここでのアリストテレスは、こうした感覚がいかなる器官によってなされるのか、については触れていない。

この点について第三巻第一章では次のように論じられている。

共通のものども、例えば運動、静止、形、大きさ、数、一については、固有の感覚器官（aisthêtêrion ti idion）のようなものは存在せず、それらをわれわれは個々の感覚（能力）によって附帯的に感覚する。……共通なものどもについてわれわれはすでに共通の感覚（能力）（koinê aisthêsis）を有しており、〔共通の感覚（能力）は共通なものどもを〕附帯的〔に感覚するの〕ではない。（III 1, 425a 14-16, 27-28）

まずアリストテレスは、共通のものどもを固有の仕方で感覚する器官（第六器官のごときもの）を否定する。個々の感覚がそれぞれに固有なものどもをそれ自体で感覚するのに対して、共通のものどもは個々の感覚が附帯的な仕方で——すなわち、固有なものを感覚する際に付随する仕方で——感覚する。だが、このようにしてわれわれは、仮に共通感覚器官のごときものを持たないにしても、「共通の感覚」を有するのであり、これは固有の感覚（すなわち個々の感覚のそれ固有の働き）に還元されない。

〈諸感覚を跨ぐ感覚〉について

以上がアリストテレスによるいわゆる「共通感覚」の規定であるが、この箇所に従う限り、個々の感覚（能力）と共通の感覚（能力）の関係はなお不明である。この点に関してアリストテレスは続く一節で次のように述べている。

他面、同一のものについて同時に感覚が生じる場合には、諸感覚（能力）は〔他の感覚（能力）に〕固有なものどもを互いに附帯的に感覚するが、ただしその際、諸感覚（能力）は複数の感覚（能力）としてではなく、一つの感覚（能力）として感覚する。例えば、胆汁が苦くかつ黄色い〔と感覚する場合のように〕。なぜならば、両者〔苦いものと黄色いもの〕が同一であると語ることは、〔共通の感覚（能力）とは〕別の感覚（能力）に帰属することではないからである。（III 1, 425a 30-b3）

「共通の感覚（能力）」が問題となるのは、同一のもの（例えば運動）をさまざまな（あるいはあらゆる）感覚（能力）が感覚対象とする、という次元においてではない。というのも、その限りでは、個々の感覚（能力）が相互にいかに関わるのかは問われないからである。むしろ、共通感覚の共通感覚たる所以は、個々の感覚（能力）――具体的には視覚と味覚――を跨ぎつつ「一つの感覚（能力）として」作用するところにある、というべきであろう(8)。

このように考えるならば、『魂について』（第三巻第二章）に見られる次の議論が注目に値する。ここでアリストテレスは、「共通感覚」という術語を用いてはいないものの、複数の感覚（能力）を跨ぐ感覚（能力）について、ただし第三巻第一章においてとは異なる視点から論じているからである。

さらにわれわれは白さと甘さを判別し、感覚されるものどものそれぞれをその他のものと区別するのであるから、何かによってそれらが異なっていることをわれわれは感覚する。それが感覚（能力）によってであることは必然である。というのも、それらは感覚されるものだからである。……〔白さと甘さを感覚するという点で〕あり方（to einai）に関して〔この感覚は〕分かたれるが、〔両者を判別するという点で〕場所と数に関して〔この感覚（能力）は〕分かたれない。（III 2, 426b 12-15, 427a 4-5）

ここでアリストテレスは（第三巻第一章においてと同様に）視覚と味覚を跨ぐ感覚について主題としている。例えば、白さと甘さが感覚されるものに属する以上、両者を判別するのは思考ではなく感覚（能力）でなくてはならない。かつ、この感覚（能力）は同一の作用において両者を区別するのでなくてはならない。さもないと、そもそも両者が異なっていると語ること自体が無意味となってしまうからである。この感覚（能力）は白いものを見、かつ甘いものを味わうが、先の第三巻第一章の議論に即するならば〈白いものと甘いものは同一（の砂糖）である〉と「語る」のに対して、この第三巻第二章の議論に即するならば、それは同時に、〈白いものと甘いものは（それぞれが感覚される限りにおいて）異なる〉と語る。

一体この感覚（能力）はいかなるものなのか。「あり方（to einai）に関して分かたれるが、場所と数に関して分かたれない」（III 2, 427a 4-5）というこの感覚（能力）の特質は、第三巻第一章における「諸感覚（能力）は……一つの感覚（能力）として感覚する」（III 1, 425a 30-31）、という「共通の感覚」に関する規定に符合すると思われる。この点で、白さと甘さの判別という事態は、仮にアリストテレスがこうした判別能力に「共通感覚」の名を与えていないにしても、「共通感覚」の問題圏を構成する、ということができる。(9)

〈感覚の感覚〉について

アリストテレスの感覚論を特徴づけるものの一つとして、アリストテレスがいわゆる〈感覚の感覚〉の存在を認めていることである。『魂について』（第三巻第二章）では、「われわれは、われわれが見ていることや聞いていることを感覚する」（III 2, 425b 12）、と語られている。ここでの「感覚する」という作用は、五感を通しての対象世界の判別を意味するのではなく、感覚することそれ自体を感覚するという二次的感覚を意味しており、その限りで「感覚する」という語は〈知覚する〉あるいは〈（反省的に）意識・自覚する〉といった意味合いを持っているように思われる（ただし、後に見るように、これを〈反省的意識〉という意味合いに限定して理解することはできない）。

それでは、この二次的感覚はいかなる能力に帰されるべきものか。アリストテレスは次のように続ける。

> それゆえに、必然的に、自分が見ていることを感覚するのは、視覚によってであるか、あるいは他の感覚（能力）によってであるか、のいずれかである。……視覚の感覚が〔視覚とは〕別の感覚（能力）であるとするならば、〔さらにそれを感覚する感覚（能力）が必要となり〕無限背進となるか、あるいは〔無限背進に陥らないためにはこの系列の中のある感覚が〕自分自身の感覚であることになろう。こうしてこれ〔すなわち自分自身の感覚〕を最初の感覚（能力）〔すなわち視覚〕に認めるべきである。（III 2, 425b 12-13, 15-17）

見ていることを感覚するのは視覚それ自体であり、同様に、聞いていることを感覚するのは聴覚それ自体である、とアリストテレスはいう。その理由は以下のとおりである。感覚の感覚も感覚である以上、さらにその感覚が存在するはずであるが、その感覚を感覚するのが先の感覚とは別の感覚であるとすれば、その場合感覚の感覚の系列は無限に後退してしまう。感覚の感覚の系列が無限に後退しないためには、この系列の中のある感覚が自分自身を感覚する、と考えなくてはならない。とするならば、感覚の感覚の系列の中のある一つの感覚に自分自身の感覚を帰すべきではなく、そもそも最初の感覚それ自体に感覚の感覚を帰すべきである。ところが、論考「睡眠と覚醒について」（第二章）には次のような一節がある。

個々の感覚（能力）に関して、固有の働きと共通の働きが存在する。例えば、視覚に関していえば、固有の働きは見ることであり、聴覚に関していえば固有の働きは聞くことであり、他の感覚についても同様である。だが、あらゆる感覚に伴うある共通の能力（tis koinê dynamis）が存在し、これによって人は、自分が見ていること、自分が聞いていることを感覚する（というのも、自分が見ていることを見るのは視覚によってではないし、また甘いものが白いものと異なることを見分ける、あるいは見分けうるのは、味覚によってでも、視覚によってでも、さらにまた両者によってでもなく、むしろ、それはすべての感覚器官に共通のある部分（ti koinon morion）によってだからである。というのもその感覚（能力）は単一であり、また支配的感覚器官（to kyrion aisthêterion）も単一であるから。ただし、音や色のような個々別々の類に関わる感覚（能力）という点ではあり方（to einai）は異なるが）。そして、これ〔すなわち支配的感覚器官〕は同時に触覚と一緒にあることが最も多い（というのも、触覚はその他の感覚器官と分かれて存在しうるが、その他の感覚器官は触覚から分かたれえないからである）。（De somno 2, 455a 12-21）

ここでアリストテレスは、〈感覚の感覚〉を個々の感覚（能力）にではなく、「共通の能力」――それは「共通感覚」と呼ばれるにふさわしいように思われる――に帰している。この点で、論考「睡眠と覚醒について」（第二章）におけるこの論述と先に検討した『魂について』（第三巻第二章）の一節（III 2, 425b 17）とは明らかに相反するように思われる。[10] さらに、この「共通の能力」に関して「支配的感覚器官」を認める論述は、『魂について』（第三巻第一章）における先に検討した一節、すなわち、「共通のものども、例えば運動、静止、形、大きさ、数、一については、固有の感覚器官（aisthêtêrion ti idion）のようなものは存在せず、それらをわれわれは個々の感覚（能力）によって附帯的に感覚する」（De anima III 1, 425a 14-16）という命題とも相容れないように思われる。

とはいえ、二つの論述が全く矛盾する、と帰結すべきではない。[11] 論考「睡眠と覚醒について」（第二章）においてアリストテレスが「個々の感覚」に関して「固有の働き」と「共通の働き」を区別していることに注意するならば、見ることを感覚するのは、視覚の固有の働きではなく、他の諸感覚と共通する限りでの、すなわち他の諸感覚と「一つの感覚（能力）」をなす限りでの視覚の働きである、と考えることができる。逆に言うならば、「共通の働き」を可能にする「共通の能力」は、それ単独で働くことはなく――それゆえに、この能力に関して「固有の感覚器官のようなものは存在しない」と語られる――、常に個々の感覚に「附帯する」仕方で働く。かつ、「この第一の〈＝支配的〉感覚器官が能力を発揮できないときには、必然的にすべての〈個別的〉感覚器官も感覚することができない」（De somno 2, 455b 11-12）、と語られるように、この共通の能力は個々の感覚（能力）の作用を可能にする条件として、個々の感覚（能力）が作用する際には常に作用している、と考えられる。

さらに重要なことは、『魂について』では〈感覚の感覚〉の問題と〈異なる感覚を跨ぐ感覚〉の問題は、同じく第三巻第二章においてではあるが、それぞれ別の文脈において論じられているのに対し、右に引用した論考「睡眠と覚醒について」の一節（第二章）では、〈感覚の感覚〉の問題は〈異なる感覚を跨ぐ感覚〉の場面の一つとみなされている（ちなみに、白さと甘さを例に取る点で『魂について』と論考「睡眠と覚醒について」は軌を一にする）。〈感覚の感覚〉と〈異なる感覚を跨ぐ感覚〉が一つの問題として語られるのは、論考「睡眠と覚醒について」のアリストテレスが、個々の感覚に関して「共通の働き」を主題とするからである。以上の考察から明らかなように、アリストテレスの「共通感覚」は〈感覚の感覚〉という主題にまで及ぶ。[12]

なお、今の引用文の最後の箇所においてアリストテレスが「触覚」に言及していることに注意しよう。[13]アリストテレスによれば、感覚能力が作用するには感覚するものと感覚されるものとの間に「中間的媒体（to metaxy）」（II 7, 419a 20）が必要である。中間的媒体とは、視覚にとっては透明なもの（具体的には空気、水、さらにはクリスタル類）、聴覚と嗅覚にとっては空気ないし水である。一見すると、こうした中間的媒体は触覚には存在しないように思われるが、「われわれはすべてのものを中間物をとおして（dia tou mesou）感覚する、ただしこうした〈触覚によって感覚される〉ものどもの場合にはそのことに気づかない（lanthanein）のである」（II 11, 423b 7-8）。それでは、触覚にとっての中間的媒体とは何か。アリストテレスはわれわれの「身体（sôma）」ないし「肉（sarx）」が中間的媒体である（De anima II 11, 423a 14-15）、と主張する。つまり、われわれが空気を通して何かを見るように、われわれはわれわれの身体を通して何かに触れるのである。触覚はすべての動物に共通なものとして、感覚のなかで確かに最下位に位置づけられるが、しかしそのことは同時に、「身体」ないし「肉」を「中間的媒体」とすることで全身に行き渡る触覚があらゆる感覚（能力）の基礎をなす、あるいは感覚作用を可能にする条件をなす、ということを意味するであろう。[14]「共通の感覚（能力）」は

「触覚」それ自体ではないが、「触覚」と同様に全身に浸透し、ある固有の感覚能力の内に特定されることがない。このような仕方で「共通の感覚（能力）」はわれわれの感覚能力を律するといえよう。

第二節　「共通感覚」論の射程――『ニコマコス倫理学』に即して

前節において触れた事象は「共通感覚」それ自体の主題を構成するものといってよい。ところが、前節の最後に論じた〈感覚の感覚〉の問題は『ニコマコス倫理学』（第九巻第九章）においてさらに一歩押し進められた仕方で、ただし「共通感覚」という主題に言及することなく、論じられている。『ニコマコス倫理学』（第九巻第九章）の議論の内に「共通感覚」の〈問題圏〉を再構成することが次の課題である。

〈自分の存在の感覚〉について

まず次の一節に注目しよう。

見る人は自分が見ていることを、聞く人は自分が聞いていることを、歩く人は自分が歩いていることを感覚する、そして他の事柄に関しても、われわれが活動している（energein）ことを感覚する何ものか（ti to aisthanomenon）が存在する。このようにしてわれわれは、感覚しているときにはわれわれが感覚していることを、思考している（noein）ときにはわれわれが思考していることを感覚する。そして、われわれが感覚ないし思考しているということは、われわれが存在するということは、われわれが存在することをわれわれが感覚するということである（というのも、存在する（to einai）とは感覚するか思考することであったから）。そして自分が生きていることを感覚することは、それ自体として快い事柄に属する（というのも、生きること（zôê）は本性的に善なるものであり、自分に善なるものが内在することを感覚することは快であるから）。（NE IX 9, 1170a 29-b 3）

幸福な人は友人を必要とするのか、という問いに答える文脈において、アリストテレスは友人の問題から一旦離れて、『魂について』（第三巻第二章）においてすでに論じた〈感覚の感覚〉への言及から始める。ただし、『ニコマコス倫理学』（第九巻第九章）のアリストテレスは自らの議論を〈感覚の感覚〉から直ちに〈思考の感覚〉へと拡張し、両者を〈活動の感覚〉として総括する（cf. NE IX 9, 1170a 17-18）。人間の「生（生きること）」は「感覚する」ことと「思考する」こととからなるゆえに（IX 9, 1170a 19）[15]、〈活動の感覚〉とは〈生（きていること）の感覚〉ないし〈存在（すること）の感覚〉にほかならない。『ニコマコス倫理学』において〈感覚の感覚〉という主題は「感覚」をめぐって、『魂について』の与り知らない〈生（きていること）の感覚〉ないし〈存在（すること）の感覚〉という主題へと展開している[16]。

だが、〈感覚の感覚〉との類比に従うならば、〈思考の感覚〉ではなく〈思考の思考〉について語るべきではなかろうか。トマス・アクィナスは『ニコマコス倫理学註解』において実際そのように理解しており[17]、またこのように理解する方が、『形而上学』のアリストテレスが神の「思考」を「思考の思考（hê noêsis noêseôs）」（Met XII 9, 1074b 34）と規定したこととも整合的であるように思われる。だが、アリストテレスが感覚および思考についての自覚に対して「思考する」ではなく「感覚する」という語を用いることにはそれ相応の理由があると言うべきであろう。この理由は、自己の存在の自覚が感性的な次元において生じる点に求められるように思われる。先に見たようにアリストテレスは、「〔自分が〕生きていることを感覚することは、それ自体として快い事柄に属する」（IX 9, 1170b 1）、と語っているからである。あるいは、「存在することが望ましいのは、自分が善い存在であるということの感覚によってであり、この感覚はそれ自体で快であった」（IX 9, 1170b 8-10）、とも語られる。つまり、自分が存在することの自覚は活動の自覚としてすでに快なのであり、それゆえに、「われわれが存在することをわれわれが感覚する」（IX 9, 1170a 33）ことは「快」を感じることと不可分である。われわれ自身の活動（ないし生）はわれわれにとって、活動（ないし生）の生み出す「快」を通して、感性的な仕方で、すなわち活動感覚（ないし生の感覚）として自覚される。かつ、この「快」の感情は活動に単に伴うにすぎないものではない。アリストテレスは『ニコマコス倫理学』（第一〇巻第五章）においてさらに、「〔個々の活動に〕固有の快はその活動を精確なものとし、またより永続的（chroniôteron）でより善いものにする」（EN X 5, 1175b 13-15, cf. 1175a 30-31）、と述べている。アリストテレスが具体的に念頭に置いているのは、笛を吹くことに快を覚える笛吹きはよりよい笛吹きになりうる、といった例であり、それは〈好きこそものの上手なれ〉という事態に相当するが、ここで重要なのはこうした事態が活動の時間性と関わる点である。アリストテレスに従えば、一方で「すべての人間的事柄」は「疲労する」ゆえに「持続的（synechôs）ではありえず」、それゆえに、人間の活動に伴う「快」もまた「持続的ではありえない」（X 4, 1175a 3-6, cf. De somno 1, 454a 23-29）とはいえ、他方において、「快は活動を促進する（synauxein）」（X 5, 1175a 30, cf. 1175a 36, X 7, 1177b 21）。すなわち、人間の「活動」は必然的に減退せざるをえないとはいえ、活動に伴う「快」はかえって活動の持続を促す。〈好きこそものの上手なれ〉という事態が生じうるのは、まさにこのゆえである。

〈活動の感覚〉としての快は活動の自己維持を（人間に許される限りで）可能にするものとして正当化されている、といってよい。

〈他者の存在の感覚〉について

だが、一体なぜアリストテレスは『ニコマコス倫理学』（第九巻第九章）の「友人」論の文脈において自分の活動（ないし存在）の自覚（としての快）について語っているのであろうか。この議論が始まる一節を引用しよう。「より自然本性に従って考察するならば、すぐれた友人はすぐれた人にとって自然本性的に望ましいものであるように思われる。すぐれた人にとっては自然本性的に善いものがそれ自体として善でありまた快であることはすでに述べたとおりである。ところで、生きていることは……」（IX 9, 1170a 13-16）。このように、アリストテレスは、すぐれた人にとって友人が望ましいものである、ということを論証する文脈において、まずは個人にとって自らの生きることが善であり快である、という主張を展開する。先に引用したのはこの主張を展開する箇所からの一節である。そして、アリストテレスはその主張を終えた後に、次のように続けている。

とすると、すぐれた人は自己自身に関わるように友人にも関わるのであるから（というのも、友人はもう一人の自分であるから）、自分の存在することが自分にとって望ましいのと同じ程度において、あるいはそれと似た仕方で、友人の存在することは自分にとって望ましい。ところで、〔自分が〕存在することが望ましいのは、自分が善い存在であることを感覚することによってであり、この感覚はそれ自体で快であった。とするならば人は、友人に関しても、友人が存在することを共に感覚（synaisthanesthai）しなくてはならない。そして、そのことが生じるのは〔友人と〕共に生きること（to syzên）、言論と思考を〔友人と〕共にすること（to koinônein）においてである。（IX 9, 1170b 5-12）

ここでアリストテレスは、「友人はもう一人の自分（heteros autos）である」（cf. "allos autos", IX 4, 1166a 32）という命題に基づいて、自分に関して妥当することは友人に関しても妥当する、と推論する。その上で、自分に関して論じたこと、すなわち、自分が存在すること、ないし自分が生きていることは善であり、自分が存在すること、ないし自分が生きていることを感覚することは快である、という事態を、自己から友人へと拡張する。こうしてアリストテレスは、友人が存在すること、ないし友人が生きていることは善であり、そして友人が存在すること、ないし友人が生きていることを自分が「共に感覚する」ことは快である、と結論づける。

ここに「共に感覚する」と訳したギリシア語は synaisthanesthai という動詞である。アリストテレスの著作においてこの語は計五回しか用いられていないため、語義を特定することは困難であるが[18]、右の引用箇所では、「そのこと〔共に感覚すること〕生じるのは共に生きること、言論と思考を共にすることにおいてである」と語られていることからして、また『エウデモス倫理学』（第七巻第一二章）には、「多くの人々と共に生き、同時に共に感覚する（pollois syzên hama kai synaisthanesthai）」（EE VII 12, 1245b 22）、という一節があることからして、この語は〈他者と共に感覚すること〉を意味するように思われる[19]。

アリストテレスはここで「共に生き」また「共に感覚する」ことのできる〈他者〉として具体的にどの程度の範囲の他者を念頭に置いているのであろうか。『エウデモス倫理学』（第七巻第一二章）においてアリストテレスは友人のあるべき数について次のように述べている[20]。

多くの人々と共に生き、同時に共に感覚することが可能であれば、最も望ましいのはなるべく多くの友人がいることである。しかし、それは極めて難しいのであるから、共に感覚する活動（hê energeia tês synaithêseôs）はわずかの人々の間でなされるべきである。（EE VII 12, 1245b 21-24）

すなわちアリストテレスは、一方で「共に」の範囲を可能な限り拡げて、可能な限り多くの友人を持つことが望ましい、と主張しつつも、他方でこうしたことが実際には困難であるために、友人の数は一定数に限定されざるをえない、と認める。両者は、理想と現実の対比として理解することもできる。

以上の考察から明らかなように、『魂について』（第三巻第二章）において「共通感覚」と連関するものとして論じられた〈感覚の感覚〉という主題は、『ニコマコス倫理学』（第九巻第九章）においては〈活動の感覚〉〈生（きていること）の感覚〉ないし〈存在（すること）の感覚〉という主題と結びつきつつ、最終的には他者と共に生きることに基づく〈他者の存在の感覚〉という主題へと接続しており、これらの主題群がアリストテレスにおける「共通感覚」の〈問題圏〉を構成する。この意味において、「共通感覚」論の第一の系譜の根源に位置するアリストテレスの議論は、潜在的な仕方においてではあるが、第二の系譜を準備してもいる。(21)

第三節　「共通感覚」論と〈美的意識〉——『判断力批判』に即して

カントの「共通感覚」論は、大別するならば、本稿冒頭にも記したように、五感に共通の感覚というアリストテレス以来の系譜にではなく、他者と共通の見解（いわゆる常識）というキケロ以来のローマ的系譜に属するとはいえ、カントは自らの批判哲学をスコットランドのいわゆる「常識（common sense）」哲学との明確な対比において理解している（Kant, IV, 258）。英語の common sense に対応するドイツ語としてカントは der gemeine Menschenverstand（ありふれた人間悟性）ないし der gesunde Menschenverstand（健全な人間悟性）というドイツ語を用いるが（VIII, 169）[22]、カントが『判断力批判』（一七九〇年）において行ったことは、一方で sensus communis の sensus という名詞から Menschenverstand（人間悟性）という意味を取り去り、もともとの sensus の語義である「感覚」（ないし「感官」）という意味を回復するとともに（V, 293, 295 Anm.）、他方で sensus communis の communis という形容詞を vulgaris（粗野な・ありふれた）[23]という意味から解放して（V, 293, VII, 139）、自らの批判哲学に即した仕方で純化することであった。カントのこの試みを理論的に再構成しつつ、それがいかなる仕方でアリストテレスの「共通感覚」論の問題圏と関わるのかを明らかにすることが、以下の課題である。

感覚と快

まず『判断力批判』における基本概念である「感覚」と「快」について、その意味内容を押さえておこう。

カントは『判断力批判』第三節において「感覚（Empfindung）」という語の二義性に注意を払っている。

第一に、「感覚」という語は、例えば「草原の緑色」の感覚といわれるときのように、〈感覚与件〉の意味に用いられる（V, 206）。それは、第三九節の表現を用いるならば、「知覚の実在的なもの（das Reale der Wahrnehmung）」ないし「感官の感覚（Sinnenempfindung）」に相当する（V, 291）。〈感覚与件〉は、確かに主観的・私的であって、他人が同一のものに関して「われわれがそれに関して有しているのと同一の感覚を有しているか否か、確信できない」（V, 291）ような類のものである。しかしそれは、悟性（ないし悟性概念）を通して「客観に関係づけられる」ならば、対象についての普遍妥当的な「認識」を構成する要素をなす。この点で、この第一の意味における感覚は「客観的感覚」と呼ばれる（V, 206）。

ところが第二に、「快不快の感情」もまた感覚という名で呼ばれる。その場合、感覚は「ただ主観に関係づけられ、全く認識には役立たない」。感情という意味における感覚は「主観的感覚」とも呼ばれる（V, 206）。カントはこうした感覚の二義性による誤解を防ぐために、「常に単に主観的にとどまり、決してある対象の表象をなしえないもの」を、「われわれとしては他のところでは慣例となっている感情（Gefühl）という語で呼ぼう」と述べて、「感覚」と「感情」という二つの語の使い分けを提唱する（V, 206）。ただし（後に触れるように）、「感覚」という語が「快不快の感情」の意味において用いられることも稀ではない。

カントが『判断力批判』第一部において主題とするのは、「美しいもの（das Schöne）」に対する第二の意味における「感覚」（快不快の感情としての）である。カントは、「美しいもの」への快の特質を明らかにするために、「美しいもの」への快を「快適なもの（das Angenehme）」および「善いもの（das Gute）」への快との対比において特徴づけている。これら三者は等しく「快」と呼ばれるが、峻別されなくてはならない。

「快適なもの」とは「感覚において感官の気に入るもの」と規定される（V, 205）。ここにいう「感覚」とは第一の意味におけるそれである。快適なものは対象によって与えられる感覚与件に直接依存するが、感覚与件は私的であるゆえに、快適なものへの快の感情もまた「私的感情」である。従って、〈……は快適である〉という命題もまた普遍妥当性を要求しえず、その妥当性はそれを発言した当の「人にのみ制約される」(V, 212)。また、「この種の快は感官を通して心に至るのであり、それゆえにわれわれはその際受動的（passiv）である」。この快はまた「享受の快（die Lust des Genusses）」とも呼ばれる（V, 292）。

他方、「善いもの」とは、「理性を介して単なる概念を通して〈われわれの〉気に入るもの」と規定される。ある対象を善いか否かを判定するためには、「この対象がいかなる事物であるべきかを知っていなくてはならない」、すなわちこの種の判断においては「この対象の概念」が前提とされる（V, 207)。そのために、〈……は善い〉という命題は、決して私的なものではなく、「あらゆる人々に対する妥当性を要求する」(V, 213)。また、善いものへの快は「表象された善という知的な根拠に基づく快」(V, 222）であって、単なる受動的で私的な快ではなく、理性の能動性と結びついた普遍妥当的な快である。

これら両者と比較するとき、「美しいもの」への快は、結論を先取りするならば、第一に対象の「概念なしに」生じるという点で「快適なもの」への快と共通するが、決して全く「受動的」ではなく、ある種の能動性と結びついている、そして第二に、「普遍妥当的」である点で「善いもの」への快と共通するが、対象の「概念なし」に生じる点で決して「知的な快」とはいえない。以下ではまず、美しいものへの快がいかにして能動性と結びつくのかを検討し、その上で、その普遍妥当性の条件を解明することにしよう。

〈活動の感覚〉としての快

「美しいもの」への快を説明するに当たって、カントはそれを「快適なもの」への快におけるように「感覚」（第一の意味における）と結びつけるのではなく、「認識諸能力」――具体的には、「構想力（直観の能力としての）」と「悟性（概念の能力としての）」（V, 190）――の「自由な活動」（V, 217）と結びつける。いかにして構想力と悟性の（能動的な）活動が快の感情と結びつきうるのか。この点についてカントは通常の認識判断をも視野に入れつつ、第九節において詳述している。

〈客観の認識において見出される構想力と悟性の〉客観的関係は確かに〈客観との関連において〉ただ〈概念を介して知的に〉思考されうるのみであるが、この客観的関係も、その条件に関して主観的である限りで、心に対する作用において感覚（empfinden）されうる。同様に、いかなる概念をも根底に置くことのない〈趣味判断における構想力と悟性の〉関係の場合にも、この関係の意識はただ〈心に対する両能力の〉作用――それは、相互的合致へと生動化された（belebt）心の両力（構想力と悟性）の軽快な活動のうちに成り立つ――の感覚（Empfindung）を通してのみ可能である。（V, 219）

まずカントは『純粋理性批判』においてすでに解明した通常の認識判断について再考する。カントによれば、認識判断の場合、構想力と悟性の関係は「統覚」――それは『純粋理性批判』の表現に従えば「私は考える（Ich denke）」という形式を取る（KrV, B 131）――によって可能となり、対象は悟性概念によって「客観的」に規定される。ただし、構想力と悟性の関係それ自体は「客観的」な認識を成り立たせる「主観的」な「条件」であり、その限りにおいて、この両能力の関係は同時に「心に対する作用において感覚」されうる（ちなみに、ここにいう「感覚」は第二の意味におけるそれである）。すなわち、構想力と悟性という二つの認識能力の活動は、一方でそれが統覚によって客観と関係する限りで、悟性によって意識されるとともに、他方でそれが認識の主観的条件として主観の心に関係する限りで、主観の心において内官によって感じ取られるのであり、それゆえに、客観の内に焦点を結ぶ認識判断には常にいわばその裏面として（単に背景的にではあるが）主観的な感情が伴っている。[24] とするならば、同じことは趣味判断にも妥当するであろう、いや、とりわけ趣味判断においてこそ二重の意味で妥当する。すなわち、第一に、認識判断においては悟性概念が構想力の働きを主導的に規定するのに対し、悟性概念が構想力の働きを規定することのない趣味判断にあっては二つの認識能力が相互に生動化するため、両者の活動は力を増して、そのような仕方で自己を「維持する（erhalten）」ゆえに（V, 222）、また第二に、認識判断の場合には概念を通しての客観の認識が焦点となるために、認識諸力の活動の意識が背景にとどまるのに対し、趣味判断においては客観の認識が欠如するゆえに、認識判断にあっては背景にとどまる認識諸力の活動の意識が必然的に前景化する。

こうしてカントは、「われわれは趣味判断において認識諸能力の相互的主観的一致を……単なる内官と感覚によって ästhetisch に意識する」（V, 218）、と主張する。「認識諸能力の相互的主観的一致」を ästhetisch に意識するとは、以上の考察から明らかなように、人間が内官によって自己の認識諸力の活動を、それが心に与える作用としての感情の内に意識することである（それゆえに、ästhetisch という語はここで「感情的」という意味において用いられている）。この意識は趣味判断のみならず、潜在的にはあらゆる（広義における）認識活動に汎通的に伴うが、趣味判断にあっては認識諸力の活動それ自体が生動化されて強まり、さらにこの活動が心に及ぼす作用が前景化するために、この作用は快の感情として内官によって顕在的に意識される。こうした内官の構造は『判断力批判』第一節において端的に、「主観が自己を感じる（sich selbst fühlen）」（V, 204）、と規定される。

カントは同じく第一節において、趣味判断にあっては「表象は全く主観に、しかも快不快の感情という名の下で主観の生の感情（Lebensgefühl）に関係づけられ」、「心は自己の状態の感情の内に、表象の全能力を意識する」（V, 204）、と主張しているが、趣味判断において感情を通して意識される生とは認識諸力の能動的活動にほかならない。「心」とは「全き生（生の原理それ自体）」である、と考えるカントにとって、「生」とは同時に「自己の存在の意識（Bewusstsein seiner Existenz）」でもある（V, 277-278）。趣味判断においては認識諸力の活動それ自体が生動化されて強まり、かつこの活動が心に及ぼす作用が前景化するために、人は改めて「自己の存在」を、あるいは自らの生（きていること）を内官によって ästhetisch に意識する。[25]『判断力批判』のカントは、〈私は考える（Ich denke）〉という形式を取る統覚の総合が主導する客観的認識においては決して顕在化することのないこうした人間存在の基底的な次元を、〈私は私を感じる（Ich fühle mich）〉という広義における感性的（すなわち ästhetisch）なものの内に主題化するのである。

ここでアリストテレスの『ニコマコス倫理学』（第九巻第九章および第一〇巻第四章）における次の議論を想起しよう。すなわち、アリストテレスによれば、われわれは自分が「活動」していることを「感覚する」のであり、この〈活動の感覚〉――それは〈生（きていること）の感覚〉ないし〈存在（すること）の感覚〉とも換言される――は「それ自体で快である」、そして、この「快」は「活動」を「持続的」なものとすることに貢献する。われわれはこうしたアリストテレスの議論――これは「共通感覚」の〈問題圏〉を構成するものであった――の内にカントが『判断力批判』において展開した理論との接点を見出すことができる。とりわけ「ästhetisch に意識する」というカントの表現（それは美学の分野では通常「美的に意識する」と訳される）はアリストテレスの右に見た「感覚する（aisthanesthai）」という表現を近代的な衣装のもとに語り出したものと解することができる。

感覚の普遍的伝達可能性とその条件

次の課題は、「美しいもの」への快がいかにして普遍妥当性を有するのか、を明らかにすることである。カントは「快適なもの」と「美しいもの」とを次のように対比している。「快適なもの」とは、「感覚において感官の気に入るもの」であるが、ここにいう「感覚」は第一の意味におけるそれである（V, 205）。快適なものは、対象によって与えられる感覚与件に依存するゆえに、快適なものについての判断は「私的妥当性」（V, 217）を有するにすぎず、またその際の感情は「私的感情」（V, 212）に過ぎない。これに対して、「美しいもの」に関してはその判断は「普遍妥当的（公的）」（V, 214）であり、「趣味判断は感覚の普遍的伝達可能性を要請する」（V, 219）、とカントは主張する。

それでは、いかにして「主観的感覚」としての快不快の感情は普遍的に伝達されうるのか。カントは次のように述べている。「それを通してある対象が与えられるところの表象に際しての認識諸能力の自由な活動の状態は普遍的に伝達されえなくてはならない。なぜならば、認識は、所与の対象が（いかなる主観においてであろうとも）一致すべき客観の規定として、あらゆる人に妥当する唯一の表象様式だからである」（V, 217）。カントの議論は次のような三段論法の形式をとる。普遍的に伝達可能なものは「認識、および認識に属する限りでの表象」のみである。しかるに、趣味判断は認識諸能力の「自由な活動」に基づく。それゆえに、趣味判断、および「美しいもの」への快の感情もまた普遍的に伝達可能である。(26)

こうしてカントは「美しいものの分析論」のほぼ末尾に当たる第二〇節において次のように述べる。

共通感覚〈共通感官〉(Gemeinsinn)(それによってわれわれは外官を理解するのではなく、われわれの認識諸力の自由な活動から生じる結果(Wirkung)〈としての感覚＝感情〉(27)を理解する)が存在するという前提のもとでのみ、つまりこのような共通感覚〈共通感官〉の前提のもとでのみ、趣味判断は下されうる。(V, 238)

Sinnという語はカントにおいて基本的に「感官(感覚器官)」の意味で用いられるが、Gemeinsinnという表現におけるSinnは、カントに従えば、「感官」の意味ではなく、認識諸力の「自由な活動」が「心に与える結果」としての「快の感情」(V, 295)を、換言すれば「構想力と悟性とが相互に生動化することの単なる感覚」(V, 287)を意味する。それゆえに、『判断力批判』におけるGemeinsinnは(さしあたり)〈普遍的に伝達可能な感覚＝快の感情〉と規定することができる。

だが、美しいものの判断――それはGemeinsinnに基づく――において人々の間に実際に一致が認められるのであろうか、この判断は本当にgemein(すなわち普遍妥当的)なのか。むしろ快適なものにおいてこそ、典型的には流行現象に見られるように、人々は一致するのではなかろうか。

カントはこの点に関して第八節において次のように議論を進めている。「快適なもの」についての判断において、「実際には、〔美しいものについての判断におけるよりも〕よりしばしば、極めて広範な一致が認められるとしても」、誰も「この一致を他人に要求したりはしない」。ところが、「美しいもの」についての判断にあっては、自分の判断が「あらゆる人に対して普遍的に妥当すること」を「要求」してもその要求が「却下される」ことは「経験」上明らかであるにもかかわらず、人は「この一致を普遍的に要求しうるような判断を表象することが可能である」と考える（V, 214）。

カントの議論は〈権利問題―事実問題〉の対立を軸に構成されている。すなわち、「快適なもの」の判断にあっては、かなりの広範囲での一致が事実として認められるにしても、この判断の規定根拠が第一の意味における「感覚」である以上、誰も快適なものについての判断が普遍妥当的であると要求する権利を持たない。これとは逆に、「美しいものの」の判断は、事実としては多様であって人々の間で一致を見ないとはいえ、この判断の規定根拠が普遍妥当的な「認識諸能力の活動」の内にある以上、人は美しいものについての判断が普遍妥当的であると要求する権利を持つ。〈事実問題〉が問うのは「一般的（general）」な次元であるが、これに対し〈権利問題〉が問うのは「普遍的（universal）」な次元であり（V, 213）、『判断力批判』が主題とするのはあくまでも後者である。

このことは「共通感覚〈共通感官〉」について再説する第四〇節の次の箇所から明らかであろう。

共通感覚〈共通感官〉の下にわれわれは共通の感覚〈感官〉（ein gemeinschaftlicher Sinn）の理念を、すなわち次に述べるような判定能力の理念を理解しなくてはならない。その判定能力とは、その反省においてあらゆる他者の表象様式を思考の内で（アプリオリに）考慮するのであるが、なぜそのようにするのかといえば、それは自らの判断をいわば総体としての人間理性と照合し、そのことによって、客観的なものと容易にみなされかねない主観的で私的な諸条件のために判断に不都合な影響を与えてしまうであろう錯覚から逃れるためである。(V, 293)

ここで「共通感覚〈共通感官〉」は「美しいもの」を判断する「判定能力」として規定されているが、この規定が「共通感覚〈共通感官〉」を「快の感情」と規定する第二〇節の論述と明らかに齟齬することは措いておこう。[28] ここで注意すべきは、カントが〈事実問題〉としての「共通感覚〈共通感官〉」ではなく、その「理念」を主題としている、ということである。〈私〉と「共通感覚〈共通感官〉」を共有する「他者」とは決して現実的な個々の他者ではなく「あらゆる他者」であり、かつ、〈私〉はそのような他者の表象様式を「思考の内で(アプリオリに)」——すなわち、個々の具体的な他者との経験的な出会いを通してではなく——「考慮する」のでなくてはならない、すなわち、〈私〉は、私の感覚与件に依存する私的なものを「捨象する」ことによって、自分の判断を「他者の判断と、かつそれも現実的な判断ではなく、むしろ単に可能的な判断と照合する」のでなくてはならない(V, 294)。

一見すると『判断力批判』の「共通感覚」論はそのアプリオリ性のゆえに余りに抽象的ないし「人為的」(V, 294)であって、人間存在の現実から逸脱しているようにも見える。だが、それが指し示しているのは、〈私は考える(Ich denke)〉という形式を取る統覚の総合が主導する客観的認識においては背景にとどまり決して顕在化することのない〈私は私を感じる(Ich fühle mich)〉という人間存在の基底をなす ästhetisch な次元が決して私秘的なものではなく、むしろ他者に、かつそれも可能的他者に共通のものである、という事態である。そして、この点において『判断力批判』のカントは、「多くの人々と共に生き、同時に共に感覚することが可能であれば、最も望ましいのはなるべく多くの友人がいることである」(EE VII 12, 1245b 21-23)、と述べる『エウデモス倫理学』(第七巻第一二章)のアリストテレスと、その志向性を共にしているように思われる(仮に、友人の数を事実的に制限する点で、アリストテレスが現実主義的傾向を持つにしても)。「共通感覚」の〈問題圏〉をこのように再構成するとき、アリストテレスとカントは知らぬうちに邂逅することになる。

アリストテレスからの引用は、基本的にOCTにより、著作略号(慣用に従う)、巻数、節数ならびにベッカー版の頁数・行数を併記し、カントからの引用はアカデミー版全集により、巻数・頁数を併記する。翻訳に当たっては、とりわけ刊行中の『新版アリストテレス全集』(特に第七巻所収の『魂について』中畑正志訳)を参考にした。

《註》

(1) 栗原隆編『世界の感覚と生の気分』(二〇一二年、ナカニシヤ出版)所収。
(2) 簡便には“Sensus communis”(Th. Leinkauf), in: HWPh, Bd. 9, Sp. 622参照。
(3) Christian Helmut Wenzel, An Introduction to Kant's Aesthetics. Core Concepts and Problems, Blackwell Publishing, 2005, esp. p. 82.
(4) ここで「感覚(能力)」という訳語を用いるのは、「感覚」という言葉が「感覚内容」をも意味しうるからである。aisthêsis とは能力としての感覚であるので、あえて「感覚(能力)」と訳す。
(5) この点については Pavel Gregoric, Aristotle on the Common Sense, Oxford, 2007, p. 66に指摘されているとおりである。例えばW. D. Ross, Aristotle's Metaphysics. A Revised Text with Introduction and Commentary, Oxford 1924は『形而上学』に関する古典的な註釈

であるが、「共通の諸感覚」という語に註を付していない。私の知る限り、Gregoric に先立ってこの表現に言及したものとして、Wolfgang Welsch, Aisthesis, Stuttgart 1987, S. 358, Anm. 46 および Gisela Striker, Essays on Hellenistic Epistemology and Ethics, 1996, p. 37, n. 24 があるが、いずれも註でこの箇所を参照するにとどまり、その内容に立ち入った検討を加えてはいない。

（6）"Sensus communis" (art. cit.), Bd. 9, Sp. 631. この一般的な見解に対して、Pavel Gregoric, op. cit., p. 66-68 では上記三箇所に加えて HA I 3, 489a 17; Met. I 1, 981b 14; EN III 10, 1118b 1 が挙げられているが（そのうち『形而上学』の用例はすでに検討した）、いずれもいわゆる「共通感覚」について論じているものではなく、また厳密に見るならばいずれにおいても koinê aisthêsis という（単数形の）語が用いられているわけではない。

（7）この点については Gregoric, op. cit., p. 194, n. 2 参照。

（8）この点については堀江聡「アリストテレスの『付帯的感覚』に関する一解釈」『哲学』（三田哲学会）第八二集（一九八六年）、特に五九―六〇頁参照。

（9）ちなみに、論考「感覚と感覚されるものについて」では、同じく「白さ」と「甘さ」を同時に感覚することについて論じつつ（De sensu 7, 449a 11-12）、こうした感覚を可能にするものとして「魂」の働きに着目している。「こうして魂は、〔数において〕同一にして一なるものによって感覚するが、定義（logos）〔すなわちあり方〕に関しては同一のものによって感覚するのではない」（De sensu 7, 449a 19-20）。

（10）例えば Daniel Heller-Roazen, The Inner Touch: Archaeology of a Sensation, New York: MIT Press, 2007, p. 44 参照。

（11）Wolfgang Welsch, op. cit., S. 337-351 参照。

（12）〈感覚の感覚〉の主題の歴史的系譜については、中畑正志「見ていることを感覚する――共通の感覚、内的感覚、そして意識」『哲学』（日本哲学会編、第六四号七八―一〇二頁）参照。

（13）『魂について』においてもほとんど同じ主張がなされている。「触れる能力がなければそれ以外の感覚は何一つ備わることはない。だが触覚は、それ以外の感覚を伴わなくとも、備わっている」（De anima II 3, 415a 3-5）。

（14）さらに次の一節を参照。「動物は魂をもつ身体（sôma empsychon）であるが、すべての身体（物体）は触れられるものであり、触れられるのは触覚によって感覚されるものであるから、動物の身体は触れる能力（to haptikon）を備えなくてはならない」（III 12, 434b 11-14）。

（15）ちなみに、右に引用した一節において、「存在するとは感覚するか思考することであった」（1170a 33-b1）、と未完了過去形で語られているのは、この箇所を参照しているからである。

（16）ちなみに、トマス・アクィナスは『「魂について」への註解』において、「われわれは共通感覚によってわれわれが生きていることを知覚する（percipimus nos vivere）」とアリストテレス説をまとめている（Thomas Aquinas, Sententia De anima, lib. 2, l. 13, n. 9）。

（17）アリストテレスが「自分が感覚ないし思考することを感覚するということ」（1170a 29, 31-32）について述べているところを、トマス・アクィナスは「われわれが感覚していることをわれわれが感覚し、またわれわれが思考していることを思考すること（nos sentimus nos sentire et intelligimus nos intelligere）」と解釈している（Thomas Aquinas, Sententia Libri Ethicorum, librum 9, lectio 11, # 9 [# 1908]）。

（18）synaisthanesthai については、Dorothea Frede, Sensus communis und Synästhesie bei Thomas von Aquin, in: Synästhesie, hrsg. von Hans Adler, Würzburg 2002, S. 149-166 が詳しい。アリストテレスにおいてはなお、後代の conscientia におけるような〈（反省的に）意識する〉という意味合いはない。アリストテレスの用例は以下のとおりである。synaisthêsis: EE VII 12, 1245b 24, synaisthanesthai: EN IX 9, 1170b 4-5, b 10; HA 534b 18; EE VII 12, 1244b 25; 1245b 22.

（19）『ニコマコス倫理学』（第九巻第九章）におけるもう一つの用例は次のとおりである。「生きることはとりわけ善人たちにとって望ましい、なぜならば、善人たちにとっては〔自分が〕存在することが善でありまた快であるから（というのも、それ自体として善なるものを共に感覚する人々は快を覚えるので）」（EN IX 9, 1170b 4-5）。本文で引用した箇所と六行離れた箇所に出てくる用例であるから当然同じ意味で理解したくなるが、ここでは〈友人（＝他者）〉がそもそも主題とされていないために、この用例を〈（あるものを）他者と共に感覚すること〉と理解することは不可能である。この箇所のみ the consciousness と訳す Ross に典型的に見られるように、この箇所を be aware of の意味に理解する論者は多い（最近では Jennifer Whiting, "The Nicomachean Account of Philia, in: Richard Kraut (ed.), Blackwell Guide to Aristotle's Nicomachean Ethics, Oxford: Blackwell Publishing, 1988, p. 298 参照）が、（近代的な）「意識」という概念をここに読み取ることは避けるべきであろう（前註参照）。なお、近年の翻訳では、Crisp はこの箇所を単に when they perceive in themselves what is in itself good（Cambridge University Press, 2000, p. 179）と訳し syn- の意味を訳出しておらず、また Barlett は syn- の意味を汲んで in simultaneously perceiving what is good in itself, they feel pleasure（The University of Chicago Press, 2011, p. 205）と訳しているものの、何と simultaneously なのか明示されていないために、その意味は不明である。これに対し、最近の邦訳では、「善き人々はそれ自体で善きものを、自分の存在と共に、知覚することに快楽を覚えるからである」（朴一功訳、京都大学学術出版会、四三七頁）、「それ自体として善いものを、自らの存在と一緒に感覚する者たちは、快さを感じるからである」（神崎繁訳、岩波書店、三八八頁）、と syn- の意味を明示しつつ踏み込んだ訳を呈示している。ちなみに、先に本文で検討した「友人が存在することを共に感覚（synaisthanesthai）しなくてはならない」（EN IX 9, 1170b 10-11）という一節も、朴は、「人は自分の存在と共に、友の存在もまた知覚しなければならない」と訳し、神崎は、「人は自らの存在とともに、友人が存在することも一緒に感覚しなければならない」と訳している（同上）。「友人が存在することを〔友人と〕共に感覚する」のではなく、「友人が存在することを〔自分の存在と〕共に感覚する」と解釈するものとして、さらに Aristotle, Nicomachean Ethics, translated with introduction and notes by C. D. C. Reeve, Indianapolis: Hackett Publishing Company, 2014, p. 337 がある。このように解釈したとしても、本稿の基本的な立論には影響を与えないので、この点にはこれ以上立ち入らない。

（20）同様の議論は『ニコマコス倫理学』（第九巻第一〇章）にもある。

（21）『ニコマコス倫理学』（第九巻第九章）の議論の内に「共通感覚」論との連関を指摘するものとして、Reeve, op. cit., p. 337（n. 774）がある。

（22）こうした用語法は、スコットランド学派の導入に積極的に関与したモーゼス・メンデルスゾーンのそれに従うものである（Mendelssohn, Gesammelte Schriften, Jubiläumsausgabe, III/1, 136, III/2, 33, usw.）。

（23）ちなみに、カントが教科書として用いていたマイアー『論理学』では、vulgare に対応するドイツ語として gemein が用いられている（§§ 18, 181, 250, 415, in: Kant, XVI, 94, 461, 534, 777）。

（24）この点についてカントは『判断力批判』第二一節において詳述している。（§21, V, 238）。

（25）この点については特に Piero Giordanetti, Kant und die Musik, Würzburg 2005, S. 181-184 参照。

（26）ちなみに、趣味判断を認識判断との類比によって特徴づけるカントの議論は、趣味判断の特殊性を否定するものではない。というのも、こうした類比は、一方で趣味判断の普遍妥当性の論拠となると共に、他方で趣味判断を「規定されていない――とはいえ所与の表象を機縁として調和する――活動へと向けた両能力（すなわち構想力と悟性）の生動化」（V, 219）によって特徴づけることを可能とするからである。

（27）この「結果」という語の意味については、カントが第四〇節において、Gemeinsinn という表現において「感官（Sinn）という語を単なる反省が心に与える結果〔としての快の感情〕について用いる」とした上で、趣味判断においては「感官という語の下に快の感情が理解される」と明言していることを参照すべきである（V, 295）。

（28）ちなみに、こうした齟齬は第四〇節の内部にも認められる。前註でも触れたように、カントは同節の末尾近くで、Gemeinsinn という表現における「感官（Sinn）という語を単なる反省が心に与える結果〔としての快の感情〕について用いる」とした上で、趣味判断においては「感官という語の下に快の感情が理解される」と述べて、第二〇節の規定を繰り返している（V, 295）。なお、カントの sensus communis 概念のこうした二義性（ないし Guyer によれば三義性）の含む問題については Paul Guyer, Kant and the Claims of Taste, Second Edition, Cambridge University Press, 1997, pp. 248-252 を、カントの「共通感覚」論についての従来の解釈に関しては、Gundula Felten, Die Funktion des sensus communis in Kants Theorie des ästhetischen Urteils, 2004 München, 152-176 を参照。

2　相対主義再考
——古代哲学と現代との対話

納富信留

第一節　相対主義と現代社会

古代ギリシア哲学の遺産は、あらゆる哲学の立場を示したことにあると言ってもよい。観念論と唯物論、合理論と経験論、独断論と懐疑論といった基本枠組みは無論のこと、原子論、進化論、社会契約論、功利主義、決定論、汎神論、そして無神論まで、人間に可能な思考パタンはほぼ提出されている。そういった思考それぞれの利点と弱点も認識されていた。新たな装いで、新しい問題に関わっているというジェスチャーを外せば、古代ギリシアに戻って思想布置を確認することが、現代の諸問題への対応にも有用かもしれない。

そんななか、古代ギリシアで明確に提示され、ほぼそのまま現代の問題になっている立場として、「相対主義」と「懐疑主義」がある。[1] 後者の検討は別の機会に譲り、ここでは「相対主義」を再考したい。

それは、古典期に活躍したアブデラ出身のソフィスト、プロタゴラス（前四九〇年頃〜四一五年頃）が、著書『真理』の冒頭でこう述べたことに始まる。

Π：人間は万物の尺度である。あるものについては、あることの。ないものについては、ないことの。（プロタゴラス、DK B一）[2]

プロタゴラスの著書は失われ、この有名な一節は、プラトン『テアイテトス』などの報告によって、哲学史をつうじて相対主義の宣言として受け継がれてきた。その解釈は後に検討するが、現代でも相対主義の理論基盤と定式は、この「人間尺度説」に求められている。

「相対主義」(relativism) という言葉は、哲学の世界よりも、むしろ他の学問分野や一般社会でよく聞かれる。哲学の領域では、「相対主義」を理論整備したり擁護したりする論者は少なく、多くは「相対主義」が厳密には成立しないと論じている。[3] それと対照的に、社会科学や人文科学の他分野では、「相対主義」が一種のキャッチフレーズになっており、厳密な規定がないまま、学問やものの見方をそれで代表させている。一般に、現代は「相対主義の時代」だとも言われる。専門哲学と一般の学問や社会との間で、これほど認識が乖離している論点は、他にないかもしれない。

だが、「相対主義」が一体何を意味するのかは、明瞭とは程遠い。まず、相対主義には多様な形態があることが知られている。

定式：ある事物（甲）は、ある者（乙）にそう現れる通りに、そうある。

ここで甲にあたる対象が、事物のあり方に関わる場合には、「認識相対主義」であり、世界や事物が異なって見えることを意味する。例えば、子供と大人、北極圏と熱帯の住人では、自然や世界の捉え方が異なる、という具合である。他方で、甲に価値や規範が入る場合には、「価値相対主義」となる。ある事物が「善い」「正しい」「価値がある」と判断する際に、個人や社会や時代によって規準が異なるとする立場である。そして、甲に「真理」という高次の対象が入ると、「真理相対主義」というメタ理論になる。

現れを被る乙に、個人が入るか、社会が入るか、言語や時代や文化といった枠組みが入るかによって、異なった形態の相対主義になる。一人ひとりが異なった現れをもち、それがその各々にとって真理であるとは、プラトンが『テアイテトス』でプロタゴラス説を解釈する仕方であるが、プロタゴラス自身は、おそらくアテナイやペルシアといった社会ごとに法律や慣習が異なり、それらは並列するという「社会相対主義」を唱えていたのであろう。

だが、「相対主義」と語られる立場の実質は、哲学では十分に考察されていないように思われる。私自身が抱いている二つの疑問を、ここで検討したい。

第一に、「相対主義」は「関係性」や「相対性」とどう異なるのか。両者の区別は、私たちが想定しているほど明瞭に付けられないように見える。関係はそれ自体で絶対的に決まるものであり、ある系に相対する相対性も「相対主義」ではない。関係性や相対性に還元されない「相対主義」はあるのか、またそれを論じる意味はあるのか。これが第一の問いである。

第二に、哲学者たちは、相対主義を主に「認識」の場面で論じるが、より重要なのは、利益相反や衝突といった行為と判断の場面ではないか。そこでは、相対主義については並立を問題にする以前に、相反する立場をどう調停するか、そこで関係を超える視点は可能かが問題になる。

これらについて、考察を加えていきたい。

第二節　関係性と相対性

なんでも「相対主義」だと拡張する無節操はさておき、「相対主義」をめぐる違和感は、厳密な規定なしに、雰囲気でこの語が使われる点にある。哲学的に問題となる「相対主義」はどの場面で成立するのか、それは不可避なのか、幻想なのか。「相対主義」について厳密に考えるために、まず、それと重なりをもつ「関係性」と「相対性」を考察しよう。

二―一　関係性

あるものXが別のものYとの関係においてある場合が、「関係性」(relation)である。例えば、「父、子」という概念は、単独では意味を成さない関係概念である。

P1：AさんはBさんの父である＝BさんはAさんの子である。

「父／子」は、他方の関係項を伴うことで初めて意味をもつ。関係性は、二項の間で逆の関係を含意する(P1後半)。アリストテレスの言い方では「換位」される。(4)

P2：Aさんは父でありかつ子である。

こういっても、格別不思議には思われない。AさんはBさんの父であり、Cさんの子であると、自然に理解されるからである。このように、関係概念において、関係項は省略して理解されうる。

無論、ここでこの関係項を省略することによって「限定句欠落」(secundum quid) の誤謬を作ることもできる。

P3：あなたは飼い犬を殴った。飼い犬は父である。あなたは父を殴った。[5]

プラトン『エウテュデモス』に登場するこの推論は、「父」という概念から「誰の」にあたる関係項を欠落させる通常の言い方に基づく、誤謬である。

だが、関係概念には、関係項を省略する方が普通の場合も多い。

P4：近年家庭における父親の権威が低下している。

この場合、「父親」は、「誰の」という関係項を特定せずに、ある種の社会的属性を表している。あるいは、「子をもつ男性」の総称と捉えてもよい。

背丈について「高い／低い」は通常は二人以上を比較する関係概念であるが、絶対的な使い方でも理解できる。

P５：Aさんは背が高い。

Aさんの身長が二メートルあったとしたら、私たちは間違いなくこう語ってよい。これは「現在の平均身長より」「現在の人々の多数より」という比較対象の関係項を加えるよりも、「現在の人間（あるいは、日本人）の身長分布において」という領域での語りである。この理解では、Aさんより背が高い人がいることは構わないからである。

このように、多くの関係性は関係項を明示せずに語られ、語り手と聞き手の間で暗黙に了解されている。むしろその都度すべての関係項を明示することは、煩瑣である以上に不可能であろう。他方で、関係項の省略がきちんと了解されない限りは、誤解や誤謬が生じる余地がある。私たちは、関係性を日常ではそれと意識することなく用いることも多い。

二―二　相対性

通常意識されない関係項が背景にあって見方の全体を支える場合、「相対性」(relativity)と呼ばれる。(6) 例えば、アインシュタインの相対性理論によって、時間と空間が相対的と見なされるようになった。「同時」という概念は、ある系Sに相対性である。

P6：t1とt2は、系Sにおいて同時である。

「ある系にとって」という（通常は意識されない）関係項は、必要な場合に補われる。通常意識されない関係項が隠れている他の場合を考えてみよう。

P7：海水は（飲むのに）有害である。

この文が欠落を意識せずに自然に理解されるのは、この文がそもそも「人間にとって」という自明の系で私たちに理解されているからである。その点は、他の系を意識することで明瞭になる。

P7a：人間にとって、海水は有害である／魚にとって、海水は有益である。

これは、ヘラクレイトスの有名な「反対者の一致」の言論の一例となっている。

H：海は最も清く最も不浄な水である。魚にとっては飲めるもので生命をもたらすものだが、人間には飲めもせず破滅をもたらすものである。（ヘラクレイトス、DK B六一）(7)

「有害／有益」という語は、通常「人間」という領域で問題になるので、それを明示的に言う必要はない。

だが、「魚」という別の領域を考慮すると、その系と相対的に「海水が有益で、空気が有害」となる。しかし、こう補うと単なる関係性としても理解される。

Ｐ７ｂ：海水は、「人間にとって有害」であるが、「魚にとって有益」である。

同一対象が関係項を伴う反対の属性をもつことは、一つの系や枠組み内の出来事である。Ｐ７ｂはさしあたり系に関わりなく成り立つ自然の事実、即ち、関係性である。今は「人間にとって／魚にとって」という関係項を「有害／有益」に付加し、異なる述語として分析した。しかし、関係項を主語に附加することも、形式的には可能であるように見える。

Ｐ７ｃ：「人間にとっての海水」は有害であるが、「魚にとっての海水」は有益である。

だが、この分析に違和感を覚えるのは、述語を共通におさえることで主語を異なるものにし、形式上は異なった対象について語ることになる点である。この違和感は、私たちの世界が、指示対象を関係化しにくいことを示している。アリストテレスのカテゴリー論では、基本的に主語になるのは「実体」（οὐσία）であり、「関係」（πρός τι）は述語にしかなれない。

「海水は人間にとって（飲むのに）有害である」は「人間は海水によって（飲むことで）害される」と換位されることから、Ｐ７ａという命題が、「人間にとって」という系に相対的であるというより、Ｐ７ｂのように「有害である」という概念が関係的であると考える方が相応しい。隠れた系に相対する「相対性」がこのように「関係性」として説明される限りは、世界についての客観的な事実以上ではない。「有害／有益」という性質は、対象によって実際に異なった影響・結果を生じさせるという、自然の事実である。この関係性は絶対的であり、相対主義的に扱われるものではない。

以上のように考えると、相対主義を導くとされる『テアイテトス』の有名な例も、単なる関係性に過ぎないと思われるかもしれない。

P8：私にとってこの風は冷たい／彼にとってこの風は温かい。(8)

ここでは通常「この風」の同一性は確保されていると考えられる。多少の空間的な位置のずれがあっても、同じひとまとまりの空気を受けている。もし、空間的にも物理的にも異なる風を感じているのであれば、反対の記述であってもそもそも何の問題もない。つまり、相対主義にはならない。同一の対象について、「私にとって冷たい／彼にとって温かい」という関係性が述定されているから問題になるのである。(9)

この例は、例えば、彼は平熱であるが、私が風邪をひいて高熱にある場合、ごく単純な関係性の事例と理解される。二人の体温という身体条件が異なる以上、平熱の彼にとって「温かい」、高熱の私にとって「冷たい」と異なって感じられるのは、ごく自然なことである。「この風」が「熱／冷」に関して単一の絶対的性質をもつものではないとして、つまり関係項に応じて異なる性質の帰属を許すとして、相対主義を表しはしない。一つの風という物理現象が、三六度の体温の人には温かく、三九度の体温の人には冷たく感じられるのは、客観的な自然現象である。

P8a：この風は、（三九度の熱をもつ）私にとって冷たい／（三六度の熱をもつ）彼にとって温かい。

例えば、私が平熱に戻ったら彼と同じように「温かい」と感じられ、彼が熱を帯びたら「冷たい」と感じられるとしたら、「θの熱をもった人にとっては、冷たい／温かい」と言うべきなのである。

風の例があたかも感覚者個々人によって相対主義的に異なると思われるのは、「私にとって／あなたにとって」が系となり、相対性が成立するからである。だが、今述べたように、それぞれの系が「私＝三九度の熱をもった身体／彼＝三六度の熱をもった身体」といった条件の集合体であるとすると、「私や彼」に関わりなく、同じ条件をみたす身体をもつ人には、関係項を明示する限りで同じ事態が成り立つはずである。その場合、「冷たい／温かい」は絶対的・客観的に決まっている。科学の世界で、相対性理論が相対主義を帰結せず、絶対性を損なわないのと同様、ここで私たちは「相対主義」に立つ必要はない。

二―三　現れと本質

異なる系や関係概念は、複数の記述を可能にする。だが、この事実が絶対性を否定する「相対主義」を帰結すると考えれば、それは誤った推論である。哲学の歴史において、この誤謬推論は類似の形でしばしばくり返されてきた。例えば、プラトン以来の「現れ」をめぐる議論がある。

ある対象は、見られる視点によって異なる複数の現れ方をする。例えば、円錐形の物体は、下から底面を見ると円形だが、横から側面を見ると三角形に、斜め上方からは楕円と三角形の組み合わせに見える。一つの対象が複数の現れ方をするというこの当たり前の事実は、「現れが多様である以上、一つの普遍的な本質は存在しない」、という否定の議論にも使われてきた。

だが、観察者の位置、つまり視点と相関的に現れが異なることは、それ自体で絶対性を排除するものではない。どれか一つの「現れ」だけを特権的に「実在」だとして、他の現れがすべて虚偽であると否定するような排他的な態度をとらない限り、それらの現れも認めながら、一つの本質、つまり「円錐形」を認めることは可能である。むしろ「円錐形」という本質があるからこそ、下から見ると円形、上から見ると円形と点、側面から見ると三角形という見かけが成り立つ。それらはすべて客観的であり、視点との関係で確定される。

また、それら多数の現れのなかで、特定の現れを優位と見なすことも、なんら問題はない。私たちは「円錐形」を平面に描く時、おそらく斜め上方から見た姿を示すはずである。それはほぼ間違いなく「円錐形」と同定できる優位の視覚的現れだからである。

「円錐形」という一つの本質をもつ立体が、視点と相関的に多様な現れを見せることは、絶対的に確定される。現れの多様さゆえに本質や絶対性を否定する必要はない。この議論は、関係性や相対性が相対主義を帰結させるわけではないことを示す。

第三節　相対主義

三―一　「相対主義」の歴史的位置づけ

では、「関係性」や「相対性」ではない「相対主義」はどこにあるのか。これは、哲学史的に興味深い問いである。

“relativism”という概念は、(少なくとも英語では)一九世紀後半に登場した。オクスフォード英語辞典(OED)によれば、この語の初出は一八六五年である。[10] このことは、「相対主義」が哲学の議論で「相対性」から区別されて論じられていなかったことを示す。「相対主義」という問題は、意外に新しいのである。現在「相対主義」と呼ばれる問題は、それ以前にどう扱われていたのか。プロタゴラスの有名な「万物尺度説」は、古代哲学では三つの簡略化された形で、通常の哲学の土俵で批判されていた。[11]

Π　人間は万物の尺度である。あるものについては、あることの。ないものについては、ないことの。

(プロタゴラス、DK B 一)

Π1：すべての現れは真である。

Π2：XがYよりもそうである、ということはない。

Π3：すべては関係的である。

古代後期のアリストテレス注釈者たちは、Π3の形式で、プロタゴラスをアリストテレスの「関係」カテゴリーとの関係で論じていた。アリストテレスは「あるもの」（存在者）の一部のみが関係カテゴリーに属する、つまり、「実体」は非関係的と見なしたので正しかったが、プロタゴラスは「あるものはすべて関係的である」と主張した、と注釈者たちは論じている。これは、Π1、Π2と並んで、プロタゴラス相対主義を誤解する不当な扱いであるように見える。だが、「相対主義」という独立の問題が登場する以前に、彼の立場は関係性の一形態として扱われていた。これは誤りであろうか。

Π2、及びΠ3の定式は、セクストス・エンペイリコスが理論化した「懐疑主義」の立場を代表する定式でもある。[12] とりわけ、「十の方式」の第八に挙げられる「関係性に基づく方式」は「最高類としての方式」として、すべての方式がそこに帰着する焦点である。[13]

相対主義は、真理の扱い、つまりΠ1という点で、懐疑主義と正反対の立場にあるように見えるが、実際の議論や方向では区別が難しいほど類似する。動物や社会ごとに見方が異なる例、錯覚の例等も両者に共通に用いられる。実際、「真理」を断定しない判断保留（エポケー）を旨とする懐疑主義者は、自らに現れるものをそのまま受け入れて生きるのであり、[14] それは相対主義の形態Π1と結局は同じ地点に帰着する。

三―二　「〜にとって」という問題

現代の相対主義は、「〜にとって」という関係項が、述語に付加される「関係性」ではなく、命題全体を限定する系をなす「相対性」の強い形をなすと考えている。プロタゴラスの人間尺度説も、そのように解釈されることが多い。

P9：私にとって「この風は冷たい」。

この場合、「この風は冷たい」という命題の全体を限定する相対主義の系・立場として「私にとって」がある。それは、いわば「概念枠組み」にあたる。「概念枠組み」は、個々の命題やそれらの間の関係ではなく、それらの全体が成立する系の限定である。「私」は、そういった最小の枠組みであり、より広い枠組みとして「言語、社会、パラダイム」等が想定される。

P9a：「この風は冷たい」と私に思われる。
P9b：私にとっては「この風は冷たい」が真である。

「〜にとって」が命題全体の限定であるとは、その真理の限定という意味であろう（P9b）。「相対主義」が「関係性」と異なるのは、関係項や限定が命題内の一つの項（通常は述語）ではなく、命題の真理を支配するからとされる。

だが、この違いはどこまで決定的であるのか。「風が冷たい／温かい」という例は、形式的には「関係性」と理解することも（P8a）、「相対主義」的に理解することもできそうである（P9a）。「私にとって」という枠組みを「三九度の熱をもつ私にとって」と解し、それへの世界の現れは「三六度の熱をもつ彼にとって」の世界の現れと異なると考える限りでは、やはり一種の関係性と捉えても構わない。もし私の熱が平常にもどって三六度になった時、今の彼と同じように風を感じるとしたら、私の身体という関係項と相関的に真偽が決まることは、客観的に保証されている。それは厳密には「相対主義」ではない。

P9～P9bの相対主義の形式を、P8aのような関係性に還元することには、抵抗が感じられるかもしれない。それは、相対主義とは世界の全体が枠組みに相対する、あるいは依存するものと理解されているからであり、そこで「枠組み」の支点は世界内で成立する関係性の項ではない、別の次元にあると考えるからであろう。

三―三　「枠組み」の問題

「枠組み」ということで、「概念図式」(conceptual scheme)や「パラダイム」や「言語」といった非常に大きな、そして抽象的なものを想定する現代の相対主義では、無論枠組みそのものを通常の関係項と見なすことは難しい。しかし、「概念枠組み」という議論そのものに疑問を持つ哲学者も多い。[15] この点から「相対主義」の問題を考える必要がある。

もっとも代表的な「文化相対主義」で、行為の価値判断に関わる場合を考察しよう。

　　P10：日本において「行為πは立派」である。

この抽象的な言い方では、あたかも「日本」なる文化枠組みがそれ自体で成立しているかのような錯覚を受けるが、その実質は「日本人」あるいは「日本に育ってその文化を受け入れて生きている人」の総体である。

P10a：日本人にとって「行為πは立派」である／アメリカ人にとって「πは恥ずべき」である。

ここで「アメリカ人である／日本人である」を構成する条件、例えば、生まれた環境や教育や言語、他の社会文化要因との関係は、原理的には確定可能である。事実上はすべての条件を数えることが無理でも、関係項がある程度確定できれば、一意的に「立派／恥ずべき」は決まる。

P10b：行為πは「日本人にとって立派」である／「アメリカ人にとって恥ずべき」である。

この場合、行為πという指示対象が枠組みを越えて同一であれば、関係項に応じて異なった属性を伴うことは、関係性として普通に理解される。私が「日本人」という属性を満たせば「立派」と判断し、「アメリカ人」の属性を満たせば「恥ずべき」と判断する。行為πの捉え方、つまり事実の記述が「日本人／アメリカ人」で異なる場合も、基本的に同様である。[16]

それでも、もし関係性に解消されない「相対主義」を求めるとしたら、いくつかの方策が考えられる。

R1：当の枠組みの系や支点を明示できない、あるいは、客観化できない。例えば、「私／我々」のような（空疎な）指示しかできない。

R2：別の枠組みがあっても、その立場に立つ可能性を想像すらできない。

R3：枠組みを越えた項は、翻訳できず、従って比較や同定できない。この問題は「通約不可能性」

(incommensurability)、「翻訳不可能性」(untranslatability) とも呼ばれる。

だが、R1の場合、理念的な考察場面を除いて、「私／我々」という表現が一切の実質を失い、「他者」との関係が不明になる。R2やR3では、「枠組みにおいて」と言う意味すらなくなる。いずれにしても、相対主義の「枠組み」は意味を失う。

そこでなお「私」(ユニークな存在) を主張すると、他者や自分の外を想定できないとする独我論となる。この言説は、端的に言語行為として無意味であるか、もしこれを他者に向けて語る場合、哲学として不誠実である。

逆に言えば、異なった立場にある他者に対して、それを理解し、自分も「その立場に立てば同じことを考える」と認識できれば、それは相対主義ではなくなる。

第四節　相反性

四—一　同一主体内の相反性

この主題を考える上で、「相対主義」に関して従来看過されてきた問題がある。それは「対立、衝突」そして「裁定、調停」という問題である。哲学の理論的探究において、相対主義は、あたかも離在する複数の枠組みが、互いに干渉されずに並立、あるいは孤立するかのように想定されることが多い。しかし、より重要な問題は、一つの主体についてある立場が別の立場や状況とぶつかる実践の現場ではないか。

相異なる立場や枠組みでなされる判断が、ある状況下で対立する場合、それを「相反性」(conflict)と呼ぼう。ごく普通の関係的属性も、関係項に応じて相反する。例えば、一個人においても、異なった判断基準や枠組みにおいて、葛藤や迷いや対立が生じることがある。

P11：このケーキを食べるのは、(空腹を満たすために)善い／(健康のために)悪い。

ここでは目的の違いが相反する判断を生んでいる。しかし、私の行為は「食べる／食べない」のうちどちらか一方であり、結局私はそのどちらかを、何らか高次の判断によって選んで行なう。異なる判断のままでは行為の決断ができないからである。健康を優先してダイエットのために、今は食べるのを控える、そういった判断である。

この例が相対主義と関わらないと思われるなら、次の例はどうか。

P12：車がいない赤信号で、立ち止まっているべき／歩いても構わない。

私たちの法律・慣習(ノモス)は前者を要求しているが、欲求という自然(フュシス)は後者を求める。その場合、「ノモス／フュシス」は、私自身のうちにある二つの価値の準拠枠であり、それらが対立する場合、私は通常一方に従うことを決めているか、ご都合主義で、場面に応じて使い分けている。

他方で、異なる人々の間で判断が対立し、一つの行為が争われる厳しい状況もある。

P13：リストラ解雇は、経営者にとっては善い（利益追求）／解雇された労働者にとっては悪い（失職）。

こういった対立は、「〜にとって」の関係項が異なるために生じる、相反する利益をめぐる単純な相反性に見える。だが、一つの社会において起きる限り、労使間の話し合いや調停、法律による裁定によって、何らかの解決が必要である。両者を越える第三の立場からの判決や調停が可能なのか、また、二つの立場をどう扱うのか。両方が主体と相対的に成り立つとして、それを相対主義にしてしまうと、そこで話は終わる。

ここで、つねに「誰かにとって善い」と考えられている「善」が、その「〜にとって」という限定をはずして成り立つのか、それが問題となる。

P14：経営不振の理由でのリストラ解雇は、日本社会では、不当である／アメリカ社会では、正当である。

P14a：日本人にとって、経営不振の理由でのリストラ解雇は不当である。

このP14aをP13と合わせてみよう。

P14b：リストラ解雇は、（日本人）経営者であるCさんには、善い／日本人（経営者）であるCさんには、悪い。

ここでCさん個人の問題になり、ケーキや信号の例と同様となる。むしろ重要なのは、一人の人間が複数の立場をもち、その間で一つの判断と行為を迫られるという点である。経営者という限定された関係性においては「リストラ解雇をする」という判断しかないのかもしれないが、同じ個人には別の視点や立場もある。仕事仲間として、日本の社会人として、そして人間として、よりよい判断をする可能性が開かれている。Cさんはこれらの関係性を考慮することで、自らの立場やあり方へ反省を強いられる。

例えば、会社が不正に利益を上げている場合、内部告発すべきか。政府の重要機密にあたる不正を告発することは、国民として犯罪行為か。一人の市民としてはそうすべきだが、自分に決定的に不利益になるから会社の一員としてはすべきでないという判断もある。これらの場合でも、一人の主体は複数の視点を考慮しながら、決断していく。こういった対立は、個人の内部でつねに起りうるし、実際に起っている。

四―二　越境

国際紛争や文化摩擦のように、別の枠組みに立つ者同士の対立において、相互理解も高次の調停も難しいケースでは、「衝突」をそのまま認め、結局は武力的弾圧しか解決がないかのような言説も流行っている。しかし、この問題を考える際に私がより重要だと思うのは、ある枠組みに属する人が別の枠組みにおいて行動する場合に生じる、価値観の衝突である。

旅行者が異文化圏で行なった行為、例えば、むやみに写真を撮る、神聖な土地に立ち入る、特定のジェスチャーをする、といった振る舞いが、現地の住民を憤慨させるような場合である。現地の習慣に従うのは当然で、観光客でも土地の慣習を理解すべきである。だが、そう言うにしても、私たちは地域や場面を越えるたびにすべて新たな価値の枠組みを熟知しそこで行動するのは、容易ではない。旅行など簡単にできなくなる。こういった枠組みへの侵入や越境をどう考えたらよいのか。

越境に伴う問題は、より身近な場面でも生じる。例えば、国際結婚したカップルが家庭を作る場合、あるいは、異文化経営と呼ばれる国際ビジネスの場面で、相異なる見方を両立できない状況がある。国際結婚したカップルには、どちらか一方の価値観に従う、居住地域の価値観に従う、折衷して新しい価値観を作るといった選択肢があるが、これらのどれが良いのか。二人の間の子供はどうするのか。東南アジアに進出して現地の労働者を多く雇用した日本企業経営者は、日本的な経営と労働形態を行なうべきか。あるいは、日本人と現地人で異なる扱いをするのか。こうして、枠組み越境の問題は、同一者内の相反性の問題と重なる。

四―三　想像力の可能性

私たちは、異なり、時に対立するものの見方をもって生きているが、それらを理論的にどう処理するかだけでなく、どう行動し生きるかが重要である。その場合、関係性や相対性を超える装置を見出さなければならない。相対主義では、端的に生きられない。一人の主体の内において、そういった相反性や対立がある以上、この「あり、かつ、ない」世界においてどのように判断して生きていくかは、枠組みを指摘するだけでは片付けられない。

関係性が関係項に応じて相対立する事態のまま変わらないのであれば、ライオンが羊を食べる事態のように、一方にとっての「善い、正しい」は、他方にとっての「悪い、不正だ」でしかない。そこでは食うか、逃げるかという事実で決着するしかない。しかし、人間の場合、言葉や想像力によって、人間関係や共感をつうじて、異なる相手や立場に自らを置き、「自分」を広げることで、そこから自身と他者の対立を超える視点が可能になる。

相対立する関係を理解したとして、やはり強者は食べるのが当然であり、弱者は食べられるのだと判断する場合もあろう。だが、人間の想像力は、ある場面で、相手の身になって考え、感じることが、さらに、場合によっては別の行動をとることも可能である。そうして、不必要な行為を控えたり、より長期的な視野から自身のために別の行動をとるという可能性が開かれる。それは、「相対主義」という固定的で非対話的な態度を打破する。現代社会が抱えるさまざまな問題、例えば、経済発展と地球環境、貧困と社会福祉といった課題に、個人の立場を超えた想像力が必要とされる。

人の生き方や行為に対する「美しい、立派だ」という判断は、自己の利益を超えて、「人間にとって」という視野に私たちを何らか関わらせてくれる。それは「人間」という限定ですらなく、普遍的に判断し行動する主体となる。視点を超えるという意味で絶対性につながる相対性の受容と展開がそこにある。

主体は、立場を変え、複数の視点からものを見たり考えたりできる。自由な存在として普遍的に世界に向き合い、相克のなかで判断し行動する。主体は想像力によって、変容する。このように、「相対主義」を対象化して批判的に論じることが、哲学を推進させる力となるのである[17]。

リチャード・ベットは、現代の枠組み相対主義を基準にして、古代のソフィストたちの議論がおしなべて(プロタゴラスを可能な例外として)その基準に適わないこと、したがって、それらは相対主義ではなく、関係性に過ぎないことを論じている[18]。私もその診断は概ね正しいと考えているが、彼の議論の方針に疑問をもっている。古代に相対主義は存在しないというのではなく、現代の相対主義こそ再考されるべきではないか。

では、プロタゴラスの「人間尺度説」は、どう解釈されるのか。私は、私たち一人一人の「人間」が、可塑的に自身を変えながら、価値や見方を創造していく可能性を見ているのではないか、と考える。その意味で、「人間」尺度説は、関係性を調停しながら生きていく私たちの価値超出を示唆するのかもしれない。(19)

《註》

(1) 加藤尚武には、懐疑主義については、ヘーゲル『懐疑主義と哲学の関係』(未来社、一九九一年)の翻訳・解説、及び『哲学の使命』(未来社、一九九二年)第十章「空と弁証法」が、また、相対主義については、「「パラダイム相対主義」批判」『現代思想』一九八五年七月号、『現代倫理学入門』(講談社学術文庫、一九九七年)「一四　正義は時代によって変わるか」がある。

(2) πάντων χρημάτων μέτρον ἐστὶν ἄνθρωπος, τῶν μὲν ὄντων ὡς ἔστιν, τῶν δὲ οὐκ ὄντων ὡς οὐκ ἔστιν.

(3) 代表的な論集として、J. W. メイランド、M. クラウス編、常俊宗三郎他訳『相対主義の可能性』(産業図書、一九八九年)がある。そこに収められた論文の多くは、相対主義に批判的議論である。

(4) 『カテゴリー論』七章六b二八、七a二三、b一三、十章一二b二二での「換位的に」(πρὸς ἀντιστρέφοντα)参照。

(5) 『エウテュデモス』二九八D—二九九Aでディオニュソドロスが提出する詭弁。

(6) 飯田隆「相対主義的真理観と真理述語の相対化」、哲学会編『相対主義は克服できるか』、一九九九年、一二頁：「ある概念Fが相対的概念であるのは、それが正しく適用されるためには、それが通常取るとされている項以外の項を必要とするときである」。

(7) θάλασσα ὕδωρ καθαρώτατον καὶ μιαρώτατον. ἰχθύσι μὲν πότιμον καὶ σωτήριον, ἀνθρώποις δὲ ἄποτον καὶ ὀλέθριον. プラトン『プロタゴラス』は三三四A—Cでこの例を意識し、セクストス・エンペイリコスも『ピュロン主義哲学の概要』第一巻四〇節、五九節で、この例を用いている。

(8) τὸ πνεῦμα τῷ μὲν ῥιγῶντι ψυχρόν, τῷ δὲ μὴ οὔ. (152B)を参照。

(9) プラトンは『テアイテトス』でプロタゴラス説をヘラクレイトスの万物流転の感覚説に結合して解釈する。主体も対象も常に変化するという関係性モデルが認識の説明となる。それに基づいて「すべての現れは真である」と「すべては関係的である」という形での相対主義が確保される。

（10）John Grote, *Exploratio Philosophica*, p. 229 に、"the notion of the mask over the face of nature is …, what I have called 'relativism'." とある。また、"relativist" は一八六三年、Harverd Spencer, Ess. III. 302 が初出となっている。

（11）プロタゴラスが古代でどう受け入れられていたかは、N. Notomi, "A Protagonist of the Sophistic Movement? Protagoras in Historiography", *Protagoras of Abdera: The Man, His Measure* (Leiden: Brill, 2013), pp. 11-36 で詳しく論じた。

（12）「よりそうであることはない」は、『ピュロン主義哲学の概要』第一巻第七章、第一九章、「関係的である」は、同第一四章三九節、一三五～一四〇節、第一五章（「五つの方式」のうちの第三の方式）参照。

（13）『ピュロン主義哲学の概要』第一巻第一四章三九節参照。

（14）『ピュロン主義哲学の概要』第一巻第一〇章参照。

（15）入不二基義『相対主義の極北』（春秋社、二〇〇一年、ちくま学芸文庫、二〇〇九年）、デイヴィドソン「概念枠という考えそのものについて」（一九七四年）『真理と解釈』（勁草書房、野本和幸他訳、一九九一年所収）参照。

（16）加藤尚武は『現代倫理学入門』二三〇～二三二頁で、私たちが「価値判断の変化」と考えている事例が、実は「事実判断の変化」に過ぎないことを論じている。

（17）これは、「相対性と絶対性の反転」を強調しながら、相対主義を論じる入不二の立場と同じことを、逆に言っているのかもしれない。「相対主義」はそれ自体で成り立つ立場ではない。哲学への挑戦として、哲学自体を成り立たせ、推進する力である。拙著『ソフィストとは誰か？』（人文書院、二〇〇六年、ちくま学芸文庫、二〇一五年）も参照。

（18）Richard Bett, "The Sophists and Relativism", *Phronesis* 34 (1989), pp. 139-169.

（19）本論文は、二〇一〇年一〇月三〇日の第四九回哲学会研究大会で「相対性と相対主義」の題で発表した議論を、その後大幅に書き直したものである。

3　唯名論と中世末期の倫理学の構図

山内志朗

はじめに

西洋倫理学の歴史が語られる場合、中世の部分が抜け落ちている場合が多い。中世が語られる場合でも、アウグスティヌスとトマス・アクィナスの神学的倫理学と、アリストテレスの影響が語られ、そして最後に唯名論が中世哲学に対して破壊的な影響を及ぼしたことが記されるだけであり、近世に移ってしまうのである。こういった状況において、中世倫理学の概要を新たに見通すような仕方で描くことは困難なことである。読まれていない文献が多すぎるし、特に問題となるのは、中世哲学の精華である『命題集註解』の系統図的な地図がまったく出来上がっていないことである。

ロンバルドゥスの『命題集』そのものの研究も緒に着いたばかりであり、その問題毎の意義や相互の関連、後の時代の主要な見解の整理などがほとんど手つかずのまま残っているのである。カトリック神学固有の煩瑣な問題であって、煩瑣な見解の羅列と、それぞれの反駁ばかりでは関心を呼びにくいということはある。

こういった状況において、著名な神学者以外の『命題集』の批判的刊行本が次々と出版されてきたし、また Philipp Rosemann が『命題集』の読み方について見通しを与えてくれていることによって、見通しがつけやすくなってきた。ただし、こういった見通しが蓄積され、全体像が得られるまでにはずいぶん時間がかかりそうである。

さて、十三世紀に中世スコラ哲学の黄金時代があり、その後衰頽していったとされ、その元凶としてオッカムの唯名論が名指されるのが常道である。確かに唯名論は近代の源流として捉えることもできる。というのも、唯名論は、普遍を名のみのものと捉え、十三世紀に頂点に達するスコラ神学の基礎を破壊するとともに、普遍教会たるローマカトリックの宗教的政治的権威に衝撃を与え、宗教改革を準備し、近世哲学の礎を築いたと考えられるからである。そして、唯名論の内実としては、普遍論以外には、主意主義、懐疑主義、唯信主義(fideism)、信仰と理性の分離などの特徴を有するとされる。個々の論点が妥当かどうかはともかくとして、唯名論はきわめて破壊的な教義と見なされてきたことは確実である。

ところが、唯名論の本質となるといまだに決定版となるものがない。オッカムの唯名論は、十二世紀におけるロスケリヌスに仮託される唯名論とはほとんど無縁であり、普遍を名称と捉える立場というよりも、むしろ概念と捉える立場であり、アリストテレスの内属性を基礎とした命題理解への批判から、真理条件をめぐる視点から命題の構造を考え直す立場であったことは指摘しておいてもよいだろう。「唯名論」という名称から唯名論を考えてはならないのである。唯名論を、普遍とは名のみのものと解する立場が定着するのは十七世紀半ばあたりであることは指摘しておいて無駄ではない。いずれにしても、十四世紀から十六世紀にかけてのスコラ哲学の地図が書かれていないこともその背景として指摘すべきである。

中世末期の倫理学の地図を作るためにも、唯名論の流れを見通すためにも作業仮説が必要であるが、それはすべてを読み終えてから見通しが得られるのではない。むしろ逆に、地図作成の作業に先立って読み進めるために仮説的な見通しが必要なのである。

実在論と唯名論の対立について、簡潔に述べておくと、ドゥンス・スコトゥスの立場が実在論とされ、オッカムがその存在論に批判を加えて唯名論を立てたとされるが、これは普遍が存在するかどうかということをめぐるものではない。ドゥンス・スコトゥスの存在論の特徴は、事物の側で成立している存在性（entitas）の秩序（ordo）に対して、普遍という命題という言語の中に取り込まれ、述語として表現される普遍（universale）の側の秩序も対応しているというものである。

問題となるのは、存在性（entitas）の秩序ということである。存在性は形相性（formalitas）とも表現される。内実としては「動物性」「人間性」というように、事物における諸規定性か、事物の構成要素として考えられたものである。その事物の側での様々な形相性相互の区別が形相的区別（distinctio formalis）として定式化された。この形相的区別については、この概念の解明のためのモノグラフがあるほどであり（M.J.Grajewski, *The formal distinction of Duns Scotus*, 1944）、難解である。

形相性は存在者として措定されているわけではなく、それを普遍と等視することは問題がある。ただ煩瑣を避ければ、形相的区別とは、事物の側での内的構造の謂であり、スコトゥスは事物の側における形相性の秩序をアリストテレスのカテゴリー論の秩序で或る程度は表現できると考えていた。オッカムは、スコトゥスの述べる形相的区別は言語化されなければ顕在化しないと考え、事物の側に設定することの意義を認めない。形相性も形相的区別は不要なのである。オッカムにおいては、必要なのは存在者として個体だけであり、普遍は言語によって表現される概念であり、これだけで十分であると考えられている。言語化以前の形相性は無意味であり、不必要なのである。オッカムは、その代わりに、概念を表示する機能としての意味作用

(significatio) と個体を指示する作用としての代示 (suppositio) という論理学の枠組みを援用し、そして普遍を示す名辞が、概念と個体を共示 (connotatio) する枠組みを呈示したのである。

重要なのは、個体と概念だけで普遍に関する枠組みを呈示したこと (意味論における改革) と、その際、アリストテレスとトマス・アクィナスの認識論において顕著に見られる因果論的な説明が排除されていることである。そして、さらに内属性を基礎にした実体論的枠組み、内属性を命題の基礎として、主語述語で表現しようとする枠組み、真理の基礎を内属性に求めようとする論点などが批判されたように思われる。

オッカム唯名論には、存在論意味論の側面において多様な主張が込められているのだが、多くの場合、オッカムの剃刀、思惟節約の原理として比較的単純化されて捉えられてきた。しかし、唯名論においては、普遍が不必要なものとして切り落とされているのではなく、切り捨てられているのは、とりわけ因果的な媒介項であることは重要な点となる。「神は第二原因を介してなしていることは、第二原因なしになすことも可能である」というのが、オッカム唯名論の重要な原理なのである。第二原因を設定することで、因果的な連鎖を完成しても、そこには架橋できない落差が生じる。その架橋できない落差は、架橋できないまま表現にもたらして概念化することがオッカムの狙いであった。

第一節　中世倫理学の基本用語

ここで、議論を進める前に、中世倫理学において関連する用語について若干の説明を付しておきたい。恩寵や愛といった概念には独自の伝統と含意が込められており、理解困難さを見出すことも少なくないからである。

一　義認（jusitificatio）、義人（iustus）

正義とは何かといった問題に正面から取り組むことは避ける。ここでは「義認」の問題に特化して論じよう。「義人」というのは、旧約聖書においては律法を守る人、神と交わされた契約を守る人であったわけだが、新約聖書において、律法中心主義ではなく、パウロによって信仰義認論が立てられた。正義とは、本来、応報にしろ交換にしろ分配にしろ、等価性が基本となっている。しかし、信仰義認論においては、等価性とは異なるものが措定されている。

律法主義は行為義認論とも重なる。行為義認論が帰結主義的であるとして、そして倫理学の基本的立場が帰結主義と義務論と分類されるとしても、信仰義認論が義務論と対応するわけではない。信仰義認論は心情主義なのである。

ここでの問題は、義ということが、個人の内在的構成要素、個人に帰属するもの、内属性なのではなく、神によって評価されて成立する外的な関係であるということなのだ。だからこそ、オッカムの後に唯名論的倫理学の枠組みを設定したリミニのグレゴリウスは、「嘉された（gratus）、愛顧された（carus）、値する（dignus）、受容された（acceptus）」がいずれも、外的名称（denominatio extrinseca）と解することができると述べたのだと思われる。外的名称と神の絶対的能力と実体論批判とは、唯名論を形作る核にあると考えてよい。

二　恩寵

この「恩寵（恩恵）」という用語も奥行きが深く、分析することが困難を極める。恩寵（恵み、恩寵：gratia）、とはそれを受け取る人を好ましいもの（gratus）にするもの、つまり「好意」の意味で用いられるか、または自由に受け手に与えられる、つまり「恵み」の意味で用いられる。神から恵みを与えられるのは神に気に入られる者だけである。したがって、神からの働きとして捉えることも、神からの贈り物として捉えることもできることになる。

たとえば、トマス・アクィナスは「この兵隊は王の恩恵を持っている（iste miles habet gratiam regis）、つまり王はその兵隊を好ましく思う（rex habet eum gratum）、……というのは愛に基づいて或る人は別の人を好ましく思う（ex amore enim quo aliquis habet alium gratum）」（Thomas Aquinas, PS, Q.110,Art.a ad1）と述べるが、働きと贈り物の両側面を表現しているように思われる。恩寵に関する分類は数多いが、ここでは一般的説明で止めておく。

三　徳と愛

アリストテレスが説いた枢要徳（正義・知慮・勇気・節制）とキリスト教における神学的徳（対神徳、信仰・希望・愛）についての説明はここでは立ち入らないことにするが、愛については、若干説明を加えておく。

愛に関わるものとしては、アモル、カリタス、ディレクチオなどがあるが、訳し分けることは困難であり、とりあえず愛（amor）、《愛》（caritas, charitas）、愛（dilectio）と割り振っておく。amor と dilectio は「愛」とし、caritas を《愛》としたのは、多少特別の意味合いが含まれる場合もあるからである。

《愛》は神の人間に対する恩寵的愛とそれに応える人間の神に対する感動を意味するが、人間相互の隣人愛として発現するものである。《愛》（caritas）は、ギリシア語のアガペーのラテン語訳であり、日本語に訳される場合、キリシタン時代には「ご大切」と訳されたことは興味深い。ラテン語では形容詞carus（親しい、大事な、価値のある、高価な）の名詞としてあるが、英語では単純にlove of Godと説明される場合もある。トマス・アクィナスは《愛》について次のように説明する

《愛》はたんに神への愛（amor Dei）を意味するだけでなく、また神に対する何らかの友愛（amicitia）を意味する。友愛は愛（amor）の上に何らかの相互的な交わり（mutua communicatio）を伴うところの、相互的な愛のお返し（mutua redamatio）という要素を付加する。（中略）ところで、人間と神との間のこうした交わり（societas）――それは人間が神と交わす何らかの親密な語り合い（familiaris conservatio）である――は、ここ、現在の生において恩寵によって開始されるが、将来の生において栄光を持って完成される。（Thomas Aquinas, PS.Q.65.Art.5c）

トマスは、《愛》をこのように相互的なものと捉える。《愛》の深淵にして広大な問題をここでは概観しようとも思わないが、《愛》については様々な周辺概念がありながら、少なくとも中世哲学では大きな差異は見出されないし、唯名論において特有な論点も見られないと考えておく、

四　功績と報賞

功績・功徳（meritum）とは、功績とは、神の恩寵によって義と認められた人間が善き行為を行うことにより、その正統な報いとして、永遠の命に与る資格のこととされる。功績とは倫理学的には人間が自由意志に

よってなした行為の評価に関わることであり、あくまで外部の評価者が評価する対象なのである。したがって、功績が行為に宿るのか、人間精神の質（qualitas）に宿るのかは、行為義認論と信仰義認論を分かつ分水嶺になる論点と思われる。

合宜的功績（meritum de congruo）／応報的功績（meritum de condigno）という用語が問題をきわめて分かりにくいものにしているが、義認や成立する十分条件を確定する論点であることは確かである。

応報的功績と合宜的功績は様々に定義されたが、ここでは十六世紀末のスコラ哲学の教科書を援用する。

> 応報的功績とは、報賞もしくは或るものが正義の義務に従って（secundum iustitiae debitum）与えられる場合である。たとえば、賃金が労働者に与えられるべき場合のように。（中略）合宜的功績とは、正義に基づいてではなく、何らかの適合性と受け取る者の気前の良さにもとづいて、或るものが報いとして与えられるような行為のことである。（Meritum de condigno est actus cui praemium vela liquid reddentur secundum iustitiae debitum: sicut merces est debita operario…. Meritum ex congruo est actus cui non ex iustitia, sed ex convenientia quadam, & liberalitate acceptantis aliquid retribuitur. Petrus Binsfeldius, *Liber Receptarum in Theologia sententiarum et conclusionum*, p. 946f）

敷衍して説明を加える。合宜的功績（meritum de congruo）は、「適合的功績」と訳される場合もある。英訳ではhalf meritであり、「不完全功績」と訳した方が分かりやすい。これは、報酬に見合わない功績でありながら、神が寛大さ（liberalitas）によって報酬を与える場合である。また、応報的功績（meritum de condigno）

は、「等価・当然の功績」と訳される場合もある。英訳では full merit であるので、「完全功績」とした方が分かりやすい。こちらの方は、報酬を与えるのが当然であるような功績であり、功績を評価する方には義務(debitum)が生じるとされている。ここでは、総てのものにまさって神を愛するという行為が功績であるのか、功績であるとすればそれは合宜的功績でしかないから、いかにして応報的功績に達することができるのか、ということが問題となっている。人間になし得ることは、せいぜい合宜的功績を立てることであるから、応報的功績になるのは神の恩寵によることになるが、問題となるのは、そもそも人間に功績を立てることができるのか、功績は救済の必要条件なのか、ということである。功績の成立する条件は、それが人間の自由なる意志によってなされたことなのだが、それを否定する立場もあるし(ルター)、功績は神の絶対的能力によるのであれば必要とはされない(ドゥンス・スコトゥス、オッカム)という考え方もある。

トマスは、人間の側に応報的功績を認める(『神学大全』一—二、一一四問第三項)。しかし、対極的に合宜的功績を認めない立場、神の絶対的能力によって、精神に内在する被造的カリタスなしに、被造物は神によって受け取られるとする立場があった。これはロンバルドゥスの立場をそのまま認めるのではないとしても、部分的に認める立場でもあった。

さて、このようにいくつかの神学用語を急ぎ足で概観したが、それは神の絶対的能力を問題とする場合に、関連して登場するからであり、特に合宜的功績と応報的功績、そこに恩寵や徳や愛が関わってくるために見ていく必要があると考えたためである。

第二節　『命題集』第一巻第十七篇をめぐる議論

唯名論の特徴としては、神の絶対的能力の過度の強調という論点が挙げられる。しかしその能力は奇蹟を引き起こす能力というよりも救済論に向かうものだった。理解可能性を阻む破壊的な能力として考えられることが多かったのだが、実はもっと奥行きのある概念であると思われる。その問題の系譜を探る。神の絶対的能力と秩序的能力は様々な場面で現れるが、倫理学との関連における問題の発端は、ロンバルドゥスの『命題集』第一巻第十七篇に見られる。その一部を邦訳しておく。

聖霊の発出について説明するために、まず最初に語らなければならないことがある。聖霊とは我々人間が神と隣人を愛する際の《愛》《カリタス》であることである。

このことがもっと分かりやすく語られ、もっと明快に内容が分かるようにするために、この議論にとって最も必要なことが何であるのか最初に語っておく必要がある。既に先のところでも述べられ、聖なる典拠によって論証されてきたことであるが、聖霊とは、父と子との愛（amor）であり、それによって彼らがお互いに愛し合い、そして我々人間をも愛するところのものである。これにつけ加えて述べておくべきなのは、この同じ聖霊が、我々人間が神や隣人を愛する際の愛や《愛》《カリタス》（amor sive caritas）でもあるということである。この《愛》《カリタス》が我々の内にあって神と隣人とを愛するようにするとき、聖霊は我々に送られているないし与えられていると言われる。自分の隣人を愛する際の愛そのものを愛するものが隣人において神を愛すると言われるのである。というのも、神は愛そのものであり、つまり聖霊そのものなのであるか

ら。（ロンバルドゥス『命題集』第一巻第十七篇一―一）

聖霊も《愛》も恩寵もすべて神に発するものだが、ここでロンバルドゥスは神は愛そのものであり、聖霊そのものであるというように、被造物への直接的内在が語られている。

《愛》《カリタス》すなわち聖霊は、徳の媒介によって――徳の働きこそ媒介なのであるが――徳の他の働きや動きを引き起こす。例えば、信仰の働きとは信仰が媒介となって信じることだが、希望の働きとは、希望が媒介となることで希望を持つことである。というのは、《愛》《カリタス》は上に述べたような働きを信仰と希望を通して引き起こすからである。ところが、愛の働きは、愛することだが、それはいかなる徳の媒介を経由することなく、それ自体によって引き起こす（diligendi vero actum per se tantum, sine alicuius virtutis medio operatur, id est diligere）。（ロンバルドゥス『命題集』第一巻第十七篇六―八）

この節では、神学的徳のなかでも信仰と希望は媒介的なものだが、《愛》は直接的であることが語られている。

ロンバルドゥスの『命題集』が中世においてどのように系譜学的に註釈されたのかを精力的に探求しているRosemannは次のように整理する。「聖霊は《愛》の徳を魂の内に創造しその結果として我々がその徳を通して、神や隣人を愛することができるようになっているのではない。そこには、《愛》の徳といったものはない。創造された、魂の内なる徳などないのである。そこには聖霊しか存在せず、聖霊こそが我々をして愛させるところろのものなのである。(中略) ペトルス・ロンバルドゥスにとって、愛するのは我々人間ではなく、神が我々自身において愛しているのである」(Philipp Rosemann, *Peter Lombard*, Oxford UP, 2004, p. 88)。ここでは、直接的交通の原理としての聖霊、相互内在・相互浸透の原理としての聖霊が語られているのである。

オッカムは『任意討論集』第六巻第一問で、「人間は被造的カリタスなしに救済されうるか」という問いが論じられ、肯定的な答えが出されている。これは、『命題集』第一巻第十七篇と重なり合う問題で、この問いを巡って、トマス・アクィナスと、スコトゥスとオッカム以降のフランシスコ会は明確に対立する構図が現れる。実はこの『命題集』第一巻第十七篇と第二巻第二十七篇こそ、倫理学における唯名論の登場を認めることができる箇所である。ただ、その際、この問題においては、スコトゥスとオッカムは近い立場に立ち、両者の間に実在論と唯名論を分かつ分水嶺を設定することはできなくなる。しかし、スコトゥスとオッカムという同じフランシスコ会に属し、類似した思考の中に立つ二人を実在論と唯名論という極端な対立に分けること自体、大きな混乱の原因となってきた。最近、Riga Wood や他の学者が述べるように、オッカムはスコトゥスの思想を大幅に継承したのであって、両者を実在論と唯名論にわけ、大きな切断を設定することは、スコトゥスとオッカムの関係のみならず、中世哲学の見通しに関する途方もない歪曲と混乱を引き起こしてきたし、いまでもそうであり続けている。

ここでは、スコトゥス以降に現れる流れを「唯名論的傾向」として捉える。オッカムはスコトゥスを批判したが、全面的批判ではなく、継承した上での批判なのである。そして、この唯名論的傾向は、存在論の問題でありながら、しかし半ば以上は倫理学の問題なのである。

唯名論を理解する場合、決定的に重要なのが「神の絶対的能力」という概念である。時には唯名論的傾向を探索する場合の徴表となる概念として考えられたりもしたが、言葉の登場は十三世紀初頭であっても、内実は十二世紀にまで遡る正統的な概念であった。ただ、この用語はオッカムにおいて華々しく用いられたことも事実であり、この概念の強調はオッカム以降の唯名論的傾向を見出す場合の徴表になるということは誤ったことではない。

神の絶対的能力は、神は矛盾を含まないことであればなし得る能力であり、秩序的能力とは秩序に基づいて物事をなす能力とされたが、これは、紅海を分かつといった奇蹟を神は絶対的能力においては可能であるが、秩序的能力においては可能ではないというように、神の内に二つの能力が別個とのものとしてあると考えてしまえば大きな誤解に入り込んでしまう。

ドゥンス・スコトゥスもオッカムも、絶対的能力と秩序内能力ということで、神の内に二つの能力があるわけではないという注意書きを付している。しかしながら、このことは、絶対的能力と秩序内能力という思想史的研究において十分な注意が払われてきたとは言えないのである。

第三節　絶対的能力と秩序的能力

さて、ここで基本用語の説明から舞い戻って、神の絶対的能力と秩序的能力について話を先に進める。ここでの問題はオッカムが絶対的能力においてどのような理論を展開したからである。

オッカムにおいて、絶対的能力は唯名論的存在論と密接に結びついた形で登場する。「神は他のものから区別されるすべての絶対的なものを、他のものから分離し、その他のものなしに存在のうちに保存することができる。ところで、恩寵と栄光は実在的に区別される二つの絶対的なものである。したがって、栄光を魂の内に保存したまま恩寵を無化することができる」（『任意討論集』第六巻第一問）。

栄光（gloria）は魂の内に内在するものであるが、恩寵（gratia）は神から付与されるものである。ここで、恩寵は被造的な（creata）ものなのか、非―被造的な（increata）ものなのか、というロンバルドゥス『命題集』第一巻第十七篇に論じられる問題とも関わってくるし、中世におけるペラギウス主義論争の要となる問題でもあるのだが、ここでは、恩寵は被造的なものであって、人間の魂に注入されるとする見解を踏まえて話を進める。ここでの恩寵も、神に由来し、神的なものでありながら、人間に内在し、有限なものとなっている、二重性、いや内在的超越の構図が潜んでいるのであり、これはキリスト論であれ、教会論であれ、普遍論であれ、おなじものを見出すことができる。ここではこの点に立ち入ることなく先に進む。

実在的に区別されるものは、一方なしに他方が存在し続けることができる。これは実在的区別の内容から見て、当然のことである。しかしここでオッカムは彼独自の問題設定のうちに人々を誘い込んでしまっている。

まず、絶対的なもの（absolutum）というのは、切り離す（absolvere）の対象であり、切り離されたものである。この「切り離す」というのは必ずしも物理的に切り離すということではなく、「負担や責任から解放する、無罪放免にする」ということである。この切り離されたものに対しては、倫理的な拘束力は働かない、いやより正確には倫理的な拘束力が働くことは必然性を持たない。

したがって、恩寵なしに人間の魂が栄光を持つことができるようになる。換言すれば、「人間は被造的恩寵なしに救済されることができる（homo potest salivari sine caritate creata）」ということになる。これは人間が功績なしに救済されることにも結びつく。

個人・個体（individuum）というのは、個別的（singulare）なものであると同時に、絶対的なもの（absolutum）なのである。ここに込められた存在論的、倫理学的含意を見通さなければ、オッカムの唯名論の意味は見通せないように思われる。

絶対的なものは、それ自体で成り立つものであり、この「絶対的なもの」という用語それ自体にオッカムの狙いの多くが含まれているように思われる。ドゥンス・スコトゥスも個体主義をとり、その個体の意義を強調したけれども、「絶対的なもの」として個体を語ることは少なかったのである。

話を戻す。絶対的能力と秩序的能力についてオッカムの見解を見ておく。

［神の能力の区別について、］私は次のように主張する。神は或ることを秩序的能力によってなし、そして或ることを絶対的能力によってなすことができると。この区別は、神の内に実在的に区別される二つの能力があって、その一方は秩序的であって、もう一方は絶対的能力であると理解されるべきではない。というのも、神において外に向かっては［被造物に対しては］唯一の能力しか存しないのであり、それはまったく神そのものなのであるから。また、或ることを秩序内能力によってなすことができ、また別のことを絶対的能力によっては可能であるが、秩序内能力によっては可能ではないというように理解されるべきではない。というのも、神は何事をも秩序に反して（inordinate）おこなうことはできないからである（『任意討論集』第六巻第一問）。

つまり、神は奇蹟的な事柄を絶対的能力によっては可能であるが、秩序内能力によっては可能でないと考えるべきではないのである。しかしこのことは、従来、神は絶対的能力によって、人間の理解を越える仕方で振る舞うこととして解されることが少なくなかった。その結果として、懐疑主義、二重真理説、唯信主義などとして唯名論が捉えられるようになってしまった。

ドゥンス・スコトゥスも『パリ講義録』（*Reportatio-I*）において、強調しているように（cf. John Duns Scotus, *The Examined Report of the Paris Lecture : Reportatio-I*, pp. 466-468）、旧法（lex antiqua）と新法（lex nova）、つまり、旧約聖書と新約聖書の関係が問題になっているのであり、法律が変更されたり、新たに設定される場合が考えられている。ちょうど、教皇が或ることを絶対的にはできるとしても、設定された法律に即してはできない、というように、二つの能力があるというよりも、能力を何と関係させて考えるのかということが問題なのである。

ヨハネ福音書（3:5）に「水と霊によって生まれなければ、神の王国に入ることはできない」と記されているが、神にとって今の能力は昔の能力と同じであるが、かつては［旧約聖書の時代には］人は洗礼を受けなくても神の王国に入ることができた。割礼を受けた子供が、理性を使用できる年齢に達する前に死んでしまっても、神の王国に入ることができたことに示されているように。しかしながら、その当時設定された律法によってはこのことは可能ではあるが、現在設定されている律法によっては可能ではない、たとえ絶対的能力によっては可能であるとして、と考えられるのである。

秩序内能力とは、或る条件を前提した上での能力であり、絶対的能力とは全体とは無関係に考察されている能力である。神は秩序に反して働くことはないから、絶対的能力と秩序内能力が分離して、どちらか適用されるか迷うようなことが生じることはない。しかしながら、過去の出来事について、事実的に古い律法から新しい律法に変更が生じた場合、一方において可能なことは他方においては可能ではないから、変化が生じた場合、それを記述すれば、二つの記述が現れる。それが二つの能力なのである。

これでもまだ絶対的能力と秩序内能力が二つのものではないということについて説得力のある根拠は示されていないように見える。しかし次のように考えればどうだろうか。

存在の創立と存在の維持について考えると、神は創造においてはそれまでの秩序を変えて新しい次元を創出することで、創造を行った。しかし、一旦創立したものについては、変更する必要がない限り変更は生じさせない。これが存在の維持である。存在の創立と存在の維持とは異なったものだが、存在については創立と維持とは別の事柄としてありながらも、一体のことである。つまり、神の絶対的能力と秩序内能力とは、二つの能力というよりは、アスペクトの違いであると考えた方がよいだろう。

ただ、そういった視点がオッカムにおいて顕在化しているわけではない。そのために屈折したものとなる。すると、この二つの能力の区別が何を目指して重視されていたのかを検討する必要がある。

さて、唯名論の枠組みは、「必要以上に存在者を措定すべきではない」というものとされている。この格率は、既にドゥンス・スコトゥスにおいても語られているし、十三世紀において珍しいものではない。唯名論の核心と考えることは到底できない。この格率と一見似ているが、しかし別の内実を持つものとして、オッカムが語った格率に「神は第二原因を介してなしているものは、第二原因なしになすことができる」というものがある。第二原因とは、媒介のことであり、人間の直観的認識においては、形象（species）であり、義認においては、恩寵のことである。

オッカムは、非存在者について直観的認識を有することができると主張したことによって、懐疑主義者として捉えられるようになった。直観的認識は、現前する事物についての直接的認識であり、確実で自明なものとされていたのだが、神の絶対的能力によるならば、非存在者について直観的認識が可能となれば、経験的な認識についての確固たる基盤と崩壊させることになってしまう。この認識論的側面に立ち入らないが、第二原因なしに認識が神の絶対的能力によるならば可能であるというのは、理解可能である。

第四節　オッカムの唯名論

オッカムの倫理学が「唯名論的」と呼ばれて然るべきなのか、そしてそれがどのように中世倫理学で位置づけられるべきなのか、周辺的事情も含めて考察しておく必要がある。

オッカムが「唯名論」として整理されたことはとてもまずい誤解を生み出してきた。普遍が存在するのはただ心の内に概念としてだけであり、心の外の存在者はどれもみな個物である、とオッカムは確かに述べた。その場合、オッカムが言おうとしていたのは、普遍は名のみのものであるとか、個体しか存在しないと言うことだけではなく、普遍と個体はどのように結びつくかと言うことだった。オッカムの立場を、媒介論として考えた場合、普遍が単なる概念としてあってもそれは困ることではなくて、普遍と個体を媒介する領域が確保されることが重要なのだ。スコトゥスは、普遍と個体を媒介する場面、存在という最も普遍的なものと個物が媒介される場面を、存在の一義性として打ち立てた。

ドゥンス・スコトゥスの存在一義性論が、トマス・アクィナスのアナロギア論——本当は、アナロギアが媒介として機能したのは、トマス・アクィナスにおいてではなく、ガンのヘンリクスにおいてだが——においても問題は媒介だった。存在の一義性も媒介論であり、事物や外的組織を媒介とするのではなく、内的なものや聖霊、良心、個体性といったものを媒介に使用とすることだった。フランシスコも、鳥や魚に説教したことで知られるが、それは教会の外にいる人々、いや教会という組織を媒介せずに神への道を切り開こうとした試みと考えられる。

この理念は、ドゥンス・スコトゥスやオッカムに受け継がれたと考えることができる。だからこそ、ヨアキム主義がフランシスコ会の中で根強く残ることになる。ヨアキム主義は、肉的教会であるローマ教会の権威を否定するものであったがゆえに、強く弾圧されるしかなかった。その流れがフランシスコ会には根強くある。物質的な媒介、肉的な媒介ではなく、霊的な内面的な、目に見えない媒介を求める流れは、ペトルス・ヨハネス・オリヴィ、ドゥンス・スコトゥス、ペトルス・アウレオリ、オッカムにおいて強く見られる。

十三世紀の後半における宗教の問題、存在論、認識論などにおいて媒介の問題が大きな位置を占めていたことは確認しておいてよいだろう。オッカムの普遍論もこの媒介の問題を一つの中心にしている。普遍の捉え方も媒介の問題として考えられるのである。概念としてある普遍が、普遍的なものをオブジェクトとして意味し、個物を代示する（個体的代示）という点で、概念において、普遍と個物を媒介しているのである。この点こそ、ルターにつながる論点であったと思われる。オッカムの立場は、普遍は概念と主張するものであり、「唯名論」は正しい理解を損なう一大要因になってきた。

オッカムは、普遍を、心の中の、多くのものに述語づけられる本性を有する一つの個別的な概念として考える。その概念が、多くのものに述語づけられ、自らをでなく、多くのものを代示する本性を有するがゆえに「普遍」と呼ばれるのである。名前だけでは多くのものを代示することはできず、本来の意味での普遍とはならないのである。オッカムは普遍としての概念がそれ自体では個物であることを強調する。普遍とは、多くのものを代示する機能として考えられているのである。

オッカム自身のテキストに語らせる

広い意味で類あるいは種と呼ばれるのは、それによって、単意語ではなく併意語を用いてなされる「何であるか」という問いに適切に答えられるところのすべてのものである。例えば、「白いものは何であるか」と問われるとしたら、「色を有するもの」と答えられることは適切である。しかし、指示代名詞を用いてなされる「これは何であるか」という問いに、あなたが答える場合には、「色を有する」と答えることは決して適切ではありえない。（オッカム『大論理学』第一部第十八章、渋谷訳六九頁）

唯名論とは、普遍を概念であると考えるものであり、しかも媒介の否定や内属性の枠組みの否定を基礎としているように見えながら、唯名論に対する先入見のためにオッカムのテキストを歪めて読んできたように思われる。

コートネイは唯名論の誤解の歴史を何度も描いているが、「唯名論と後期中世の宗教」（一九七四年）は簡潔にしかも緻密にその歴史を描く名論文である（in Ch. Trinkaus (ed.), *The Pursuit of Holiness in late medieval and renaissance religion*, Leiden, Brill, 1974)。

この論文にそって唯名論の理解の歴史を辿ってみる。一九三〇年以前においては、中世思想の研究者は、唯名論が何であり唯名論者が誰であるか、自信を持って答えることができた。唯名論とは、普遍とは、精神によって構成された概念として定義され、精神の外部に実在的な指示対象を持つことなく、従って外的な現実を記述することもないようなものであると考える論理学における見解と考えられていた。唯名論者としては、十二世紀のロスケリヌスやアベラールも含まれるが、主としては十四世紀に以降に登場し、ウィリアム・オッカム、リミニのグレゴリウス、アイィのペトルス、インヘンのマルシリウス、ガブリエル・ビールがその代表者とされたのである。そしてその特徴としては先に挙げた五つの特徴が列挙されていたのである（cf. Courtenay, ibid.p. 26f)。

しかしながら、一九三〇年以降、唯名論の評価は変化し始める。一つには、絶対的能力と秩序内能力の区別に関する唯名論の立場に関する問題である。唯名論の特徴を示す理論と考えられていたが、実は伝統的な枠組みであったことが分かるようになってきた。二つには、唯名論の代表者のテキストが刊行されることが少なくて、唯名論の見解を調べようと思っても、困難であった。三つには一九三〇年以降、中世後期の哲学の研究はその時期の特定の側面にだけ注目する研究がほとんどだったのである。ミハルスキとドゥ・ヴルフという例外をのぞけば、ほとんどの研究者が、論理学、科学、神学、政治思想などのなかから一面だけに注目をあてる研究がなされていたのである。その結果、オッカムの思想全体やオッカム主義についての研究がほとんど出ることがなかった。四つには、プロテスタントもカトリックも、それ以前における唯名論の評価に関与してきたが、伝統的な理解を支える証拠は減少していたにもかかわらず、伝統的な見解を生き延びさせてきた。カトリックの中でもトミストからすれば、後期中世思想の積極的評価ということは、トマス・アクィナスの意義とネオ・トミズム形而上学の意義を減少させてしまうと恐れたためなのか、唯名論の再評価を無視ないし拒絶し、テキストを再調査することを行わなかった。またプロテスタントの歴史家は、カトリックと同じように後期中世思想の衰頽と崩壊という見解に荷担してしまった。中世後期においては、思想が衰頽し崩壊していたからこそ、宗教改革を起こさなければならなかったのだという大義名分に結びつくからである。いずれの側からも、唯名論は虐げられてきてしまったのである（cf.Courtenay, ibid.p. 32f）。

オッカムの狙いの核心にアリストテレスのカテゴリー論を根本的改変があったことが確かであろう。一〇個あったカテゴリーを二個にまで減らそうとする。そのために、実体と質だけを、「絶対的なもの」と考え、それ以外のカテゴリーは、関係的なものであると考えようとする。実体（substantia）と質（qaulitas）だけが絶対的なもの（res absoluta）であり、それ以外のカテゴリー（量、能動、受動、関係、場所、時間、状態、所持）は併意語でしかない。オッカムはそのように考える。「絶対的なもの」とは、客観的に存在するもの（res permanens）であり、ほかの客観的事物から場所においても切り離されていて、それ自体で存在することが可能なものである。これに基づくと、個体的な実体と、個体的な諸性質（色、熱、形、重さなど）だけが「絶対的なもの」である。これらの二つのものは、少なくとも神の絶対的能力によってならば、存在することが可能である。

これは数を減らそうとするだけではない。アリストテレスが前提していた〈内属性理論〉（inherence theory）を取り出し、破壊しようとしているのである。〈内属性理論〉によると、「ソクラテスが人間である」が真であるのは、「人間性がソクラテスに内在している」場合である。ここには、〈古い道〉（via antiqua）、つまりアリストテレスの採った立場が見られる。この〈古い道〉によると、人間性が存在することを前提せざるを得なくなる。

〈古い道〉つまり、〈内属性理論〉によると、一〇のカテゴリーが準備され、そしてそれぞれのカテゴリーについて、実体に内在する個別的なカテゴリーが存在していることが必要になる。

オッカムの立場によると、存在するのは個別だけである。そのために必要なのは、〈内属性理論〉でもなく、一〇のカテゴリーでもない。実体と質という二つのカテゴリーを「絶対的なもの」として認め、質のあり方についてては、併意語という新しい道具で説明しようとする。

たとえば、「人間（homo）」とは、「人間性によって意味されるあるもの（aliquid signifiatum humanitate）」とか「人間性を有するもの（aliquid humanitatem habens）」と言い換えることができる。これは一見すると、瑣末な工夫のようにも見える。

しかし、実体と属性を基本的な構造と捉え、それを内属性として整理し、その基本的な形式を表現するのが、主語述語からなる命題であるというアリストテレスの基本的モチーフを破壊する狙いがあったのである。

オッカムは内属性の理論を破壊するために、述語づけの代わりに、代示（suppositio）の理論を持ち込んだ。そうすることで、存在するものは、すべて個体であり、普遍や述語や命題の問題、事物の側において成り立つ「内属」ということではなくて、概念と概念の間の関係、概念と事物の関係を扱う場面へと移ることになる。

オッカムの立場では、あらゆる普遍的で絶対的な名辞は、ただ特殊者、個物だけを意味することになる。そのさい、存在するのは、個物だけだという個体主義が最も重要な点となるのではない。

クリマは、「オッカムの述語の理論は、明らかに、〈古い道〉の〈内属性理論〉がおそらく要求している内属する存在者への体系的要求を除去することを意図していた」（Klima, ibid.p. 131）、「オッカムのここでの革新は、内属性分析によって一見必要とされる内属する存在者の必要性を除去するために、この種の分析を体系的に適用することなのである」(Klima,ibid.p. 131) と述べるが、この見解に私として賛成したい。

第五節　唯名論倫理学について

唯名論の特徴として、主意主義、絶対的能力の過度の強調、懐疑主義、唯信主義などが挙げられてきたが、絶対的能力の適用が脅威的であって、非存在者に関する直観的認識可能性の主張に徹底した懐疑主義を見出したからであろう。また、人間知性を凌駕する理論を語りながら、神学の基礎についての困惑を持たない姿を見て、信仰にとって確実なことは人間知性では決して認識できないとする唯信主義をオッカムに見出そうとする者もいた。

主意主義的側面と神の絶対的能力は、善いものは善いものであるが故に神がそれを欲するのではなく、神が欲するが故にそれは善いという理論のように映じる。

しかしながら、神の絶対的能力とは、破壊的概念装置であるよりも、哲学的な原理の措定に関する修正的な (revisionary) 理論であるように思われる。もちろん、神の絶対的能力が何を意図したものであるのか、見解は分かれる。かなり破壊的な概念装置であるというのが従来の理解であった。直観的認識は事物がある時にはそのあることを知り、あらぬ時にはあらぬことを知る認識であって、存在することに達する点においては確実な認識であり、経験的認識の出発点となるものである。しかしながら、存在しない事物について抽象的認識は可能であるかという問題において、オッカムは神の絶対的能力によってであれば可能であると答える。これは外界に関する認識の道筋を破壊するものであり、懐疑主義につながると考えられた。また、人間は恩寵なしに救済されうるというのは、神による人間の救済の場面における倫理学的枠組みの破壊のようにも見える。いかなる功績なしにも、人間は永遠の生命という報酬を受け取ることができることになり、行為の倫理学的評価とその報酬との間にはいかなる等価性もなくなり、罪人が救われ善人が呪われることもありうることになってしまう。オッカムの理論は、存在論のみならず倫理学においても破壊的な教説と考えられたのである。

しかしながら破壊的側面だけを見ることは誤っていると思われる。リミニのグレゴリウスは、オッカムの狙いをよく見抜いていたと思われる。愛顧された（carus）、嘉された（gratus）、受納された（acceptus）、値する（dignus）、愛された（dilectus）といった形容詞について、グレゴリウスはそれらがいずれも内的名称（denominatio intrinseca）ではなく、外的名称（denominatio extrinseca）であると整理している。

> 或る人が嘉されたというのは二つの仕方で語られることができる。一方は、内的名称によってであり、つまり、その人の魂に形相を付与する恩寵のハビトゥスによってである。もう一方は外的名称によってであり、その人が以後罪を犯さなければその人を永遠の生命へと受納する神の意志に基づく場合である。そこで、「或る人が恩寵なしに嘉される（gratus sine gratia）と論じられる場合、「嘉された」が第二の仕方で解され、「恩寵」が（中略）超自然的ハビトゥスとして解される場合には、「或る人は恩寵なしに嘉される」という命題を承認する。この問題には白さの例はふさわしくない。というのも、或るものが白いと言われる場合、その名称は内的なものだからである。（Gregorius Ariminensis, *Lectura super Primum et Secundum Sententiarum*, 1 Sent. dist. 14-16, q.1）。

同じことは「愛顧された（carus）」にも当てはまる。つまり、愛（caritas）なしに或る人は愛顧される（carus）ものとなることができるのである。その際、或る人は超自然的なハビトゥスを持つことも必要ないし、神によって愛を注入される必要もないことになる。

つまり、嘉される、愛顧されるといった神による人間の倫理的評価については、それらはすべて外的名称とも考えられるということである。ここでオッカムは二つの論点に批判を加えている。一つには、実体論的内属主義であり、もう一方は外的な制度の中での評価の枠組みである。

人間は、嘉される、愛顧されることがなくても、功績が内在していなくても救済されることができるのであるが、救済されるということが語られているのではない。「救済されうる」と「救済される」ことの間には違いがある。もし魂に内在するものによって救済されることが決まるとすれば、自己確信を持てない者は告解によって他者によって確かめてもらわないといけないだろう。

人間の魂に、恩寵を形相づける、神の恩寵のハビトゥスか働きに基づく場合には、内的名称によって成り立っているが、神の受容する意志にのみ基づく場合には外的名称によって成り立っている。内的名称による場合には、恩寵が何らかの仕方で人間の魂に内在化していて、その内在化している形相に基づいて、内部に根拠を持った仕方で「嘉された（gratus）」と言われているのである。ところが、神の意志にのみ基づき、人間の魂の側に内在する形相を持たない場合には、外的にのみ「嘉された」と言われているのである。

グレゴリウスはオッカムの立場を推し進めたわけだが、「嘉された」といった規定がすべて外的名称にすぎないと述べているわけではない。神の絶対的能力によれば、外的名称でもありうると述べているのである。「嘉された」というのは、神の側の恩寵と人間の側の恩寵との双方を併意する（connotativus）ものである。この「併意」というのは、普遍的名辞が概念と個物を併意するという場面にも登場していた。この「併意」を詳しく説明することは別の箇所にゆずるしかないが、因果的な説明ではなく、意味論的に考えられていることは重要な点と思われる。

併意の関係にあるものは、秩序ある世界の中では両項が存在するが、一方のない世界を神は創造することもできる。ちょうど、ライプニッツが神と「私」という二つのモナドしかない世界が可能だと考えたように。

もはや紙数も尽きた。オッカムは唯名論的傾向において、「嘉された」という規定、恩寵という神と人間の関係的規定も、因果論的には切り離されながらも、意味論的には切り離されない仕方で考えるようになった。もはやそこでは物理的な媒体、外的で制度的な媒体は必要とはされない。このように媒体を否定する論点は、意味論、教会論、救済論にも見出されるのである。いずれにしてもオッカムの唯名論的倫理学は、カトリック教会には破壊的なものであったが、倫理学として破壊的なものではなかった。さらなる解明は今後の課題である。

（付記）

倫理学の歴史にはいまだ書かれていない空白が残っている。現代日本の倫理学において、生命倫理や環境倫理といった新しい分野を導入・紹介したのは、加藤尚武先生の大きな功績であるが、これは新しい傾向を導入しようとすることにとどまるものではなかった。

哲学史とは、過去だけを見つめる営みではない。哲学史とは、ヤヌスのように、過去と未来を同時に見渡しながら、過去から現在を経て未来へと進んでいく概念の運動なのである。

ヘーゲルは哲学史という営みを学として立ち上げた。しかしながら、中世の哲学史に対する評価は偏ったものである。

これからなされなければならない課題は多数存在する。哲学と倫理学がもっと有機的に連関していく必要もあるし、日本の倫理学への新しい取り込みもほしい。なすべきことは多いが、西洋に目を向けると、やはり中世からルターを通じてドイツ観念論に至る流れをカトリックとプロテスタントという対比を離れて通貫する見通しがほしい。その意味でも、唯名論の流れを偏見から離れて考察する取り組みが必要だと考えているが、その一歩をこの小論で始めてみようとした。

過去と未来を見渡すヤヌスは新旧問わずあらゆるものを精力的に取り込むべく貪欲でなければならない。加藤尚武先生はヤヌスとしての模範を示されている。新しいヤヌスたちがそこからどんどん育っていくことを念願する。

《参考文献》

（1）Primary Souces
John Duns Scotus, *The Examined Report of the Paris Lecture: Reportatio-I*, ed. & tr. by A.B.Walter, St. Bonaventura, NY, 2004
Ockham, William, *Opera Philosophica et Theologica*, ed. G.Gál, S.Brown, G.Etxkorn, C.Grassi, F.Kelly, F. del Punta, J.Wey, and R.Wood, St.Bonaventure, NY, 1966-88.
Gregorius Ariminensis, *Lectura super Primum et Secundum Sententiarum*, eds. By Damasuss Trapp Osa, Venicio Marcolino, Manuel Santos-Noya, Walter de Gruyter, Berlin/NewYork, 1982.
Petrus Binsfeldius, *Liber Receptarum in Theologia sententiarum et conclusionum*, Augusburg, 1595.

（2） Secondary Literature
Oberman, Heiko Augustinus, *The Harvest of Medieval Theology*, Harvard UP, 1963.
Courtenay, William J. *Capacity and Volition: A History of the Distinction of Absolute and Ordained Power*, P.Lubrina, 1990.
Courtenay, William "Nominalism and Late Medieval Religion" in Ch. Trinkaus (ed.), *The Pursuit of Holiness in late medieval and Renaissane religion*, Leiden, Brill, 1974
Dettloff, Werner, *Die Lehre von acceptio divina bei Johaness Duns Scotus mit besondere Berücksichtigung der Rechtfertigungslehre*, Wesefalen, 1954.
Dettloff, Werner, *Dis Entwicklung der Akzeptations- und Verdienstlehre von Duns Scotus bis Luther*, Münster, 1963.
Klima, Gyula, "Ockham's Semantics and Ontology of the Category" in Paul Vincent Spade(ed.), *Cambridge Companion to Ockham*, Cambridge UP, 1999.
Rosemann, Philipp W.(ed.), *Amor amicitiae-On the Love that is Friendship. Louvain/Paris/Dedley, Peetrs*, 2004. (this includes the translation of Lombard's Sententiae, I.17).
Rosemann, Phlipp, "Fraterna dilectio est Deus:Peter Lombard's Thesis on Charity as the Holy Spirit" In Rosemann(2004)
Rosemann, Philipp W., *The Story of a Great Book: Peter Lobmard's "Sentences", Rethinking the Middle Age 2*, Toronto: University of Toronto, 2007.
Rosemann, Philipp W., *Peter Lombard*, Great Medieval Thinkers, New York, Oxford UP, 2004.
Ch. Trinkaus (ed.), *The Pursuit of Holiness in late medieval and renaissanve religion.*
Vignaux, P., *Luther: Commentateur des Sentences (Livre I,Distinction XVII)*, J.Vrin, Paris, 1935.
Vignaux,P., *Justification et prédestination au XIVe siècle*, Paris, 1934.
Wood, Rega, "Ockham's Repudiation of Pelagianism", in Paul Vincent Spade (ed.), *Cambridge Companion to Ockham*, Cambridge UP, 1999.
オッカム『オッカム『大論理学』註解』（全五巻、渋谷克美訳註）、創文社、一九九九―二〇〇五年.
金子晴勇『近代自由思想の源流』創文社、一九八七年.

4　形の哲学

――心理学から見たモリヌー問題[1]――

鈴　木　光太郎

黙っている私に向かって、彼女は言った。
「パンダの人形の正体は、触って分かったのでしょう。
目はだませても、手はだませないって言うわ。
だ・か・ら、私に触って。そうしたら私が誰だか分かるはずよ。」
（加藤尚武『形の哲学――見ることのテマトロジー』[2]）

第一節　モリヌー問題

「モリヌー問題」のモリヌーとは、一六五六年ダブリンに生まれ、九八年ダブリンに没したウィリアム・モリヌーのことである（図1）。アイルランド議会の論客として活躍し[3]、一方で科学的研究にも勤しみ、『新屈折光学』といった著書も著した。一六八三年、ダブリンには哲学協会（ロンドン王立協会のダブリン版）が創設

図1　ウィリアム・モリヌーの肖像
(Morgan, 1977)

されるが、彼はその創設者のひとりでもあった。デカルトの『省察』を英語訳したのも彼である。

モリヌーの名前が哲学史に残ることになったのは、次のような経緯からである。一六九〇年、イギリスの哲学者、ジョン・ロックは、すべての知識は感覚と経験にもとづく（すなわち、人間の心は生まれた時には白紙状態だが、経験を通してそこに書き込んでゆく）という、イギリス経験論の端緒となる『人間知性論』を出版し、大きな反響を巻き起こした。実は、この出版に先立つこと二年、一六八八年の二月に、そのダイジェスト版がフランス語で刊行されていた。モリヌーはこの本を読み、同じ年の七月七日付で、感覚と経験に関わるひとつの問いを提起する手紙をロックに送った（図2）。[4] しかし、ロックからの反応はなかった。

『人間知性論』の英語版は九〇年に刊行された。モリヌーは改めてこれを読み、九三年三月二日付の手紙のなかで、すでに親交を深めつつあったロックに、五年前と同様の問いを出すのである。ロックは、九四年刊行の『人間知性論』第二版のなかで重要な思考実験としてこの問題をとりあげた。

モリヌーは問う。「生まれながらの盲人がいたとしましょう。彼は、おとなになるまでの間に、同じ金属でできた同じ大きさの立方体と球を触覚によって識別するように教えられ、その結果触っただけでどちらか答えることができるようになったとします。その後、彼の眼が見える状態になったとしましょう。いま、彼のま

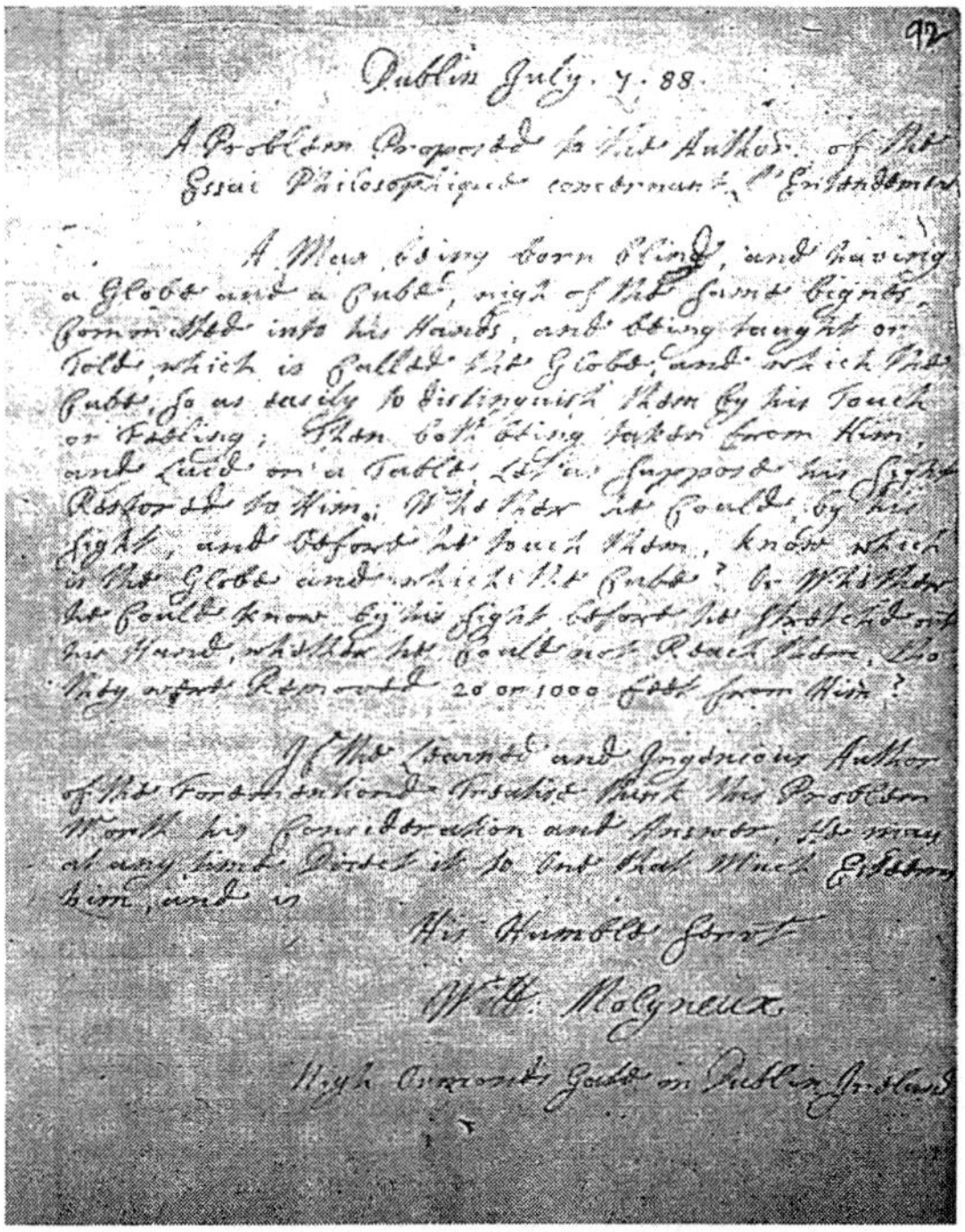
92

Dublin July 7. 88.

A Problem Proposed to the Author of the Essai Philosophique concernant L'Entendement

A Man, being born blind, and having a Globe and a Cube, nigh of the same bignes, Committed into his Hands, and being taught or Told, which is Called the Globe, and which the Cube, so as easily to distinguish them by his Touch or Feeling; Then both being taken from Him, and Laid on a Table, Let us Suppose his Sight Restored to Him; Whether he Could, by his sight, and before he touch them, know which is the Globe and which the Cube? Or Whether he Could know by his sight, before he stretched out his Hand, whether he Could not Reach them, tho they were Removed 20 or 1000 feet from Him?

If the Learned and Ingenious Author of the forementioned Treatise think this Problem Worth his Consideration and Answer, He may at any time Direct it to One that Much Esteems him, and is

His Humble Servt

Wm. Molyneux

High Ormonds Gate in Dublin. Ireland

図2　ロックあてのモリヌーの最初の手紙
(1688年7月7日付)(Degenaar, 1996)

えのテーブルには、立方体と球がおかれています。彼は、それらに触らずに、見ただけでそれらを識別できるでしょうか。」(『人間知性論』第二版、第二巻・第九章)(図3)[5]

モリヌー自身の答えは、「識別できない」であった。すなわち、視覚を得た盲人は、視覚を触覚と結びつけることを経験によって学習しないかぎり、両者を識別できるようにはならない。ロックは、この答えに我が意を得たりと賛同した。

その後、モリヌーと同じくアイルランドの哲学者、ジョージ・バークリーは、一七〇九年刊の『視覚新論』のなかで、この問題と答えを引き継ぎ、それらを精緻なものにした[6]。バークリーは次のように言う。本来的に三次元的な空間性をもった感覚と言えば、触覚や自身の運動感覚である。たとえば、われわれはものに手を伸ばして触れ、その距離や立体的な形を知覚し、歩き回ることによって空間を把握している。網膜に映る像そのものは平面的だが、われわれは、経験を通して、これらの触覚や運動感覚と網膜像の対応関係を作り上げていく。こうして視覚は、三次元性、すなわち奥行きの次元を備えた空間の性質を獲得する。

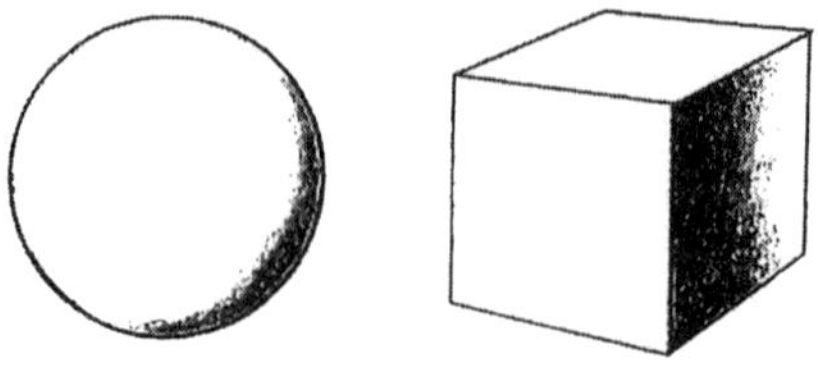

図3　モリヌー問題

　これは、机上の議論では終わらなかった。ほどなく、それに対応する臨床例が報告されたのである。一七二七年、ロンドンの外科医、ウィリアム・チェゼルデンは、両眼が白内障の一三歳の少年の開眼手術を手がけ、術後の視覚について報告した[7]。この少年は、物体の形がわかるようにはならなかったし、それらの遠近の違いにも答えられなかった。この報告は、モリヌー、ロックやバークリーの見解を裏付けるものだった。バークリーは、一七三三年の『視覚論弁明』のなかで、このチェゼルデンの症例を引用し、「自分が論理的に考えて到達した発見が事実と実験によって確証された」と述べている。

　フランスでは、ヴォルテールが一七三八年刊の『ニュートン哲学要綱』のなかでこのチェゼルデンの報告を紹介し、ドニ・ディドロも、一七四九年刊の『盲人に関する手紙（盲人書簡）』のなかでこの問題を論じた[8]。モリヌー問題に対するディドロの分析と批判は、現在読んでも、問題点がよく整理されている。彼は、先天盲の開眼手術では、モリヌー問題のように、それまで触覚でわかったものが視覚だけでわかるようになるのかと問うことはできないと書く。なぜなら、チェゼルデンの症例が示しているように、患者はすぐには見えるようにならないからである。モリヌーもロックもバークリーも、開眼手術を「麻痺していた手が治る」のと同じように考えているが、そのように考えることはできない。視覚そのものを得るのにも長い訓練の時間が必要であり、その過程で触覚や運動感覚と視覚との間に対応関係ができあがってゆくからである。

一方、ロックとバークリーの側に立って壮大な思考実験を試みたのは、エティエンヌ・ボノ・ド・コンディヤックである。彼は、一七五四年刊の『感覚論』のなかで、感覚も能力ももたない人間の形をした石像をまず仮定し、次にその石像に嗅覚、味覚、触覚、聴覚、視覚それぞれを付与した場合に、その石像がどのような世界を感じるか（そしてどのような観念・記憶・感情・欲望・夢・人格をもつか）を詳細に論じた。その論述の過程でモリヌー問題に言及し、石像が眼で見て形を識別できるようになるのは、それを見ながら手で触るという経験を通してであるとした。(9)

以上のように、哲学者の多くは、モリヌー問題に経験論的に答えた（あるいはそうした答えを部分的に支持した）。しかし、開眼した盲人が球と立方体を「識別できる」と答えた哲学者がいなかったわけではない。ゴットフリート・ライプニッツがそうであった。彼は、その著『人間知性新論』のなかで、モリヌー問題を即答できない難しい問題だとしながらも、人間は視覚と触覚に共通の性質を知覚できるように生まれついているのではないかと記している。(10) 後述するように、乳児での研究にはライプニッツの見解を部分的に支持する研究もある。

第二節　開眼手術とモリヌー問題

生まれながらの盲人（先天盲）がおとなになって開眼手術を受け、すぐに眼が見えるようになるというのは、小説やドラマのなかの話である。[11] ふつうはすぐに見えるようになることはまれである。これは、チェゼルデンの報告した患者の例の通りだし、ディドロの指摘の通りである。

チェゼルデンの手術から二〇年後、フランスの眼科医、ジャック・ダヴィエルは、白濁した水晶体の摘出手術法を考案し、彼の執刀した二二名の先天性白内障患者の開眼手術の術後の視覚について報告している。[12] それによると、彼らのうち、眼のまえにおかれたものを見るだけでわかった者はひとりもいなかった。

その後こうした臨床報告は散発的に出されていたが、一九三二年、ドイツのキール大学の心理学者、マリウス・フォン・ゼンデンは、それまでになされた六六篇の報告を収集し、それらの事例を詳細に比較検討し、[13]『先天盲開眼前後の触覚と視覚』という著書として出版した。[14] そのなかでゼンデンは、開眼手術者の手術前にもっていた視覚能力の程度（残存視覚）が重要であると考え、それを三段階に分けた。明暗がわかる段階、明暗に加えて色彩の違いもわかる段階、明暗と色彩の違いに加えて形もわかる段階である。彼は、開眼手術後の回復の程度がこの残存視覚の程度に大きく依存すると考えた。

ゼンデン以降に行なわれた研究としては、イギリスの心理学者リチャード・グレゴリーが報告して有名になった事例や、[15] イタリアの眼科医アルベルト・ヴァルヴォが報告している複数の事例がある。日本では、東京大学の鳥居修晃と日本女子大学の望月登志子が長期にわたって開眼手術者の視覚の回復（獲得）過程を調べ、視知覚の成立過程について重要な示唆を行なっている。[16] 鳥居らによれば、視知覚の成立はほぼ段階的な過程をたどる。まず最初の段階は明暗の区別である。次に、色彩の区別（少数の基本色から、やがて多くの色へというように）の段階がくる。そしてそのあとにくるのは、平面的な形（図と地の分化）やその大小の区別の段階であり、その後立体的な形の識別の段階へと進む。平面的な形を見る際には、眼をどう動かすか（すなわち、ものの輪郭に沿って視線をどう走査させるか）が重要であり、これには経験（学習）が大きな役割をはたす。モリヌーは開眼手術者の立体的な形の識別を問題にしたが、以上のことから、立体的な形がわかるようになるのは回復のかなりあとの段階であって、モリヌーの課題は困難度のきわめて高いものだということがわかる。言いかえると、開眼手術直後に球と立方体を見ただけでその形が区別できるかというモリヌーの問いは、現実には、手術前からかなりの程度の残存視覚を有していないと、成り立たないのである。

実は、「先天盲」と一括りにしているが、いま紹介した残存視覚に見られるように、まったくなにも見えない場合から、明暗がわかる場合や形がわかる場合までさまざまな程度がある。これに加えて、失明の時期の違いもある。一般に、先天盲には、生まれた時から盲の状態にある場合（生来盲）だけでなく、生後早期（四～五歳まで）に失明した場合（早期失明者）も含まれる。[17] つまり、生後直後からまったく視覚経験をもたない場合から、生後数歳までは視覚経験をもっていた場合まで、さまざまである。[18] したがって、生後初期に失明し、残存視覚が明暗程度であった場合には、ほとんど視覚経験をもたず、視覚に関わる神経や脳部位もほとんど機能していない状態だったと考えられる。この場合には、開眼手術を受けても、手術後の経験や学習がほとんど功を奏さず、手術後数年を経ても、平面的な形の識別の段階にさえ達しないことがある。これに対して、早期失明者の場合には、かなりの視覚能力の回復が見込まれる。彼らの場合、失明の時点まで視覚を使っていたので、視覚についての知識や体験があり、網膜や視神経、そして視覚を担当する脳部位もそれまで十分に機能をはたしていたと考えられるからである。彼らの場合には、視覚機能のリハビリ（再学習）がある程度可能な状態にあると言える。

第三節　発達初期の視覚経験――動物での視覚剥奪実験

発達期における視覚経験の欠如の影響については、動物での実験が行なわれている。動物を発達初期から盲目の状態において、成熟した時点で（あるいは成長期のある時点で）眼が見えるような状態にするという実験である。具体的には、生後すぐにまぶたを縫合し、成熟してから縫合をとるとか、生後直後から一定期間を完全暗黒中で育てるといった手続きがとられる。[19] 以下では、これについて述べてみよう。

一九四〇年代に行なわれた実験では、二頭のチンパンジーを生後直後から一六カ月間暗黒中で育て、その後徐々に明るい環境に戻し、二一カ月から視覚能力を調べている。[20] その結果、強い光に対する瞳孔反射や暗中を動く光点への眼球の追跡運動などは見られたものの、そのほかの視覚的反応や視覚的学習（妨害物を見て避けるなど）は見られないか、あるいは長時間の訓練を経て、なんとかできるようになった程度であった。同様の実験は、サルでも行なわれ、これと似たような結果になった。ただ、ラットで同様の実験を行なうと、視覚剥奪はあまり影響をおよぼさず、形の識別学習も可能であった（これは、霊長類の眼と違い、ラットの眼の網膜には、感度の高い桿体細胞だけがあることが関係しているのかもしれない）。このように、種差はあるものの、少なくともヒトに近縁の動物では、視覚的な初期経験が剥奪されると、視覚能力がほぼ全面的に損なわれる。

図4　ブレイクモアとクーパーの実験
(Morgan, 1977)

では、眼は見える状態のまま、特定の視覚特性をまったく経験せずに育つと、どうなるだろうか？　脳のなかでは、線の傾き、色や動きといった個々の視覚特性は異なる領野で処理されているので、この問いに答える実験をすれば、それらの領野の機能的発達に初期経験が与える影響が明らかになるはずである。

一九六〇年代末、ケンブリッジ大学の生理学者、コリン・ブレイクモアとグラハム・クーパーは、生後すぐの子ネコを、内壁に縦縞が描いてある円筒のなかで五カ月間飼育した（図4）[21]。子ネコの首には、頭の傾きを感知するマフラーが装着され、このマフラーは照明のオンオフのスイッチと連動していた。すなわち、頭を傾けると照明が消え、頭をまっすぐにした時だけ照明がつくようになっていた。子ネコは、食事やほかの時には円筒から出され、暗闇のなかで自由に歩き回ることができた。つまり、子ネコは縦縞だけを見て育った。

円筒での五カ月間の飼育のあと、このネコを明るい通常の環境に戻し、障害物を用いたテストが行なわれた。たとえば棒のような障害物が縦におかれている時には、ネコはそれを避けて歩いたが、それが横や斜めにおかれている時には、それが見えていないかのようにぶつかってしまった。横縞の円筒のなかで飼育したネコでは、これと逆のことが観察された。

ネコでは、眼から出た視神経は、大脳の後頭葉の第一次視覚野（Ｖ1）に入る（人間でもそうである）。この領野では網膜に映った像の線や縁の向きが検出されている。ブレイクモアらは、これらのネコの第一次視覚野に微小電極を差し込んで、神経細胞（ニューロン）の活動を調べてみた。すると、細胞のほとんどは、飼育期間中に見続けた向きの線分を見た時にだけ反応し、それ以外の向きに反応する細胞はほとんど見つからなかった。

この結果は次のように解釈される。ネコは、すべての向きの線分や縞を検出できるようにそれぞれの向きを担当する神経細胞が備わって生まれてくるが、発達の重要な時期に、担当するはずの向きの刺激がまったく入ってこないと、ほかの向きの線分や縞を担当するように役割が変化してしまう。ネコが通常の環境で育てば、さまざまな向きの線分や縞を経験するので問題はないのだが、この実験のように人為的にそうした経験をまったくもたせないようにすると、それらの刺激を感じ取ることができなくなってしまうのである。このように、視覚の初期経験は、視覚に関係する神経や脳の発達に大きな影響をおよぼす。これに類する例は、ヒトでも報告されている。[22]

では、発達初期に顔をまったく見ないで育ったとしたら、どうなるだろうか？　その後、初めて顔を見た時に、それを顔として認識できるだろうか？　顔については、脳は、眼や口や鼻といったパーツの処理だけでなく、それらをひとつの顔にまとめあげるという特殊な処理をしていることがわかっている。これを担当しているのは、側頭葉下部の紡錘状回と呼ばれる領野である。この領野が機能するようになるためには発達初期に顔を見る経験が必要なのだろうか？

ニホンザルを用いてこの問題を実験的に検討したのは、産業技術総合研究所の杉田陽一である。[23]　杉田は、生まれたばかりのニホンザルの赤ちゃんを、覆面をして顔を隠した人間が育てるという実験状況を設定した。部屋には、おもちゃなどさまざまなものがおかれていたが、顔のように見えるものは一切排除されていた。このような顔刺激を剥奪した状態を、六カ月（四頭）、一二カ月（四頭）、二四カ月（二頭）続けたあと、ヒトやサルの顔刺激を見せて、どのような反応を示すかがテストされた。

その結果、どのサルも顔の認識ができた。このことは、顔の処理システムが生まれながらにほぼ完全な形で備わっており、しかもそれがかなり堅固であって、刺激剥奪の影響をあまり受けないということを示している。[24]

この実験に加えて、杉田は、顔刺激の剥奪後に、これらのニホンザルに、サルかヒトのどちらかの顔を頻繁に経験させ、サルの顔どうしとヒトの顔どうしの見分けがどの程度できるのかもテストしている。その結果、サルの顔を経験したサルではサルの顔どうしの見分けが、ヒトの顔を経験したサルではヒトの顔どうしの見分けがよくでき、逆に他方の種類の顔の見分けはできなくなった。このように、顔の認識能力は生得的なものだが、顔どうしを区別する能力は経験によって習得される。これはサルで得られた結果だが、ヒトでもおそらく同様のことが言えるだろう。

第四節　感覚モダリティ間対応とモリヌー問題

ここで、モリヌー問題を違う角度からとらえ直してみよう。モリヌーは、開眼手術者を、特定の感覚経験を一度もしたことのない人のたとえとして用いたのであって、そこで問題にしたかったのは、触覚と視覚の対応関係は生得的なのか、あるいは経験を通して学習しなければならないのか、なのかもしれない。そうだとすれば、答えはまた違ってくる。この問いに答えるには、生まれたばかりの（つまり経験のない）赤ちゃんならどうかと問うのがよいだろう。

生まれたばかりの赤ちゃんの耳元で、手を叩いたり大きな音をさせると、赤ちゃんはその音のしたほうに頭や体、あるいは眼を向ける（「定位反射」と呼ばれる）。このことから、赤ちゃんでも、空間について聴覚と視覚の間に対応関係が成立していることがわかる。こうした関係は、専門的には「感覚モダリティ間対応」と呼ばれる。したがって、モリヌー問題は、触覚と視覚の間の感覚モダリティ間対応が生得的か、それとも経験によって獲得されるのかという問題とみなすことができる。

図5　新生児の触覚-視覚対応実験で用いられた刺激対
(Meltzoff & Borton, 1979)

一九七九年、ワシントン大学の心理学者、アンドリュー・メルツォフとリチャード・ボートンは、一カ月齢の赤ちゃんでこの問題をテストする次のような実験を行なった。[25] 部屋を真っ暗にして、つるりとした球のおしゃぶりか、いぼいぼのついたおしゃぶりかどちらかを赤ちゃんの口にふくませる（赤ちゃんはこれらのおしゃぶりを体験するのは初めてだった）（図5）。一分半ほどそのおしゃぶりに慣れさせたら、それを取り去って、照明をつける。赤ちゃんのまえには、つるりとした球のおしゃぶりといぼいぼのついたおしゃぶりが左右に並べておかれている。二〇秒のテスト時間の間に、赤ちゃんがどちらをどれだけの時間見るかが測定された（「選好注視法」と呼ばれる実験手続きであり、一カ月齢の赤ちゃんの場合には、自分が慣れている（あるいは知っている）ほうをよく見る傾向があることがわかっている）。その結果、赤ちゃんは暗いなかで口にふくんでいたほうを長く見た。

この実験結果は、触覚だけで経験したものが、視覚でもわかるということを示している。もちろん、実験は、生まれたばかりの新生児で行なっているわけではないので、触覚と視覚の対応関係が生得的だと断言することはできないが、少なくとも（多少の経験は必要かもしれないにせよ）発達の早期から、そうした関係が成立している可能性が高い。その後の研究で、生後すぐの新生児でも、このことが確認されている。[26]この結果は、感覚モダリティ間対応として見たモリヌー問題に対する答えが「ノー」ではなく、「イエス」の可能性を示唆する。

ところが、二〇一一年、MITの心理学者リチャード・ヘルドらは、メルツォフらの実験によく似た実験を開眼手術者で行ない、メルツォフらの結果とは異なる結果を得ている。[27]被験者は、早期失明の八歳から一七歳までの五人のインドの子どもたちで、開眼手術直後から形の識別が可能であった（ヘルドらは論文のなかで子どもたちの残存視覚について述べていないが、手術前には、明暗や色彩程度の残存視覚があったものと考えられる）。

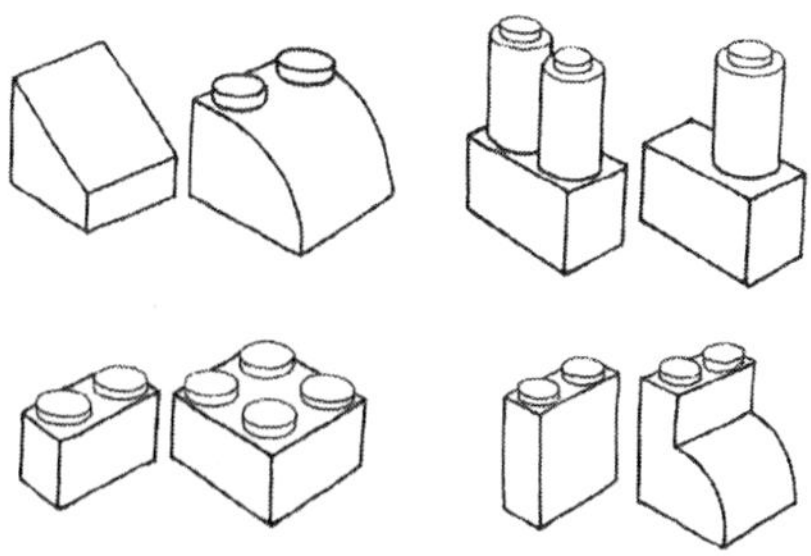

図６　先天盲開眼手術者の触覚-視覚対応実験で用いられた刺激対の例
（Held et al., 2011）

ヘルドらは、テストに「見本合わせ課題」を用いた。この課題では、一つの見本刺激と二つのテスト刺激が提示されるが、テスト刺激のうち一方は見本刺激と同じものである（図６）。被験者がするのは、見本刺激と同じテスト刺激を選択することである。

触覚の見本合わせ課題では、被験者は、見本刺激に触ったあと、二つのテスト刺激に触って、どちらが見本だったのかを答えた。視覚の見本合わせ課題は、眼で見てこれを行なった。その結果、触覚でも、視覚でも、見本合わせはよくできた（触覚課題ではほぼ完璧、視覚課題でも八五％から一〇〇％の正答率であった）。これに対して、見本刺激を手で触ったあと、眼で見てテスト刺激を選ぶ課題（触覚‐視覚課題）では、成績はチャンスレベルの五〇％（でためにに選んだ場合には正答率は五〇％になる）をやや超える程度でしかなかった。この結果は、経験がない場合には、触覚で知った形は眼で見ただけでは識別できないということを示している。

このヘルドらの実験は、モリヌー問題を直接検証した実験だと言える。その結果を額面通りに受けとるなら、モリヌー問題に対する答えは「ノー」、すなわち形を区別できないということになる。なお、手術後五日や一週間経ってから触覚‐視覚課題を行なったところ、八〇％から九〇％正答できるようになっていた。この結果は、触覚と視覚の対応関係の学習がさほど時間をかけずになされるということも示している。

おわりに

以上紹介してきた心理学的研究で得られている知見から、モリヌー問題について現時点でなにが言えるだろうか。まとめてみよう。

一つめは、チェゼルデン以来の報告の多くがそうであるように、生後直後から完全に盲の状態で長い年月を過ごしたのちに開眼手術を受けた人の場合には、少なくともすぐにはものが見えるようにはならないということである。したがって、この場合にはモリヌー問題そのものが成り立たない。

二つめは、術前に明暗やある程度の色が見えていた場合には、開眼手術によって初めて形が見えるようになる可能性がある。この場合には、モリヌー問題が検討できる（これに対して、術前に形が見えるほどの視覚を保有している場合には、触覚による形と視覚による形の対応関係がすでに成立しているので、モリヌー問題の適用範囲外になる)。ヘルドらの実験では、開眼手術を受けたあと形の視覚的識別ができるようになった被験者では、触覚で識別できた形が視覚では識別できないという結果になった。このことは、モリヌー問題に対する答えが「ノー」、すなわち両者の対応関係を経験(学習)していないので、識別できないということを示している。

三つめは、触覚-視覚間対応の能力が生得的か獲得されるのかについてである。新生児での実験は、その能力が生得的である可能性を示唆しているが、一方、先天盲の開眼手術者では、術後直後には触覚-視覚間対応が見られず、それが成立するためには学習が必要であった。これについては、後者の場合には、生後直後にはもっていたはずの触覚-視覚間対応の能力が、長期間にわたる視覚入力の欠如のせいで失われてしまい、あらためて学習が必要になるのかもしれない。あるいは、新生児の場合でも、触覚-視覚間対応が成立するには、両者の刺激を同時に経験することが最低限必要だが、その学習はほとんど時間をかけずに(たとえば生後直後の数時間で)起こるのかもしれない。この二つの可能性のどちらが真実なのか。それについては、今後の実験的研究に待たねばならない。

《註》

(1) モリヌー問題を実験心理学の立場から論じたものにMorgan, M. *Molyneux's Question : Vision, Touch, and Philosophy of Perception* (Cambridge : Cambridge University Press, 1977) がある。同著者には、『アナログ・ブレイン――脳は世界をどう表象するか?』(鈴木光太郎訳、新曜社、二〇〇六)という著書もあり、これにもモリヌー問題への言及がある。

(2) 本章の題とテーマは、加藤尚武『形の哲学――見ることのテマトロジー』(中央公論社、一九九一)(文庫版は『「かたち」の哲学』岩波書店、二〇〇八)に負っている。この本には、あやめとかきつばたという双子の美しい姉妹が登場し、彼女たちをめぐるエピソードを通して謎解きのように議論が展開する。

（3）モリヌーの政治家の側面は、亡くなる年（一六九八年）に出版した小冊子『アイルランド統治論』に見ることができる。これについては、ケリー・P（二〇一二）「征服と同意——ウィリアム・モリヌー『アイルランド統治論』の難問」（佐々木武訳、思想、一〇六三号、二三〇―二五八）を参照のこと。なお、後述するように、モリヌーはロックと書簡を頻繁に交わしているが、その内容は政治問題に関するものが多い。

（4）一六八八年に最初の手紙を書いた時点では、モリヌーはロックとは知己ではなかった。なぜなら、モリヌーは、宛名をロックと書かずに「出版社気付・著者様」と書いているからである。なお、八八年の問いは、開眼した人が二〇フィートと一〇〇フィート向こうにあるものを区別できるかといった表現が最後にあることを除けば、基本的には九三年の問いと同じである（すなわち、九三年の手紙では、奥行き距離の問題を省いたことになる）。この経緯については、Degenaar, M. (1996) *Molyneux's Problem : Three Centuries of Discussion on the Perception of Forms.* Dordrecht : Kluwer Academic Publishers と Jacomuzzi, A., Kobau, P., & Bruno, N. (2003) Molyneux's question redux. *Phenomenology and the Cognitive Sciences*, 2, 255-280 を参照のこと。なお、モリヌーとロックには深い親交があったとされているが、これは手紙を通じてであり、面識はなかった。モリヌーが、ロックと手紙を交わすようになるのは、モリヌーが九二年の『新屈折光学』の出版時に一冊をロックに献呈してからである。モリヌーが亡くなる九八年までの間に交わされた手紙として、モリヌーからロックあて三四通（八八年の手紙は含まれていない）、ロックからモリヌーあて二九通が、ロックの書簡集に収録されている。ロックのもとにモリヌーの手紙が残っていたのは不思議ではないとしても、モリヌーのもとにあったロックの手紙が書簡集に収められているのは不思議である。これは、一七〇四年のロックの死後（モリヌーもすでに他界していた）、ロンドンの出版社がロックの書簡集の出版を企画し、モリヌーの息子のサミュエルに頼んで、ロックの手紙を貰い受けたからである。この辺の事情は、Simms, J.G. (1982) *William Molyneux of Dublin.* Dublin : Irish Academic Press に詳しい。ロックとモリヌーの書簡は、Locke, J. (1708) *Some Familiar Letters Between Mr. Locke, and Several of His Friends.* London : A. & J. Churchill に収められている。

（5）邦訳は『人間知性論』（大槻春彦訳、岩波書店、一九七二）。モリヌーがこのような問題を考えたのには、彼の妻の失明が関係しているという指摘がある。二人の結婚は一六七八年九月。妻は同年の一一月に卒中で倒れ、視力が低下し、翌年の一月には失明した。これについては、前掲の Simms (1982) を参照のこと。

（6）邦訳は『視覚新論』（下條信輔・植村恒一郎・一ノ瀬正樹訳、鳥居修晃解説、勁草書房、一九九〇）。モリヌーが亡くなった時、バークリーはまだ一三歳で故郷のキルケニーにいたので、両者が会いまみえることはなかった。ただし、両者には因縁がある。二人ともダブリンのトリニティ・カレッジの同窓であったというだけでなく、モリヌーの息子のサミュエル（八九年生まれ）もトリニティ・カレッジで学び、この時（一七〇五年から〇七年と思われる）チューター役を務めたのは四歳年上のバークリーだった。サミュエルは政治家として活躍したが、一方で天文学の研究でも知られるようになった。父のウィリアム・モリヌーは、『新屈折光学』を著しているように、望遠鏡にも詳しかったので、彼もその知的関心を受け継いでいた。バークリーとサミュエル・モリヌーの関係については、Hoppen, K.T. (1970) *The Common Scientist in the Seventeenth Century: A Study of Dublin Philosophical Society 1683-1708*. London: Routledge & Kegan Paul を参照のこと。

（7）Cheselden, W. (1727) An account of some observations made by a young gentleman, who was born blind, or lost his sight so early, that he had no remembrance of ever having seen, and was couched between 13 or 14 years of age. *Philosophical Transactions of the Royal Society of London*, 35, 447-450. この報告のなかで、チェゼルデンは、モリヌー問題に言及しているわけではない。そのため、前掲のMorgan(1977)や後掲のSenden(1932)は、チェゼルデンがこの問題を知らなかったのではないかと推測している。しかし、さまざまな方面に造詣の深かったチェゼルデンがこの問題を知らなかったとは考えにくい。あくまでも医学的な報告にとどめようとしたのかもしれない。患者の少年は、生後直後からか生後のごく早期からずっと盲の状態にあった。ただし、明暗の違いや、照明が明るければ白・黒・緋色の識別は可能であった。術後は、色の区別は多少はできるようになったようである。この少年は、「見たものすべてが、ちょうど触れたものが皮膚に触れているように、直接眼に触れているように思えました」と答え、その後この言語報告をどう解釈するかをめぐって研究者の間では論議を呼ぶことになった。なお、チェゼルデンは、この開眼手術をした時にはロンドンのセント・トーマス病院の医師だった。彼は、ジョージ二世の王妃カロラインの侍医も務め、晩年のニュートンの主治医で、友人でもあった。解剖学書の図版作成に最初にカメラ・オブスクラを用いたのは、チェゼルデンである。

（8）『盲人に関する手紙——眼のみえる人びとのために』とその補遺の邦訳は、『ディドロ著作集第一巻』（平岡昇訳、法政大学出版局、一九七六）所収。同巻の巻末で、訳者の平岡は、ディドロのモリヌー問題の扱い方がほかの哲学者と違って「実験心理学的」だと解説している。平岡の言う「実験心理学的」とは、哲学やアームチェア風の心理学ではないという意味だろうが、確かにディドロは好奇心旺盛で、観察の機会があれば、それを逃さなかった。『盲人に関する手紙』のなかでも、何人もの盲人に実際に会って、彼らの感じ方を仔細に聞いた時のことを紹介しながら、盲人の感じている世界について考察している。その三三年後に書かれた補遺では、ダヴィエルの白内障手術に何度か立ち会ったことも書かれている。なお、ダヴィエルが水晶体摘出法を最初に試すのは、ディドロの『盲人に関する手紙』の出版年と同じ一七四九年である。

（9）邦訳は『感覚論』（加藤周一・三宅徳嘉訳、創元社、一九四八）。

（10）邦訳は『人間知性新論』（米山優訳、みすず書房、一九八七）。ロックの『人間知性論』への反論として書かれ、その章立ては『人間知性論』と同じ構成・同じ題になっている（ただし、対話形式の論述という点が異なる）。フランス語で書かれ、一七〇三年に完成したが、翌〇四年に反論相手のロックが亡くなったことによって、お蔵入りした。やっと陽の目を見るのは、ライプニッツ没後の一七六五年になってである。

(11) 代表的なものを挙げるなら、ノーベル文学賞作家、フランスのアンドレ・ジッドの小説『田園交響楽』(一九一九)がある。生まれてからずっと盲目だったジェルトリードは、開眼手術を受け、主人公の老司祭に次のように言う。「あなたのおかげで眼が見えるようになって、私のまえには想像していたよりもはるかに美しい世界が広がっていたのでした。そう、ほんとうに、太陽の光がこんなに明るく、空気がこんなに光っていて、空がこんなに広いなんて。でも、人間の顔がこんなに憂いをたたえているなんて。」

(12) 盲の状態はさまざまな原因によって引き起こされるので、開眼手術の方法もそれに応じて異なる。たとえば、角膜に混濁などの問題がある場合には、角膜移植法が用いられ、白内障など水晶体に問題がある場合には、水晶体摘出法が用いられる。ダヴィエルが開発したのは、この後者の方法である。彼は、パリのアンヴァリッド病院の眼科医で、ルイ一五世付きの眼科医でもあった。ダヴィエルについては、Pouliquen, Y. (1999) *Un Oculiste au Siècle des Lumières: Jacques Daviel*. Paris: Odile Jacob を参照のこと。

(13) 一九三二年以前に、日本でも白内障の開眼手術者の視覚について研究を行なった心理学者はいたが、日本語で書かれていたため、当然ながらゼンデンの著書には引用がない。ひとつは元良・松本の研究、もうひとつは黒田の研究である。それぞれ、元良勇次郎・松本孝次郎(一八九六)「白内障患者の視覚に関する経験」(哲学雑誌、一一巻、六九五—七〇七)と黒田亮(一九三〇)「手術ニヨリテ開眼セル四十二歳先天性白内障婦人患者ニ就イテノ調査報告」(京城心理学彙報、一巻、一七—四二)を参照のこと。黒田の研究の現代的評価については、鳥居修晃(二〇〇五)「先天盲開眼前後における事物の識別——黒田亮博士の足跡をたずねて」(基礎心理学研究、二四巻、二五—三八)に詳しい。

(14) 邦訳は『視覚発生論——先天盲開眼前後の触覚と視覚』(鳥居修晃・望月登志子訳、協同出版、二〇〇九)。ドイツ語で書かれたこのゼンデンの著書が第二次世界大戦後の英語圏で脚光を浴び、広く知られるようになったのには、カナダの心理学者ドナルド・ヘッブによるところが大きい。ヘッブは、実験心理学や神経科学の世界に大きな影響を与えた一九四九年刊の著書『行動の機構』のなかで、ゼンデンの研究を頻繁に引用したのである。彼は、初期経験が行動や神経の発達にどのような影響をおよぼすのかを示す例として、ゼンデンが紹介している事例を用いた。邦訳は『行動の機構——脳メカニズムから心理学へ』(鹿取廣人・金城辰夫・鈴木光太郎・鳥居修晃・渡邊正孝訳、岩波書店、二〇一一)。

(15) グレゴリーが報告しているSBの症例は、経験論の点からよく引用される印象的な症例である。SBは、生後一〇カ月の時に角膜炎で両眼を失明し、一九五八年に五二歳で開眼手術を受けた。残念ながら、本人が期待したほどは見えるようにはならず(そのため鬱状態にも陥った)、手術の二年後の六〇年に亡くなった。このSBの症例では、経験論的な主張を支持するような出来事がいくつも紹介されている。典型的な例は、ＳＢが開眼手術後の一カ月半後、半年後、一年後に描いた二階建てバスの絵の例がある。これらの絵では、バスの前の部分が欠落していた。グレゴリーは、ＳＢがバスの正面に触るという経験をもったことがなかった（これに対し、ほかの部分は触ったことがあった）ので、バスの前部を見てもわからないのだろうと推測している（なお、ＳＢは窓越しに見える三日月を、四分の一に切ったケーキに見えると言ったことがある）。顕著なもうひとつの例では、手術後、数字や大文字のアルファベットを見ただけですぐにわかるようになったが、小文字のアルファベットはそうではなかった。これは、それまで盲人用の数字や大文字のアルファベットに触って慣れていたのに対し、小文字のアルファベットの経験はなかったからである。それを見てわかるようになるのには、長時間の訓練を要した。Gregory, R.L. & Wallace, J.G. (1974) Recovery from early blindness: A case study. In Gregory, R.L. (Ed.) *Concepts and Mechanisms of Perception* (pp. 65-129). London: Duckworth.

（16）鳥居修晃・望月登志子（二〇〇〇）『先天盲開眼者の視覚世界』東京大学出版会。一般向けにわかりやすく解説したものとして、鳥居修晃（一九八三）「先天盲の開眼手術と視知覚の形成」（日経サイエンス、七月号、二八―三九）がある。

（17）先天盲の定義については、前掲の鳥居（一九八三）を参照のこと。なお、早期失明者では、失明までにした視覚経験がのちに重要な役割をはたす場合がある。典型的な例はヘレン・ケラーである。彼女は、一歳半で失明するので、分類するなら広義の先天盲に入る。しかし、彼女には失明する以前の視覚的記憶があった。しかも、失明後には、ものに触ったり匂いを嗅いだ時に、それから連想される視覚イメージをある程度もつことができた。このように、彼女の場合には、早期の視覚経験があったことが、喪失した感覚を補うために重要な役割を果たしていた。『わたしの生涯』（岩橋武夫訳、角川書店、一九六六）を参照のこと。

（18）現在なら、開眼手術者の脳で視覚を担当する領野がどの程度機能しているかを知るために、脳機能画像が利用できるだろう。理想的には、開眼手術の術前と、（視覚の回復経過を見るために）術後に複数回撮影するのがよい。先駆的研究として、四三歳で開眼手術を受けた男性をｆＭＲＩ（機能的磁気共鳴画像）で調べたファインらの研究があるが、先天盲ではなく、三歳半で失明し（それまでは正常視力だった）、四〇年間盲目だった人である。Fine, I., Wade, A.R., Brewer, A.A., May, M.G., Goodman, D.F., Boynton, G.M., Wandell, B.A., & MacLeod, D.I.A. (2003) Long-term deprivation affects visual perception and cortex. *Nature Neuroscience*, 6, 915-916.

（19）こうした動物実験は、倫理的に大きな問題をはらんでいるため、現在ではよほどの社会的・学問的必要性がないかぎり行なわれることはない。本稿で紹介した実験的知見は、それだけに貴重である。

（20）Riesen, A.H. (1950) Arrested vision. *Scientific American*, 183, January, 11-19. 前掲のヘッブ『行動の機構』も参照のこと。

（21）Blakemore, C. & Cooper, G.F. (1970) Development of the brain depends on the visual environment. *Nature*, 228, 477-478.

（22）乱視や斜視、両眼立体盲などの例がある。乱視や斜視は眼の問題だが、発達の初期においては、それが眼の問題にとどまらず、脳の神経細胞の機能にも影響をおよぼすことが示されている。両眼立体盲とは、左右の眼に映る像のずれ（両眼視差）のみでは光景を立体的に見ることができないことをいう。われわれの脳のなかで両眼立体視を担当しているのは、第三次視覚野（V3）のニューロン群であり、これらのニューロンが機能するためには、左右の眼からの入力が必要である。幼少期に、一方の眼からの入力しかない状態が続くと、このニューロンは単眼駆動性になり（両眼駆動性にならず）、両眼視差の検出機能が失われてしまう。こうした入力の剥奪は、その期間が数日といった短い期間であっても、決定的で永続的な影響をおよぼすことがわかっている。この知見は、ネコでの実験によっても支持されている。ヒトでの研究は、Thomas, J., Mohindra, I., & Held, R. (1979) Strabismic amblyopia in infants. *American Journal of Optometry and Physiological Optics*, 56, 197-201 を、ネコでの研究は、Blakemore, C. & van Sluyters, R.C. (1974) Reversal of the physiological effects of monocular deprivation in kittens : Further evidence for a sensitive period. *Journal of Physiology*, 237, 195-216 を参照のこと。

（23）Sugita, Y. (2008) Face perception in monkeys reared with no exposure to faces. *Proceedings of the National Academy of Sciences of the USA*, 105, 394-398.

（24）Le Grand, R., Mondloch, C.J., Maurer, D., & Brent, H.P. (2001) Early visual experience and face processing. *Nature*, 410, 890.

（25）Meltzoff, A.N. & Borton, R.W. (1979) Intermodal matching by human neonates. *Nature*, 282, 403-404. メルツォフは、この論文ではモリヌー問題に言及してはいないが、その後の論文では自分たちの実験をモリヌー問題の文脈のなかに位置づけている。Meltzoff, A.N. (1993) Molyneux's babies: Cross-modal perception, imitation and the mind of the preverbal infant. In Eilan, N., McCarthy, R., & Brewer, B. (Eds.) *Spatial Representation: Problems in Philosophy and Psychology* (pp. 219-235). Oxford: Blackwell.

（26）Streri, A. & Gentaz, E. (2004) Cross-modal recognition of shape from hand to eyes and handedness in human newborns. *Neuropsychologia*, 42, 1365-1369. 被験児は、生後一六時間から七二時間の新生児（平均五四時間）であった。なお、同著者によるモリヌー問題への言及は以下の文献を参照のこと。Streri, A. (2012) Cross-modal interactions in the human newborn: New answers to Molyneux's question. In Bremner, A.J., Lewkowicz, D.J., & Spence, C. (Eds.) *Multisensory Development* (pp. 88-112). Oxford: Oxford University Press.

（27）Held, R., Ostrovsky, Y., Gelder, B., Gandhi, T., Ganesh, S., Mathur, U., & Sinha, P. (2011) The newly sighted fail to match seen with felt. *Nature Neuroscience*, 14, 551-553. なお、これら一連の研究動向を紹介したものに、シンハ・P（二〇一四）「失明治療で見えてきたこと」（日経サイエンス、四月号、七六―八三）がある。

5　不可知の外界

――不自然な自然観はどのように生まれたか――

佐藤　透

はじめに――問題の所在

常識的な自然観

目の前にいる人が林檎を頬張り、「酸っぱい」と言う。常識的に生きている時の私は、この林檎が赤い色をしていること、それが酸っぱいらしいこと、またそれら色や味といった諸性質が、まさに私の目の前にある林檎に帰属していることを何の疑いもなく信じている。

また、目の前の人が発した「酸っぱい」というその声は、林檎を食べたその人の口から出たのであり、その声を位置づけるべき場所は目の前のその人であって、その声とその声の主が私の外部にあることも、私はまったく疑わない。というのも、私は目の前の人やその人が手に持つ林檎を見ていると同時に、私自身の身体をも視界の内に捉えており、林檎とそれを持つ人が私の身体の外部に位置していることをも確かに知覚しているからである。外界の事物が、色や音といった感覚的性質を実際に持っているという点では、こうした常識的見方と、ヨーロッパ中世の認識論は共通していた。

新しい自然観

けれども、一七世紀に形成されたいわゆる粒子論哲学(1)における自然観は、そのような常識的な想定に反するものであった。おおまかに言えば林檎の色は、粒子の集合として外界に実在する林檎に光が反射し、それが何らかの媒質を伝わって感覚器である目に入った後、感覚主体の場所で初めて生じるもので、外界には色という感覚的性質は存在しないとされる。声（音）もまたそうである。声（音）の源には実在する物体（発声器官）の振動があるのみで、その振動が空気を媒介として感覚主体の耳に伝わって後、感覚主体において初めて声（音）の感覚が成立する。

このように実在する外界から感覚的性質を剝奪する新しい自然観の嚆矢は、しばしば指摘されるように、『贋金鑑識官』（一六二三年）におけるガリレオの以下のような記述であろう。

わたしが、ある質料とか物体を考えるとき、ただちにイメージとしてえがく必要にかられるのは、つぎのようなものだと考えます。つまり、そのものが、しかじかの形をして境界と形態とをもっており、他のものと比べて大きいか小さいか、また、しかじかの場所に、しかじかの時刻に存在し、運動しているか静止しているか、他の物体と接触しているかいないか、一個か多数個かということなのです。いかなるイメージをつくる場合も、物質をこれらの条件から切り離して考えることはできません。しかし、その物質が、白いか赤いか、苦いか甘いか、音を出すか出さぬか、芳香を発するか悪臭を放つか、というこういった条件をかならず含めて、その物質を理解しなければならぬとは考えません。それどころか、もし諸感覚がわたしたちにともなっていなければ、理性や想像力それ自身だけでは、それらの性質にまでは到達しないはずなのです。したがって、これら味や匂いや色彩などは、それがそこに内在しているかにみえる主体の側からみると、たんなる名辞であるにすぎないのであり、たんに感覚主体のなかにそれらの所在があるにすぎない、とわたしは思うのです。だから、感覚主体が遠ざけられると、これらの性質はすべて消えうせてしまうのです。しかしながら、わたしたちは、他方の第一の実在的性質に、これらの性質とは異なる特定の名辞を与えたので、その他方の性質もまた、真であり、かつ現実的であるという点において、これらの性質と異なるもう一つのものだ、というように信じがちなのです。(2)

ここでは、物体に固有の性質と、感覚主体にとってのみ存在する性質とが明確に区別されている。また、これに続く箇所では、具体的な例に即して説明が行われているが、様々な触覚や味覚、嗅覚が、土の元素（古代以来の四元素の一つ）からなる微粒子の様々な形の差異、その多少、運動の遅速などによって説明できるとされている。音の感覚についても同様の主旨が述べられた後、次のようにまとめられている。「かくして、わたしたちのうちに、味、匂い、音を生じさせるのに、外的物体について、その大きさ、形、数、遅いもしくは速い運動といった以外のものが必要であるとは思いません。(3)」つまり、ガリレオは、彼が「第一の実在的性質」と呼ぶものを、諸感覚の原因として捉え、色や味や匂いといった感覚的性質の存在を感覚主体の中だけに閉じ込めているのである。もっとも、晩年のいわゆる『新科学対話』（一六三八年）においては、ガリレオは物質が無限に多くの数学的な点からなるという数学的原子論なる別の物質観を仮説として提出しているから、(4)ガリレオにおいては確定的な物質理論と呼ぶことのできるものはなく、『偽金鑑識官』における物質論や知覚論は単に過渡的なものに過ぎない、と言うべきであろう。

初期の著作から立場の変動が見られるという点では同時代人のデカルトも同様であるが、外界の物体に延長に関する性質のみを認め、色や音といった感覚的性質をもっぱら感覚主体の精神内にのみ位置付けるという図式は、デカルトの場合むしろ成熟期の著作に明確に表れている。『哲学原理』（一六四四年）では次のように述べられる。

こうして、一つの物体の微小部分〈particula〉のさまざまな大きさ、形、運動によって、いかにして他の物体［身体］の中にさまざまな場所的運動が引き起こされるかということを、われわれは非常によく理解する、……われわれは、場所的運動がそれだけで心の中にさまざまな感覚を引き起こすことも経験しており、しかもこうした運動以外のものが外部感覚器官から脳髄へ行っているとは認められないのであるから、あらゆる点からみて次のように結論しなければならない。すなわち、外部対象において、光、色、匂い、味、音、熱さ、寒さ、その他の触覚的性質や実体的形相の名で呼ばれているものは外部対象のさまざまな状態にほかならず、これらの状態はわれわれの神経に作用して神経をさまざまな仕方で動かすことができる、と。(5)

ここでは物体の微小部分について、その大きさ、形、運動などだけがその固有の性質として認められ、それらを原因とする運動が、外部感覚器官から神経を経て脳髄に伝わり、そこで心の中にさまざまな感覚を引き起こすと考えられている。光や色、匂いなどはすべて、外部対象の微小部分の大きさ、形、運動等に依存しているわけである。こうしてデカルトは、外部対象に固有の性質と、それ以外の感覚的性質とを明確に区別し、外部対象の持つ幾何学的性質を、色や音などの他の性質の原因としているのである。

外部に実在する対象が本当に持つ性質と、それらによって惹起され、感覚主体のうちにおいてのみ存在するとされる色や音といった感覚的性質の区別は、『人間知性論』（一六八九年）のロックが、「第一性質」および「第二性質」という、スコラ哲学に由来する名称の内容を改変して規定し直した時に、非常に明確になった。すなわち、よく知られているようにロックは、物体の性質について、その固体的部分の大きさ、形状、数、位置、運動もしくは静止などの物体固有の性質を第一性質と呼び、対象の知覚できない小部分の第一性質によって色や音などの様々な感覚を産み出す力能（Power）を第二性質と呼んだのである。[6] それゆえロックでは第一性質および第二性質は物体に帰属する性質であり、それに対して感覚的性質は、やはり知覚主体の中だけに位置付けられた。

新しい自然観の不自然さ——実在する外界の不可知性——

赤い色をした林檎が私の眼の前に、私の身体の外部にある、というのが私の体験の素朴な記述である。しかし、私の眼の前に実在する物体Xに太陽光があたって一定の光が反射され、それが私の眼に入って網膜に捉えられ、その信号が視神経を通って視覚野に伝達されて行った末に「赤」という色の感覚が成立すると考えた時、「赤い林檎」という色付きの知覚像は、自然と、私の脳内に（あるいは脳内のプロセスを経た後のどこかに）その存在の位置を持つように想定される。逆に、この知覚像の原因となっている実在する物体Xは、色を持たず、ガリレオが「第一の実在的性質」と呼び、ロックが「第二性質」と呼んだ、色付きの知覚像の原因となる物理的性質を持つだけである。

この知覚図式の帰結は、私たちの日常的体験と明らかに齟齬をきたす。私の眼の前にある林檎は、赤い色が付いているのだから、私の脳内にあるはずである。しかし、私の体験しているところでは、それは明らかに私の身体の外部にあり、私の前方一メートルほどのところにある。それが脳内にあるとは思えない。林檎だけではない。林檎とともに、私は自分の身体の一部を、林檎のこちら側にある手や胴体や足や、自分の顔の一部をも一緒に知覚している。これら色付きの私の身体の知覚像も、私の脳内にあることになる。私の見ている色の付いた手や腕は、体験の証言を信じれば私の脳の外部にあるはずだが、それが色付きである以上、先の知覚図式からすれば私の脳内にあらねばならない。同じように、私の身体の外部に広がる色の付いた世界全体も、私の脳内にあることになる。私の身体の位置を去ること百キロほど向こうにあるはずの青い山脈も、それが色つきである以上、私の脳内にあることになろう。身体外部のものが、なぜ脳の内部にあることになるのか。

この困難を回避する方策は少なくとも二つある。一つは、いわゆる投射説と呼ばれるもので、これは、いったん脳内で成立した色付きの知覚像が身体外部にあるその原因の場所に何らかの仕方で投射されると想定することである。この場合、私が見る赤い林檎は確かに私の身体の外部にあり、それが赤い色をしていることも投射によって説明がつくが、ただそうした投射のシステムがどのように実行されているのか、皆目見当がつかない。

もう一つの解決策は、色付きの世界全体が私の脳内にあることを単純に認めてしまうことである。しかし、私が色付きで見ている全世界が私の脳内に位置するものだとすれば、私の外部にあるはずの色のない世界は、いったいどんなものなのか。それは、私たちが原理的に知り得ない、不可知のものとなってしまう。そのことを鋭く指摘したのがバークリーであったことはここで繰り返すまでもないであろう。

つまり、この新しい自然観は、（a）色などの感覚的性質を備えた対象の知覚像の成立を知覚者の脳内に位置付けることで、そうした対象が私の身体外部に位置しているという日常的信念と齟齬をきたしていて不自然である。（b）感覚的性質を備えた対象の知覚像を知覚者の脳内に位置付ける場合、外界がまったく不可知なものとなってしまい、これもまた、自分の身体を取り囲む外部世界の様子を知りながら、それと対応しつつ生きていると思っている私たちの日常的信念とまったく齟齬をきたしていて不自然である。以下この自然観を「不自然な自然観」と呼ぶことにする。

不自然な自然観はなぜ広まったか

一七世紀における自然観の転換という哲学史的な常識を敢えて辿りなおしたのは、例えば日本でも大森荘蔵が試みたように[7]、この自然観の難点を克服する新たな理論をここで打ち出そうとしてのことではない。むしろ以下で考えたいのは、私たちの常識と大きく異なるばかりでなく、重大な矛盾を含むように見えるこの自然観が、なぜ支持されてゆくのか、という問題である。

デカルト自身が赤い林檎を手にしている様子を想像してみよう。デカルトの知覚図式では、色の付いた林檎のイメージは、感覚器官や脳を経たのち、精神のうちでのみ成立している。しかし、彼の見る赤い林檎は、まさに彼の手の上にあるのではないか。そこに矛盾があると彼は考えなかったのだろうか。なるほど、外界の事物が持つ性質を、数学的に扱える性質に限定することには、それまでのスコラ哲学とは異なる分かりやすさがあっただろうが、その分かりやすさと引き換えに、実在する世界が不可知になってしまうという大きな不自然さを彼はなぜ導入することができたのだろうか。そこが疑問なのである。

あるいはひょっとすると、ガリレオやデカルト以前に、類似した思想があり、それが彼らに影響を与えていたのだろうか。そのような事実を確認するには、古代中世の哲学を詳細に検討する必要があるが、そうした仕事は筆者一人のよくするところではない。しかし、この点で二〇一一年に出版されたロバート・パスナウの『形而上学的諸主題——一二七四年から一六七一年』(8)は、非常に興味深いものである。というのもこの研究書は、中世哲学から近代哲学への移行を丹念に追いながら、その予想以上の連続性を明らかにしているからである。以下では特にこの書を適宜参照しつつ、近代以前の哲学へ視線を注ぐことで私たちの疑問が解消できるかどうか、探ってみよう。

第一節　歴史的回顧

不可知の実在という概念

もしも私たちが問題を「不可知の外界」ではなく、「不可知の実在世界」という形で言い表すとすれば、この思想の歴史は古い。すでにプラトンの洞窟の比喩は、私たちが真実在たるイデアの世界を直接知覚するわけではないということを示していた。さらに、外界の実在という本稿の関心事により関連しているのは、アリストテレスからスコラ哲学に受け継がれた「第一質料（prima materia）」という概念である。これはあらゆる形相を欠く可能態であるから、現実の知覚にかかるものではない。外界の事物を構成するもっとも根源的な素材であり、それゆえ一種の実在とも呼べる第一質料を私たちは直接知り得ないのである。

興味深いのは、すぐにみるように、この不可知の第一質料（英語に直せばprime matterすなわち第一物質とも訳せる）という考えが、一七世紀の粒子論哲学においては、物体の粒子論的構造を指すものと理解される場合があったことである。なるほど、物体の微視的、粒子論的構造は、肉眼では見ることができない。この粒子論的構造は、あらゆる形相を欠くアリストテレスの第一質料とは概念的に異なるけれども、粒子論哲学者の中には、そのような理解が存在したのである。つまり、そうした粒子論哲学は、そもそも実在としての不可視の領域を設定していることになる。

けれども、それで前節の疑問がすっかり解消するわけではない。というのも、そうした想定だけでは、外界から色や音といった性質を除去するには足りないからである。というのも、例えば眼前の林檎が持つ赤という性質について、実在するのは粒子論的構造だけで赤という性質は実在こそしないが、しかし依然として外界の林檎に帰属させるべきものだとする立場が存在するからである。それではまだ外界の事物において赤という性質が（真に実在的ではないものの）存在していることを認めているので、感覚的性質を感覚主体内に閉じ込め、外界からは完全に除去してしまうデカルト的な構図とは隔たりがある。

もともと感覚的性質は、中世まで基本的には外界の事物に位置付けられ、しかも粒子構造に還元されてしまうような希薄な存在ではなく、確かな現実味を持つものと考えられていた。したがってそこからデカルト的図式へ変化するためには、①外界の事物がもつ感覚的性質の存在が、希薄なものとされること、②感覚的性質が外界から剝奪され、感覚主体内に位置付けられること、の二重の変化が必要である。このうち、最初の変化は実はすでに中世でも主張されていたことがわかる。以下、少し時計を戻して、外界の感覚的性質に確かな存在を認める出発点から振り返っておきたい。

理論的基礎としてのアリストテレス「質料形相論」

青銅でできた球という個物は、アリストテレスによると、青銅という質料と球という形相の合体である。今、私たちが一つの青銅球を作ろうとする場面を考えてみると、完成した青銅球が生成する以前に、もちろん青銅という質料が存在していなければならない。しかし、それだけではない。

質料さえも、生成しないものであるとの理由で、〔形相と結合した個物より先に〕存在しているものとされるからには、これがやがていつかは生成してそれであるに至るところのその〔形相としての〕実体もまた〔同じく個物より先に離れて別に〕存在していると考えられるのが当然である。なぜなら、これ〔形相〕も存在せず、あれ〔質料〕も存在せずとあっては、なにもかも全く存在しないことになろうから。だが、もしこのようなことがありえないとすれば、質料と形相との結合体よりほかに必ず或るなにかが存在すべきである。それはすなわち型式であり形相である。（『形而上学』第三巻、第四章[9]）

だから、あたかもわれわれが（たとえば青銅の球を作る場合に）その基体を、たとえば青銅を、作りはしないように、そのようにまたわれわれは、決して球そのもの〔球なる形相〕を作りもしないのである。（『同』第七巻、第八章[10]）

形相または実体〔形相としての実体〕の意味で言われるものは、生成せず、生成するのは〔質料と形相との〕結合した実体（すなわち形相としての実体の名で呼ばれる具体的個物）であるということ……。

（『同』第七巻、第八章[11]）

これらの箇所では、生成するのは個物である青銅の球であり、その質料である青銅がもとからあったのと同様に、球という形相もまたもとからあったのであって、生成するものではない、と言われている。球という性質は、この生成に先だって確かに存在しているのでなければならず、それゆえ実体とも呼ばれているのである。もっともプラトンを批判するアリストテレスは、それが個物から離れて存在することをすぐに否定するのではあるが。ともかく、そうした性質は、形相として確かに存在しているのでなければ、質料と合体して新たな個物を生成させることはできないと考えられている。

ただし、形相や性質といっても一通りではなく、それらのあいだには一定の差異が想定されている。形相は、実体的形相と付帯的形相に大きく区別されるが、『生成消滅論』によると、この区別は、個物がその個物として生成したり消滅したりするのか、それともその個物として量的な変化をしたり質的な変化をしたりするのか、の違いに依っている。例えば、人間が人間として誕生するのは、「人間」という実体的形相を持つものが新たに生成したことを意味するが、人間が人間という実体でありながら、「健康」という形相を失い、「病気」という形相を得たとすれば、それは「健康」「病気」といった付帯的形相が変化しただけの質的変化だとみなされるのである。量的変化についてもまた事情は同じである。

性質もまた、より基礎的なものと、その基礎的なものの複合で成立する派生的なものに区別される。アリストテレスが最も基礎的な性質と考えたのは触覚によって与えられる「熱・冷・乾・湿」であり、これらの二つずつが組み合わさって、火（温・乾）空気（温・湿）水（冷・乾）土（冷・湿）といういわゆる四元素が第一質料から形成される。これ以外の諸性質は、この四つの基礎的性質から複雑な複合によって派生してくるものと考えられている。[12] 色や音といった感覚的性質も、当然この派生的な性質に含まれる。そしてこの区別がスコラ学に引き継がれると、基礎的四性質は第一性質と呼ばれ、派生的性質は第二性質と呼ばれることになる。[13]

付帯的形相が実体と同じだけの確かな存在を持つかどうかはスコラ哲学で議論された問題であったが、パスナウによれば、一四世紀初頭以来は、特にドゥンス・スコトゥスの影響で、それらは確かな存在を持つ実在的性質だと考えられたという。[14]

信仰上の基盤としての「実体変化（Transubstanciation）」

カトリック等の教会で行われる聖体拝領の秘跡は、最後の晩餐でイエスが葡萄酒とパンを自らの血と肉として弟子たちに与えたという福音書の記述に基づいているが、これはまた、スコラ哲学者たちが性質を実在的なものと理解する信仰上の根拠ともなっていた。というのも、イエスによって聖別されたパンと葡萄酒は、それらの色、香り、味といった感覚的性質はそのままで、しかし実体としてはイエスの肉と血に変化するとされたから、このことは、実体とは別に性質が実在することを要求しているように見えるのである。この変化は第四ラテラノ公会議（一二一五年）等で正式に「実体変化（Transubstanciation）」と呼ばれ、トリエント公会議（一五四五〜一五六三年）でも確認されている。[15]

ここでは一三世紀のトマスから引いておきたい。トマスは、『神学大全』第三部第七五問において葡萄酒とパンの実体が神の力によってキリストの血と肉という実体に変化し、かつその後もそれらの付帯的形相が存続すると論じ、また第七七問においてはさらにそうした付帯的形相について詳述している。

> ……この種の諸付帯有［accidentia］は、パンとぶどう酒の実体がそのままにとどまっていた間は、それ自身は存在も他の諸付帯有も有してはいなかった。むしろそれら（付帯有）の実体がそれら付帯有を通じてこの種の存在を有していたのである——雪が白さ（という付帯有）を通じて白くあるように。しかし、聖別の後においては、存続する諸付帯有自身が存在を有する。[16]

ここでは、パンや葡萄酒の諸性質が、それを支える基体なしに存在すると明言されているのである。

一四世紀の反逆者とその封印

外界の事物に帰属する諸性質が確かな存在を持つというこうした主流派の立場に対して、一四世紀に反旗を翻す神学者がいたことは非常に興味深い歴史的事実である。パスナウは、そうしたいわば反逆者として三人の神学者を挙げている。それは、いずれもパリの神学者であるミルクールのヨハネス、ニコル・オレーム、そしてオートルクールのニコラウスであるが、ここではその主張のもっとも先鋭的なオートルクールのみを取り上げたい。

パスナウによれば、オートルクールの最も印象的な哲学的達成は、彼が *Tractatus*（1330）において、アリストテレスが退けた古代原子論の本格的な復活を試みていることだという。

> それで、自然の事物の場合には、存在するのは場所的運動だけである。そうした運動によって、互い

に集められた自然的物体の集合が生じて一つの基体の性質を獲得すると、それが発生と呼ばれるのである。それら物体が分離されると、それは消滅と呼ばれる。そして、場所的運動によってある基体に原子的物体が結合され、その原子的物体の到来が基体の運動も、自然的作用と呼ばれるものも引き起こさないようにみえる場合には、これは変化と呼ばれる。(*Tractatus ch.* 1, pp. 200-1)[17]

生成・消滅や変化は原子の集合や分離といった場所的運動によって説明されるので、オートルクールはもはや実体的形相も偶有的(付帯的)形相も否定することになる。「先に述べられたことからして、次のように言わねばならない。すなわち、偶有性とは全体の中の部分としてその基体に存在するところの、さまざまな原子的物体に他ならない。[18]」

一七世紀の粒子論哲学を完全に先取りしているように見えるこの主張は、しかし、法王ベネディクトゥス一二世によって一三四〇年に開始された審議で非難宣告を受け、一三四七年に彼は公的に自説を撤回して著書を焼くこととなり、それ以後三百年のあいだ、この説は封印されることになるのである。[19]

一七世紀粒子論哲学と外界の不可知性

こうした歴史的研究は、古代ギリシアの原子論が一七世紀になって突如として復活したのではなく、中世においても検討され、かつ葬り去られていたという事実を明らかにしてくれる。しかしこうした研究でも、本稿冒頭で挙げた疑問は、実は解消されないのである。

というのも、先のオートルクールは、色などの性質を原子の構造に帰着させるのではあるが、しかしデカルトのように、それを感覚主体の内部に位置付けるのではなく、あくまで世界内の事物の場所に位置付けるからである。デカルト的図式に辿りつくために必要な二種の変化のうち、①外界の事物がもつ感覚的性質の存在が、希薄なものとされること、はこれで成就されるが、しかし、②感覚的性質が外界から剥奪され、感覚主体内に位置付けられること、はまだ達成されていない。感覚的対象とその根源にあるものという対立は、デカルトでは外的対象の世界と主観的世界との分離なのであるが、オートルクールでは、それはあくまで外的対象世界における対立にすぎないのである。そしてその点では、一七世紀の原子論者であるガッサンディもまたそうであった。

まずガッサンディにとって第一質料（第一物質）が外界の原子論的構造であったことを確認しよう。エピクロスに寄せて彼は次のように書くが、これは彼自身の立場でもある。

エピクロスが原子を仮定するために必要だと主張する最初の議論は、アリストテレスが事物において発生もせず崩壊もしない第一質料が存在することを証明するものと同じである。すなわち、先在し、あらゆる事物がそこから発生し、かつ引き続き残存するそこへとあらゆる事物が究極的に解消される第一質料である。というのも、エピクロスは、原子というものがこの種の、不変で、誕生も崩壊もしないものだと主張していたからである。唯一の相違は、エピクロスが自然な分解が分割不可能な粒子で止まることを望んだのに対し、アリストテレスは分割が最終的に到達する質料を記述するいかなる方途をも持たなかったという点だけである。[20]

この原子論的構造は知覚できないのであるから、ガッサンディは私たちが外界の真相をまったく知覚できないと考えていたかというとそうではない。というのも、ガッサンディもまた、色などの諸性質を原子論的構造から説明するが、それをあくまで外界の事物に位置付け。帰属させているからである。

　事物の唯一の物質的原理は原子であり、先に示したように、原子においては大きさ、形、重さ、運動以外の性質はないというのが正しいとすれば、事物自体のなかに、色、熱、味、香りほか無数に多くの付加的な性質が生み出され、存在するのは何によってなのだろうか（強調は佐藤）[21]。

　これら原子は、物体において存在する物質的素材ないし実体の全部なのであるから、私たちがそれら物体においていて何か他のものが存在すると考えたり気付いたりするとすれば、それは実体ではなく、実体のある種の様態にすぎない。すなわち、この素材ないし物質的原理の一定の組織、固まり、配置であり、あるいは、そこから派生するところの、その希薄さないし濃密さ、柔らかさないし固さ、大きさあるいは嵩、輪郭ないし形、さらには色、像、可動性、不活性などがそれである（強調は佐藤）[22]。

つまりこうした立場によれば、私たちは外界の真の姿である原子論的構造を知覚することはできないが、それに依存して成立している色などの諸性質を持った事物は知覚できる。それら諸性質は、真の意味での存在とは言えないにせよ、何かしらの存在を持つので、私たちは外界についてやはり何かしら知っていると言えることになる。つまり、同じく粒子論的な哲学といっても、さまざまな立場の相違があるのである[23]。

とすると、外界の事物が持つ色などの諸性質を感覚主体の中にのみ位置付け、それゆえ外界の不可知性を招来することになる『贋金鑑識官』のガリレオや後期のデカルトが採った立場の由来を、それ以前の歴史に探し求めても無益だということになろう。パスナウも次のように言っている。

私たちが一七世紀に結びつける反実在論［Anti-Realism　諸性質を外界から排除し、主体内に位置付ける立場］は、それ以前の哲学においてほとんど先駆者を持たない。アリストテレス主義の著者たちのあいだに見られないだけではなく、オートルクールのニコラウスのような、アリストテレス主義へのもっとも激しい、もっとも還元主義的な批判者でさえなお、第二性質のために精神から独立した場所を確保している。反実在論の真の先駆者は、デモクリトスだけである。そして彼の見解が一七世紀の前半にどのように解釈されたかをみれば、私たちは反実在論がどれほど馴染みのない（alien）ものだったかを理解できる。(24)

本稿が不自然な自然観とよぶ立場、感覚的性質を主体内に閉じ込め、それゆえ外界が不可知のものになってしまう立場が一七世紀においてなぜ主張され、広まってゆくかという問題が、それ以前の哲学史から解明できないとすれば、私たちは一七世紀の哲学者たちをもう一度見直さねばならない。そして、その際には、彼らが不自然な自然観を主張する文言そのものよりも、彼らがその主張の根拠として提出するものに視線を注がねばならない。

第二節　触覚論の役割——見えない存在者の確証——

触覚の証言

そうした観点から着目すべきだと思われるのは、触覚論の役割である。というのも、一七世紀に先の自然観が主張される折には、触覚に基づく証拠が引き合いに出される場合が多いからである[25]。先に私たちは、アリストテレスがより基礎的な性質と考えた「熱・冷・乾・湿」が、いずれも触覚的性質であることに言及しておいたが、同じように、実在性の確証として触覚の証言が重視された可能性がある。以下、まずは具体的事例を列挙してみよう。

ガリレオは、先の『贋金鑑識官』からの最初の引用箇所のすぐ後で、自らの考えを説明するために触覚の事例を出している。その一部は以下の通りである。

一片の紙切れか羽毛で、わたしたちの身体のどこか一部を軽くなでる場合、紙や羽毛は、それ自身からみれば、運動と接触という、まったく先のもの［手で大理石の像等をなでる事例］とおなじ動作をしているのです。しかし、これらが眼のあいだや鼻や鼻の下にふれると、がまんならぬほどのくすぐったさを、わたしたちのうちにひきおこし、他の部分にふれたときは、くすぐったさを感じないのです。したがって、くすぐったさは、まったくわたしたちに属し、羽毛には属さないのであり、感性をふきこまれ、感覚をもった主体がないときには、くすぐったさとは、たんなる名辞以外のなにものでもないのです。したがって、わたしは、自然の物体に付与されている性質の多くは、味や匂いや色彩等と同様のもので、それ以上

の実在性をもったものだとは考えません。(26)

ここでガリレオは、羽毛の運動および接触を羽毛に属する第一の実在的性質と考え、それが引き起こすくすぐったさの感覚は明らかに羽毛にではなくわたしたちに属するのだから、味や匂いや色彩等の性質も同様だと言いたいようにみえる。しかし、もちろん私たちは逆に、私たちの指を伸ばして羽毛に触れたときのあの「ふわっ」とした感覚について問うこともできるだろう。あの感覚は、明らかに私たちの指に属するものではなく、羽毛に属するのではないのか。ともかくも、ガリレオがここで触覚の証言を引き合いにだして読者を説得しようとしていることは興味深い。

デカルトの『屈折光学』（一六三七年）はもっと鮮明である。というのも、そこで視知覚を説明する際にデカルトは目の不自由な人の譬えを出し、そうした人が杖を通じて対象から伝わる運動の違いでさまざまな対象の違いを知ることを、光による視知覚の成立になぞらえているからである。

このことで譬えを引くなら、次のように考えていただきたい。すなわち、この目の不自由な人が出会う物体の運動または抵抗が、その杖を介して手の方に伝わるのと同じように、光かるものと呼ばれる物体では、光というものは空気あるいは他の透明な物体を介して私たちの眼の方に伝わってくる、非常に速く、非常に活発な運動または作用にほかならない。（中略）同様に、この方法で私たちがあらゆる種類の色を見ることができるということをもはやまったく奇妙だとは思わないでしょう。さらに、色があるといわれる物体にあっては、これらの色というのは、その物体が光を受け取り私たちの眼へ送り返すさまざまな仕方にほかならないとおそらく信じられましょう。目の不自由な人が木、石、水等々を、杖を介して区別する場合の相違は、私たちが赤、黄、緑、その他すべての色を区別する場合の相違に劣らないと思われるでしょうから。[27]

同じように触覚への言及は、後のボイルやロックにも見られる。

しかし、もし人の死の前と後で指にピンを刺せば、ピンがいずれの場合においても鋭く、どちらでも同様に傷を生じさせるとしても、前者の場合にはピンの作用は痛みを感じさせ、後者の場合には痛みを生じさせないであろう。なぜなら、後者では刺された身体は魂を失っており、したがって知覚能力を欠いているからである。それゆえ、もし感覚能力を持った生物が存在しなければ、現在私たちの感覚の対象になっているような物体は、そう言ってよければ、ただ潜在的に色、味などを持っているにすぎず、現実的には、それらのより普遍的な性質である形、運動、組成などだけを持っているにすぎない。(ボイル『形相と質の起源』一六六六年[28])

しかしながら、ある一定の距離で私たちのうちに暖かさの感覚を産むその同じ火が、いっそう近づけば、まったく異なる痛さという感覚を私たちのうちに産むことを考えるとすれば、その人は、火によって自分のうちに産み出された暖かさの観念は現実に火のうちにあって、同じ火が同じ仕方で自分のうちに産む痛さの観念は火のうちにないと言うどんな理由があるのか、自分自身でよく考えるべきである。(ロック

『人間知性論』一六八九年)[29]

同じように外界の物体から色などの感覚的性質を排除し、それらを感覚主体の中に位置付けようとする著者で、一見したところ触覚の証言に訴えていないように見えるのはホッブスである。彼が訴えたのはむしろ視覚を中心とする錯覚であって、例えば彼は『法の諸原理』(一六五〇年)において、病気などで一つの対象が二つに見える場合を挙げている。そして二つの視覚像のうちの一方の色や形は実際の対象に帰属するものではないと述べ、しかし一つがそうだとすれば、総じて色や形のイメージは物体に固有なものではない、と論じるのである。[30] また『リヴァイアサン』(一六五一年)でも同様である。

というのも、もしそれらの色と音が、それらをひきおこす物体ないし対象のなかにあるとすれば、私たちが鏡によって、あるいは反響によるこだまでそう見るように、それらが物体ないし対象から引き離されることは、不可能だからである。(中略)それゆえ、あらゆる場合において、感覚は、先に述べたように圧迫によってすなわち私たちの眼や耳やその他の、所定の諸器官に対する、外部の事物の運動によって引き起こされる、根源的な幻想(fancy)に他ならない。[31]

けれども、私たちはここでも触覚の証言を間接的に見て取ることができるだろう。というのも、私たちが例えば目の前に林檎があるのに、それを幻覚だと判断するのはどうしてかと考えるなら、手を伸ばしてもそれに触れ得ないからというのがその答えであろう。見えているのに触れ得ない幻覚というものがあるとすれば、総じて視覚像（や聴覚像）は、外界の実在する対象とは切り離されているはずだという主張は、やはり実在性の根拠を触覚の証言に求めていることになろう。

触覚論の担う三つの役割

しばしば感覚的性質の代表と目されるのは色であり、この色を外界の物体から切り離し、感覚主体の中に位置付けるためには、視覚以外の感覚を持ちだす必要があっただろう。しかし、先に列挙した引用を見ればわかるように、触覚論に担わされた役割は一様ではなくて、少なくとも以下の三つの役割を区別できるように思われる。

（一）不可視の外界の実在性の確証

視覚像が感覚主体にのみ位置付けられるとすれば、外界は私たちの見ている視覚像とは切り離され、見知らぬものとなってしまう。人間が諸感覚から得る情報の九割以上とも言われる視覚にのみ着目している限り、この困難は回避できないが、触覚を引き合いに出せばそうではない。デカルトが目の不自由な人の例を出すとき、実在は不可視だとしても不可知ではないという主張を、触覚の証言が支えていると思われる。

（二）感覚を外界にではなく感覚主体に位置付けるべきだという主張の根拠

ガリレオの挙げる羽毛によるくすぐったさの例、ボイルの挙げるピンを刺した痛さの例、ロックの挙げる火を近づけたときの痛みの例、ホッブスの鏡像の例はいずれも、生じた感覚を外的対象に帰すことの不合理さを主張するために持ち出されている。くすぐったさを羽毛に帰属させたり、痛さをピンや火に帰属させたりする人はまずいないから、そうした常識的直観に訴えて、それを他の感覚的性質全体に拡大しようというわけである。

（三）感覚の多様性を説明するための根拠

デカルトは、目の不自由な人が杖でさまざまな対象を区別するように、媒質を伝わる運動の相違によって色の相違も説明できるとしているから、外界から伝わる運動のみによって私たちが対象の性質を識別したり、さまざまな対象を識別したりできることの根拠としても、触覚が引き合いに出されている。

いずれにしろ、私たちが「不自然な自然観」と呼ぶものを一七世紀に主張した哲学者たちが、触覚の証言を重視し、それに訴えることで自説に説得力を持たせようとしたことは可能性として考えられよう。またここには、触覚的性質を基礎的性質（第一性質）としたアリストテレスからの遠い残響も感じられるのである。

第三節　結び——解けない疑問——

けれども、彼らが自説に説得力を持たせるために触覚論に訴えたことが歴史的事実として可能性をもつということと、その訴えが成功しているかどうかということはまた別の話である。

実際、前節で整理した（三）の役割は、触覚にはやや荷が重いであろう。デカルトは、目の不自由な人は、触覚による識別能力が特別に発達していることを付言しているが、それでも触覚が与える情報はそう多くはない。まして通常の生活をする者の触覚による対象の識別能力は限られているから、これは比喩として説得力があったかどうか疑わしい。

同じように、（二）の役割についても疑問がある。暖かさや冷たさ、痛さやくすぐったさといった触覚的感覚は、私たちの皮膚に位置付けるほかなく、感覚主体を離れることはないから、これを感覚主体に位置付けることには何の問題もない。しかし、こうした事例を色などの感覚的性質一般に拡大できるかどうか、そこがむしろ問題であろう。そしてこの拡大の機序如何という当然論ずべき問題を彼らは論じているようには見えず、彼らの議論は、論証というよりは直観に訴える説得術という様相を呈している。

一方、（一）の役割は、一番しっかりと果たされているように見えるが、この役割も担いきれていないと言わねばならない。手で触って実在を確認するというのは、私たちの日常的経験から納得できることであるが、しかし同じように私たちが夜毎に見る夢の中では、人は実在しないものについて確かな触覚的感覚を持つ。けれども醒めればそこには何もない。触覚は絶対的に実在を確証するとは言えないから、その証言に訴えて不可視の実在を知り得るとは言えないことになる。

また、触覚の証言が関与できるのは、私たちが冒頭でみたこの自然観の不自然さの（b）のみ、すなわち外界の不可知性に関してだけで、（a）の不自然さ、つまり私たちが普段、色つきの対象を私たちの身体外部に位置していると考えていることとの齟齬については、効果がない。ホッブスは幻覚の例を出して、幻覚だけでなく通常の知覚像も対象とは切り離されて知覚者のうちにあると主張するが、それではなぜ私たちが私たちの身体外部に赤い林檎を見るのかという点は、説明されないまま残されてしまう。ただ、ホッブスは、この点を少なくとも意識はしていたようにもみえる。というのも、彼は先の『リヴァイアサン』からの引用では省略した箇所で、次のように述べるからである。

> ある一定の距離において、現実の他ならぬその対象が、それが私たちの中に産む幻想を付与されている

ように見えるけれども、それでもしかし、一方の対象と他方のイメージないし幻想は別のものなのだ。[32]

ここでは、ホッブスの主張と常識的な見方との齟齬が確かに自覚されているように見えるが、しかしそれは放置されたままなのである。

本稿では、私たちが「不自然な自然観」と呼ぶものがその不自然さにもかかわらず如何にして主張され支持されていったのかという問題を立て、それに答えようと試みてきた。彼らが触覚の証言を重視していたかもしれないということは可能性としては考えられるように思われるが、しかしそれだけでは疑問は半分解消されただけである。というのも触覚に訴えたところで、実際には不自然さは解消されはしないからである。彼らはなぜそうした不自然な自然観を唱えることができたのか。謎は依然として残されたままである。

5　不可知の外界

《註》

（1）ここでは外界がそれ以上分割できない原子および真空からなるとする原子論と、デカルトなどのように真空の存在を認めず、それゆえまた原子を認めないが、外界が微粒子からなるとする説を総称してこのように呼ぶ。

（2）ガリレオ・ガリレイ著、山田慶児・谷泰訳『偽金鑑識官』、世界の名著『ガリレオ』、中央公論社、一九七九年、五〇二〜五〇三頁。

（3）同書、五〇五頁。

（4）ガリレオ・ガリレイ著、今野武雄・日田節次訳『新科学対話』上、岩波書店、昭和二三年、五〇頁以下。

（5）*Œvres de Descartes*, publiées par C. Adam & P. Tannery, Paris, 1966, VIII-1, pp. 322-323.［ ］内は佐藤による補足。以下、デカルトからの引用に際しては、この全集（A&Tと略記）の巻数と頁数のみを示す。

（6）John Locke, *An Essay concerning Human Understanding*, Oxford, 1975, Book I, Chap. Ⅷ, § 23.

（7）特に、大森荘蔵『知の構築とその呪縛』一九九四年、筑摩書房。

（8）Robert Pasnau, *Metaphysical Themes 1274-1671*, Oxford U. P., 2011.

（9）出隆訳『アリストテレス全集一二　形而上学』岩波書店、一九六八年、七六〜七七頁。

（10）同書、二三〇頁。

（11）同書、二三二頁。

（12）『アリストテレス全集四』岩波書店、一九六八年、「生成消滅論」第二巻、第二章、第三章参照。

（13）Cf. Pasnau, *op. cit.*, ch. 21. 例えばパスナウは、一六世紀後半のCoimbranによる『生成消滅論』注釈から次のような文章を引用する。「色、味、香りほかの第二性質は、第一性質のさまざまな性格と比率から生じる。」（四六二頁）ここでは、色や味といった感覚的性質が第二性質と呼ばれているが、これはロックの規定とは異なっている。ロックでは、感覚的性質を惹起する、物体の微細な部分の第一性質が第二性質と呼ばれるからである。ロックを批判するバークリーは、感覚的性質を第二性質と呼んでおり、ロックの規定から外れているのだが、これはロックの規定に対する単なる誤解というよりは、中世的用法の残滓とみるべきであろう。

（14）Cf. Pasnau, *op. cit.*, p. 180.

（15）『新カトリック大事典』第二巻、研究社、一九九八年、一二四二頁、P・ネメシェギによる「実体変化」の項参照。

（16）トマス・アクィナス著、稲垣良典訳『神学大全』第四三冊、創文社、二〇〇五年、一二五頁。［ ］内の補足および傍点強調は佐藤による。

（17）Pasnau, *op. cit.*, p. 413..

（18）*Ibid.*, p. 413.

（19）*Ibid.*, p. 414.

（20）*Ibid.*, pp. 40-41.

（21）*Ibid.*, p. 504.

（22）*Ibid.*, p. 504.

（23）パスナウはさらに、一六四三年（デカルトの『省察』出版の二年後）に書いているフランスのクロード・ブリガール（Claude Berigard）を紹介している。彼は、原子に形と大きさだけを帰すのではなく、熱の原子や冷たさの原子など、根本的に性質を異にする無数に多種の原子を仮定しており、彼のような立場は、中世と近代との対置を困難にするような立場だと述べている（*ibid.*, p. 505.）。

（24）*Ibid.*, p.503.

（25）加藤尚武『「かたち」の哲学』（岩波現代文庫版、二〇〇八年）は、視覚と触覚の関係を巡るいわゆる「モリヌー（モリヌックス）問題」を中心に近世初頭の哲学史を捉え直している。無味乾燥になりがちな哲学史の記述を現代の登場人物の恋愛模様と絡めて書くというその仕立ての巧みさもさることながら、特に本稿とのかかわりでは、そのあとがきで明確に述べられているように、この時代を見るときに「主観」という曖昧な概念からみるのではなく、視覚や触覚といった個別的な感覚論の次元からの考察が必要だという指摘は傾聴すべきものである。近代初頭の他の諸問題に関しても、そうした視点からの洗い直しが必要であろう。

（26）ガリレオ、前掲『偽金鑑識官』、五〇三〜五〇四頁。

（27）A&T, VI, pp.84-85.

（28）Robert Boyle, *The Origin of Forms and Qualities, according to the Corpusculara Philosophy; illustrated by Considerations and Experiments, The Works of the Honourable Robert Boyle*, Volume the Third, London, 1772, p.25.

（29）John Locke, *op. cit.*, p.137. 傍点部はロックによるイタリック体の強調。

（30）Thomas Hobbes, *The Elements of Law*, ed. by F. Tönnies, London, 1969, p.4.

（31）*The English Works of Thomas Hobbes of Malmesbury*, Vol.III, London, 1966, pp.2-3.

（32）*Ibid.*, pp.2-3. 傍点による強調は佐藤。

II　ヘーゲル哲学研究の革新

6　ヘーゲルの音楽論
――内面的感情の自由な流動

伊坂青司

はじめに

ヘーゲルがモーツァルトやロッシーニのオペラを好んで聴いていたという逸話が紹介されることはあっても、「美学」講義の「音楽」論を当時演奏されていた音楽作品に即して考察した先行研究はほとんどない。「美学」講義を論じていた一八二〇年代、ヘーゲルは実際にどのような音楽作品を聴き、そして当時の音楽理論に関わりながら「音楽」をどのように論じていたのであろうか。

ヘーゲルが講義で採り上げているのは、現代の音楽史の区分からすれば、主に後期バロック音楽と古典派音楽であり、(1)実際に名前を挙げて論じている作曲家は、バロック音楽ではヘンデルやセバスチャン・バッハ、古典派音楽ではペルゴレージ、グルック、ハイドン、モーツァルト等である。こうしてみると、ヘーゲルは後期バロック音楽と古典派音楽を中心に聴き、それらの作品を素材にして「音楽」を論じていることになる。しかし音楽史的にみれば、一八二〇年代は古典派音楽から初期ロマン派音楽への移行期であり、(2)ヘーゲルは実際に初期ロマン派の作曲家の作品を実際に聴く機会は十分にあったはずである。それにもかかわらず、彼が初期ロマン派音楽について名前を挙げて論じている作曲家はせいぜいイタリアのロッシーニくらいで、ベートーヴェン[3]やシューベルトの名前も世に知られ、その作品を聴く機会があったにもかかわらず、名前を挙げて言及することはしていない。それでも「音楽」論の内容に即してみると、初期ロマン派音楽について試論的に論じており、その新たな胎動に関心を寄せていたことが分かる。

本稿は、ヘーゲルが「美学」講義[4]で論じた音楽論を、そのような音楽史の時代状況のなかで考察することを課題とする。以下、彼が「美学」講義のなかで「音楽」にどのような体系的位置を与えたのかを概観した上で、当時の音楽理論に対してどのような立ち位置をもって自らの音楽論を展開したのか、また実際に彼が名前を挙げている作曲家の楽曲について、あるいは名前を挙げていないにしても想定することのできる作曲家と楽曲についてどのように批評していたのか、当時の音楽事情を背景に具体的に考察することにしたい。

第一節　音楽の体系的位置づけ

まずは、ヘーゲルの音楽論が「美学」講義のなかでどのような体系的位置にあるのかを概観しておこう。ヘーゲルの美学全体は「芸術美の理念」「理念的なものの芸術美の特殊形態への発展」「個別芸術の体系」の三部構成となっており、この第三部の「個別芸術の体系」が、「建築」「彫刻」「ロマン的芸術」の三章に区分される。さらにこの「ロマン的芸術」が「内面的主観性の原理」によって特徴づけられ、「絵画（Malerei）」「音楽（Musik）」「詩（Poesie）」の三節に区分される。したがって「音楽」は、「ロマン的芸術」のうちで絵画と詩の中間に位置づけられていることになる。

それでは芸術としての音楽の特質は、その前段をなす絵画と対比してどのように論じられているのであろうか。「一つの空間次元だけではなく全体としての空間性一般を消滅させること、内面からも外面からも主観性へと帰って行くことを遂行するのが、第二のロマン的芸術すなわち音楽である」(133)。このように音楽は、絵画という造形芸術の空間性そのものを脱して非空間的な主観性に回帰する芸術であり、したがって空間性から解放されたより内面的なロマン的芸術と特徴づけられるのである。

このような音楽についての特徴づけは、音楽を絵画よりも「造形芸術のより低い段階」(SW V,484)に位置づけるシェリングの「芸術哲学」講義と対照的である。シェリングは「音楽は芸術としては根源的に第一の次元に置かれる(ただ一次元があるだけである)」(SW V,491)というように、音楽を二次元の絵画や三次元の彫刻よりも低次の一次元の芸術とする。このような音楽についての特徴づけは、音の感覚器官である聴覚についての次のような見方に根差している。すなわち「聴覚の根源はすでに非有機的な自然のうちに」(SW V,490)あり、「聴覚器官もまた外面的に硬くて響く物体から成っている」というように、聴覚が非有機的な物体に依存していると考えられている。こうして音楽は、物体的な聴覚器官に規定されて実在的であるとされ、観念性から遠くに位置づけられるのである。

このようなシェリングによる音楽の位置づけに対して、ヘーゲルのそれは全く対照的で、音楽の素材である「音(Ton)」は空間的な次元を超えていくとされる。「それゆえここで空間的なものを止揚することは、特定の感覚的な素材〔音〕が静止的な並存を放棄して運動に入ることのうちにある」(134)という。絵画が静止した二次元空間に縛られているのに対して、音楽は「〔聴覚における〕物体のより内面的な振動〔音〕によって……より観念的な魂の性質が現れる」とされる。こうして音は、「聴覚という主観的な器官」によって、「視覚よりもより観念的（ideell）である」と特徴づけられるのである。音が「観念的」であるのは、聴覚によって聴き取られた音の外面性が否定され（第一の否定）、外面性から主観の内面性へと入り込む（第二の否定）というプロセスを経ることによる。そのプロセスは、音の外面性の二重の否定として次のように論じられている。「音の原理のうちにある外面性のこのような二重の否定によって、音そのものが内面的な主観性にふさわしくなる。それは、独立して実在的にある物体性というよりも、すでにそれ自体として独立した何かより観念的なものであり、このようなより観念的な現存さえも放棄して、そしてそのことによって内面的なものに相応しい表現様式になることによる」(135)。

音楽の「音」は、時間の流れのなかでその外面性が消滅することにより、主観の内面性うちに浸透する。こうして音楽の活動領域は「究極の主観的内面性そのもの」であり、「音楽は心情そのものに直接的に向けられる心情の芸術である」とされる。この心情は客観性を欠いた「まったく空虚な自我」の内面性であるがゆえに、音楽は客観的な対象に縛られることなく、解放された自我のうちで自由に流動することができる。こうしてヘーゲルは音楽の特性を、「〔客観性の〕支えのない自由な浮遊」(136) と特徴づけるのである。

しかし音楽が客観性から解放された主観的なものであるからといって、音楽を聴く自我は恣意的な主観性のうちに閉ざされているわけではない。ヘーゲルは、鑑賞者と楽曲の間の関係について、ここでも絵画と対比して音楽の特性を次のように論じている。絵画の鑑賞においては、確かに鑑賞者は絵画に表現された画家の「心の気分や情熱」(135) を感じるとしても、しかし絵画作品はあくまでも鑑賞者の「直観する自我」からは区別され、「独立して存続する客体であり続ける」(136)。それに対して音楽の鑑賞においては、鑑賞者と楽曲との間にこのような「区別」はないとされる。音楽はその意味で絵画のような「客観性」を欠いているからこそ、「主観的な内面にとってのみそこにあるべき一つの共感（Mitteilung）」を生み出すという。鑑賞者は楽曲を聴くことにおいて、そのまま作曲家の感情表現に共鳴し、作曲家と感情を共有することができるのである。

第二節　音と音楽の基礎理論

ヘーゲルの音と音楽についての基礎理論は、当時一般に確立され流布していた音楽理論を踏まえながら、同時にそれに独自の哲学的解釈を加えたものになっている。

まず、音楽を構成する「音」が二つの要素に区別される。その第一の要素は、音の流れる非物理的な「時間」であり、第二の要素は、音の実際の違いをなす物理的な「響き」である。そしてさらに第三の要素が、音に生命を吹き込む「魂」とされる。これら三つの要素が、「〔音楽の〕魂は音を自由な全体へとまとめ上げ、音にその時間的な運動と実在的な響きのうちで一つの精神的な表現を与える」（162）というように関係づけられる。このようにヘーゲルは音楽を、時間の流れのなかで生じる物理的な響きを全体へとまとめ上げて、精神的に自由に表現する魂の芸術とするのである。

当時の音楽理論は、音楽の三要素をリズム（拍子）・ハーモニー（和声）・メロディ（旋律）に分け、それらによって音楽全体を構成しようというものであった。このような音楽の三要素説はすでに一般に流布しており、ヘーゲルもまたそれに従って音を三要素を区分している。こうして「リズム」には「時間」が、「ハーモニー」には「響き」が、「メロディ」には「魂」が対応づけられることになる。

二―一　テンポ・拍子・リズム――音の時間性

ヘーゲルは音の第一要素である「時間」について、「テンポ・拍子・リズム」にさらに区分して論じている。「時間」はそのままでは「一様な流れであり、そのうちでは区別のない持続」(164)でしかない。しかし音楽の音は、時間のままにただ流れるのではなく、「時間に一つの尺度を与え、時間の流れをそのように一つの尺度の規則に従って秩序立てる」ものである。その尺度によって「音のテンポ(Zeitmass)」(速度)が生まれる。この音のテンポによって時間の流れが区切られ、自我は「自己」というものを内面に感じ取るようになるという。「自我は無規定な連続やめりはりのない持続のままではなく、ようやく自分に集中し還帰するものとして自己になる」。こうして音のテンポによって内面にめりはりがつけられ、「自我はようやく自己感情や自己意識になる」(164f.)。このように音のテンポは、自我のうちに速さの感情を覚醒させるのである。

テンポには、その尺度の違いによって「多様性」が生じることになる。このような多様なテンポを一定の規則の下に「規制づける作用(Regulierung)」が「拍子(Takt)」であるとされる。「拍子」とは、「一つの明確な統一にまとめられた音の単位として確定すること」(166)である。こうして拍子には、時間の流れを二拍子とか三拍子という「標識」によって、統一ある音のまとまりとして区切る効果がある。

しかし拍子の繰り返しは、完全に同形のままに止まるわけではない。むしろ拍子の同形性によって音の流れが単調になってしまうことから、拍子に「規則が感じられる」(167)ためにも、「非同形的なもの」すなわち「異なった拍子の種類」が必要とされるという。例えばそれらは、同じ4を同形の分母とする偶数の異なった2／4拍子や4／4拍子、また奇数の3／4拍子などであり、さらにはそれらの組み合わせによって非同形的で多様な拍子が可能になるとされる。

このような多様な拍子の連続に「拍子の区切り」(168) を入れることによって、「リズム (Rhythmus)」が生じるという。リズムは、連続する拍子に「アクセント」をつけ、このアクセントによって拍子をグループ化する効果を生み出す。強いアクセントの「強拍 (guter Takttteil)」(169) と弱いアクセントの「弱拍 (schlechter Takttteil)」によってリズムが生み出されることになる。例えば6／8拍子のなかで、第一の8分音符が強拍で、第四の8分音符が弱拍となれば、強弱のアクセントによって生き生きとしたリズムが生まれる。こうして「リズムがテンポと拍子に初めて本来の生命を吹き込む」(168) のであり、テンポと拍子のさまざまな組み合わせによって、多彩なリズムが生み出されることになる。

二―二　ハーモニー（和声）――音の響き

テンポ・拍子・リズムの基礎をなす時間から、ヘーゲルは「本来の具体的な音楽」(171)、すなわち「音としての音の領域」へと論を進めてゆく。それは音楽の第二の要素とされる音の響きとしての「ハーモニー（和声）」であり、「音と音の調和、対立と調停という音の関係にとっての本質的な側面」(162) として考えられている。ヘーゲルは「音楽のより本質的な領域にかかわるのがハーモニー（和声）の法則である」(171) として、和声法[5]を基礎にした古典派音楽の楽曲を念頭に置いて「ハーモニー」を論じるのである。

二―二―一　楽器

「音」の響きについて、まずはその音源としての「楽器」について考察される。具体的には管楽器・弦楽器・打楽器などの楽器が挙げられるとともに、「人間の声」が「最も自由で、その響きからして最も完全な楽器」（175）とされる。すなわち「人間の声は魂そのものの音として、つまり内面がその本性に従って内面の表現とする響きとして聴き取られる」という。器楽曲の演奏が圧倒的に多い現代と比べて、オペラのみならず教会音楽が日常生活のなかに生きていた当時とすれば、「人間の声」の重視は、むしろ自然なことであったといえよう。人間の声も含めて、ヘーゲルは「さまざまな種類の多くの楽器を組み合わせて鳴らす」（176）ためには、作曲上の「大変な知識、細心の注意、経験そして創作の才能が必要とされる」としている。そのような才能を持った作曲家としてモーツァルトの名を挙げ、「それぞれの楽器の転換が、しばしばドラマティックに協奏し合って一種の対話のように現れる」というように、彼の交響曲や協奏曲における楽器の対話的効果を高く評価している。

二―二―二　音程・音階・調性

楽器による「音の響きの物理的な質」（177）に続いて、音と音の関係が考察される。「音」は「他の音との関係」によって、「音楽本来のハーモニーの領域」をなすことになる。音と他の音との関係は、「音程（Intervall）」、「音階（Tonleiter）」、そして「調性（Tonart）」に区分される。

「音程」は、例えば弦楽器の場合、弦の長さによって「一定時間内での振動の一定数」（179）が決まるというように、音の高低の差として理解される。音の高低差は度数で表され、八度の高低差の音が「調和し合う音」として「オクターヴ」とされる。

音が高低差の順に並べられた系列が、「音階」である。音階は「内的な必然性」（179）を有しており、「一つの全体としてつながり合っていなければならい」。その全体のなかで「音階の土台」（180）をなすのが「主音

（Tonika）で、その主音が「そのオクターヴごとに繰り返される」。オクターブの八度の間には「主音以外の六音が並べられ」、これらの音は主音と協和するものもあれば、不協和になるものもあるという。

こうした音階のなかで、どの音を「基音（Grundton）」とするかによって、「調性」が生じるとされる。「音階のどの音でもそれ自身が基音となって新しく特別な音階を作り出すことができる」のであり、そのことによって「調性の数も増えてきた」というわけである。ヘーゲルが「近代音楽は古代の音楽よりもより多様な調性のうちを動いている」というのは、多様な調性を駆使する古典派、さらには初期ロマン派の音楽を念頭に置いてのことであろう。調性は大きく「長調」と「短調」に区別され、調によって「嘆き、喜び、悲しみ、鼓舞するような興奮などの感情の特殊なあり方に相応しい一定の性格」が楽曲に与えられるという。

古典派のハイドンやモーツァルトの交響曲のほとんどが長調の曲であるのは、王族や宮廷貴族の耳を楽しませることを使命とする宮廷音楽家としての立場による。それに対して数少ない短調の曲は、宮廷音楽家には収まらない作曲家個人の内面の悲しみや哀愁の感情を表現する。例えばモーツァルト最初の短調の交響曲第二五番ト短調K一八三（一七七三年）のとりわけ第一楽章は、不安と哀愁に満ちたメロディが印象的で、彼の内面的パトスの表出を感じることができる。また同じ楽曲内における長調と短調の転調によって、多様な感情が複層的に表現される。モーツァルトのピアノ協奏曲第二四番ハ短調K四九一（一七八六年）では、第一楽章の不協和なハ短調の第一主題が繰り返し不安な感情を表現するかと思えば、変ホ長調の第二楽章は穏やかで優しい感情に満たされ、そして第三楽章で再びハ短調に回帰して劇的なパトスを表出する。さらにモーツァルト晩年の交響曲第四〇番ト短調K五五〇（一七八八年）は、第一楽章の憂いの感情を帯びた第一主題がこの楽章に短調としての翳りを与えるのに対して、第二楽章は変ホ長調に転じ、第三楽章ではト短調からト長調へ転調し、最終章では再び第一楽章と同じト短調に戻る。このような同じ楽曲内での調性の転換は、単一の調で楽曲全体が統一されていたバロック音楽と比べて、古典派音楽で顕著になり、ヘーゲルが「多様な調性」の運動として注目するのである。

二―二―三　和音の体系

「ハーモニー（和声）」論の最後で、「音そのものが和音となって響き合うこと（Zusammenklingen）」としての「和音の体系（System der Akkorde）」（181）が論じられる。一般に和音とは高さの異なる複数の音の同時的響きである。ヘーゲルは「音はその相互の関係によってのみ実際にそれらがあるものである」（181）として、複数の音が「互いに響き合うこと（Miteinanderklingen）」によって、初めてそれぞれの音が音楽の音になるという。こうして「和音の体系」においては、それぞれの音は「偶然と恣意」によって結びつけられるのではなく、「内的な法則性によって規則づけられ、そして連続のうちに秩序づけられるのでなければならない」とされるのである。

ヘーゲルは和音の「内的な法則性」について、「協和音（Akkord）」と「不協和音（Dissonanz）」[6]の関係として論じている。彼にとって和音の体系は、「三和音（Dreiklang）」という調和した協和音だけに止まるものではなく、調和を破る不協和音を含んだものでもある。協和音では「いかなる対立や矛盾も現れることなく、完全な協和（Konsonanz）が乱されることなく存続する」（182）にもかかわらず、しかしそこには不協和音の「より深い対立が現実に現れる」という。不協和音は複数音が協和し合わない音の関係によって、協和音の統一を破壊することになる。ただし不協和音は、協和音をただ破壊するものとしてのみ見られるわけではない。

「本質的に異なった響きの音が入り込んでくるかぎり、かの直接的な統一と協和が破壊され、その〈不協和〉音によっていまやようやく真にはっきりとした区別が、そして確かに対立として現れることになる」(182f.)。ヘーゲルは不協和音を、協和音のたんなる否定として考えているのではなく、むしろ「音の本来の深みを形づくる」(183)ものとして積極的に認めている。確かに不協和音が協和音に対立するままであれば、「対立したもの」は「絶対的に矛盾し存立を欠くもの」(183)として、「その対立のままに没落する」しかない。そこでヘーゲルはこのような対立の止揚を、不協和音の協和音への回帰のうちに見ようとする。「この対立とともに、不協和音の止揚の必然性と三和音への回帰がそのまま与えられる。このような運動は同一性の自己回帰として初めてそもそも真なるものである」(184)。

われわれは、文字通り「不協和音」という名称で呼ばれるモーツァルトの弦楽四重奏曲第一九番ハ長調K四六五(一七八五年)のうちに、典型的な不協和音の効果を聴き取ることができる。不安げに始まる序奏の不協和音は、予想された調和をいきなり破ることによって、それに続く協和音との対立を惹起する。その対立的な効果によって、不協和音から転じるその後のハ長調の協和音がよりいっそう明朗でさわやかな響きとして感じられる。そして第四楽章は、軽快な主題に時おり不協和音が織り交ぜられながら、晴朗で力強いフィナーレへとつながっている。こうしたモーツァルトの楽曲における不協和音の効果は、ヘーゲルの不協和音についての議論と符合している。ちなみに対立を止揚して同一性に回帰するという不協和音の理論は、彼の『論理学』における対立と止揚の論理、すなわち主観性が客観性と対立し、その対立を止揚して「真の主観性」(183)に至るという論理の音楽版であるといえよう。

二―三　メロディ（旋律）――音の魂

ヘーゲルはハーモニーを音楽の「実体的な基礎」（185）とし、そのような土台の上で「メロディ（旋律）」の「自由な魂が躍動する」とする。メロディは、「音楽の領域における魂の自由な音」の流れとして特徴づけられるのである。(7) こうして楽曲には、リズムとハーモニーという音の二要素を統合する第三の要素、すなわちメロディによって魂が吹き込まれることになる。「魂の表出」ともされるメロディは、「内面的な喜びや心情の苦しみを音に注ぎ込む」のであり、「まさにそのことによって心を喜びや悩みの圧力から解放する」役割をはたすとされるのである。

メロディは、その自由な音の流れによってハーモニーの規則を超えていくようにも思えるが、しかしハーモニーの「必然的な法則性」（186）に逆らっては、メロディそのものが存在しえなくなってしまうという。メロディが恣意的な音の流れに堕してしまえば、それはもはやメロディではないというわけである。そこでヘーゲルは、ハーモニーの法則とメロディの自由との関係を、次のように論じる。「ハーモニーそのものとの密接な結びつきのうちでメロディがおよそその自由を失うことはなく、気まぐれな進行や奇矯な変化に見られる偶然的な恣意の主観性から自らを解放する、まさにそのことによってこそ、メロディはその真の自立性を獲得する」。こうしてヘーゲルは、ハーモニーを音の土台とした自由で自立的なメロディとの統合に、「真に音楽的な現存」（187）としての優れた音楽作品を見ようとするのである。すなわち「偉大な音楽作品の主たる秘密は、ハーモニーとメロディの区別がそのような仕方で調和へともたらされることにある」というわけである。

ところでヘーゲルは、ハーモニーとメロディとの関係を、具体的な楽曲に即して論じている。その第一に挙げられているのが、「歌曲（Lied）」である。歌曲はメロディを重視するもので、その土台をなす伴奏のハーモニーが単純であるとしても、メロディが平板になるわけではなく、むしろ「歌曲のメロディが表現に深遠な魂を込めることもできる」（187）という。古典派の時代に詩にメロディをつけたドイツ歌曲が独立した音楽作品となり、その後、周知のように初期ロマン派のシューベルトによって完成されることになる。

第二に挙げられているのが「コラール」のような宗教音楽で、メロディがそのままハーモニーをなすという。コラールはもともとルター派教会の会衆によって歌われていた単純なメロディの賛美歌である。このようなコラールでは、「メロディのそれぞれの音が具体的な全体として和音」（188）をなし、「ハーモニーとメロディが同じ一つのまとまった全体」（188）を構成するという。ここでコラールとして具体的に言及されているのは「四声のコラール」で、その代表的な作曲家として「セバスチャン・バッハ[8]」の名前が挙げられている。

そして第三に挙げられているのがメロディとハーモニーとの対立関係であり、ここでは器楽曲が念頭に置かれていると考えることができる。音楽史的にみて古典派音楽は、通奏低音がメロディ全体を底部から縛っていたバロック音楽に対して、ハーモニーの法則を基礎にしながらも、自由なメロディによって多彩な感情を豊かに表現することができるようになった。そこでヘーゲルは、メロディとハーモニーの不協和の関係を、次のように論じる。「深みのある音楽は、その運動を直接的な協和の限界にまで駆り立て、そこへと回帰するためにもあらかじめその協和を破壊する必要があるばかりではなく、反対に最初の単純な調和を不協和へと引き裂かなければならない」（189）。このような協和と不協和の「対立」のうちにこそ、「ハーモニーのより深い関係と秘密」があり、「このようなハーモニーのより深い関係のうちにのみ、深く進行するメロディの運動もまたその基礎を見出すことができる」という。このようなメロディにとってのハーモニーの不協和の効果について、ヘーゲルはそこに音楽家の大胆な作曲手法を見ようとしている。「音楽の作曲の大胆さは、単に協和するだけの音の進行を捨て去ってさらに対立へと進み、最強のあらゆる矛盾と不協和を呼び覚まし、ハーモニーのあらゆる力を掘り起こすことに本来の力を示すのである」(189)。ヘーゲルはここで不協和音に限定して論じているのではなく、むしろ協和と不協和の対立からさらには矛盾にまで至る楽曲のダイナミズムを論じているといえよう。

このような矛盾の生み出すダイナミズムは、一つの楽曲や楽章のなかでの長調と短調の間の転調に聴き取ることができる。古典派音楽はソナタ形式の導入によって、表現の多様性と豊かさを拡大していった。ソナタ形式の楽章で、第一主題の提示に続いて別の動機の第二主題が時として転調によって提示され、さらに展開部において矛盾し合う第一主題と第二主題が絡み合って、新たなメロディが生み出されてゆく。メロディがハーモニーの法則と葛藤し合いながら、自由に飛翔するダイナミズムを、ヘーゲルは「自由と必然性との闘い」、「音の揺れ動きに自らを委ねる想像力(ファンタジー)の自由と、かのハーモニーの関係という必然性との闘い」として特徴づけるのである。ここには、すでに登場していたロマン派音楽[9]への関心が示されていると考えることができよう。

しかしヘーゲルは、楽曲の「自由と必然性の闘い」が、曲の深さよりも難解さに陥ってしまう場合のことも、次のように指摘している。「さてしかし、ハーモニー、そのあらゆる表現手段の使用、このような使用における、そしてこの表現手段に対する〔メロディの〕闘いの大胆さが主眼となると、曲からみて運動の自由を実際に失ってしまうか、あるいは少なくとも自由の完全な勝利をもたらすに至らないかぎりで、曲はいとも簡単に重苦しくかつ難解になってしまう」。ヘーゲルがここで念頭に置いているのは、どの作曲家のどのような曲なのであろうか。ここで言われている「闘いの大胆さ」は、ハイドンやモーツァルトの古典派のメロディに挑戦しようとする作曲家のことであろう。われわれはそのような作曲家の楽曲を、例えばそれまでの古典派的な交響曲から脱却しようとするベートーヴェンの交響曲第五番ハ短調（一八〇八年）と想定することができよう。その第一楽章の出だしは、いきなり第一主題のあの激情的ないわゆる「運命主題」であり、この第一主題がその後も畳みかけるように反復される。この第一主題は第一楽章にかぎらず、第三楽章スケルツォでも変奏を伴ってさまざまな楽器で繰り返され、さらに第四楽章の第二主題としても使用され、そのメロディが重苦しい雰囲気でこの曲全体を支配している。

古典派音楽に飽き始めていた聴衆は、ハイドンやモーツァルトにはない斬新な楽曲を求めていた。ベートーヴェンの第五番はウィーンでの初演こそ不評であったが、間もなくして評価が高まり、オーケストラの演奏曲目として広く取り入れられることになる。ベートーヴェンはまさに古典派から初期ロマン派への移行期において、音楽の革命を成し遂げつつあった。とりわけこの第五番こそ、古典派音楽に対する革命的な挑戦だったのである。ヘーゲルはこの交響曲を聴く機会は十分にありえたし、前述の「闘いの大胆さ」という表現は、この第五番に当てはまるといえよう。しかし実際に彼がこの曲を聴いたことがあったにしても、同じ年に生を受け同じ時代を生きていたベートーヴェンの名前を挙げて評価することはない。ヘーゲルの耳が馴染んできた古典派音楽からすると、ベートーヴェンの強烈な個性をもって迫る激情的なメロディはまだ馴染めるものではなかった。

第三節　音楽の区分と音楽批評

ヘーゲルは音楽の基礎理論の考察に続いて、音楽を大きく「付随音楽」と「独立音楽」に区別し、そのそれぞれのジャンルについて、実際に作曲家の名前を挙げ、彼らの楽曲について音楽批評をしている。そこで、その音楽批評の内容を検討してみよう。

三―一　付随音楽

「付随音楽（begleitende Musik）」は一般に、歌詞に基づいてそれに付随して作曲された音楽を意味する。これに対してヘーゲルは、歌詞が先にあって曲の方がそれに付随するという従来の理解では、楽曲が歌詞に拘束されて自由が失われるという。音楽が歌詞に奉仕すべく「歌詞の言葉をなぞる」だけなら、その音楽は「その運動の流れを失ってしまう」（195）というわけである。ヘーゲルは付随音楽についての一般的な理解に対して、「付随」の意味を逆転させようとするのである。確かに付随音楽は「歌われる言葉としての音楽」として、「音楽的な表現をこの言葉の内容にふさわしくする」（191）という課題を担っている。「それでも私たちは、そのような付随の概念を別な側面から理解しなければならない、というよりも単に目的に奉仕するというような意味で理解してはならない。というのも、事はまさに逆の関係にあるのだから」（192）。こうしてヘーゲルは「付随」の意味を、むしろ歌詞が楽曲に付随するというように逆転させ、「歌詞は音楽に仕えるものである」として、歌詞よりも楽曲を優位に位置づけるのである。ヘーゲルがここで付随音楽について最も重視しているのは、歌詞の内容に捕らわれることなく「音楽が自由を確保している」ことなのである。このような逆転によって付随音楽の範囲が一気に拡大し、歌詞と結びついた音楽として教会音楽のミサ曲やオラトリオ、さらにはオペラやオペレッタなどをも広く包括することになる。こうして付随音楽の三つの要素として、メロディ、歌詞、そして両者の統一が論じられるのである。

三―一―一　付随音楽のメロディ

付随音楽の第一の要素をなす「メロディ」について、「内面に純粋に鳴り響くメロディこそ、音楽の最も固有の魂である」(196)という言い方は、メロディを音楽の魂とするヘーゲルの基本的立場に基づいたものである。音楽がメロディによって「真に魂に満ちた表現」となるのは、「音に感情が込められ、そして感情が音から響き出す」ことによるという。しかしだからといってメロディは、「激情の自然のままの噴出」であってはならず、「音の一定の関係へと構成された響きに感情豊かに魂を吹き込む」ものでなければならないとされる。すなわち音楽が「美しい芸術」(198)であるためには、「バッカス的なばか騒ぎや激情の渦巻くような喧噪」であってはならず、「喜びの歓喜においても最高の苦痛においてもなお自由である」ためには、「その表現を抑制すること」が求められるという。そのような「真に理想的な音楽」として、パレストリーナ、ドゥランテ、ロッティ、ペルゴレージ、グルック、ハイドン、モーツァルトの七人の作曲家の名前が挙げられている。

彼ら七人のうち四人がイタリア人であることからも分かるように、ヘーゲルはイタリア人作曲家のメロディ表現を高く評価している。「とりわけイタリア人にはメロディ表現の天賦の才が授けられており、最高の宗教礼拝に際しての彼らの古い教会音楽には、和解の純粋な感情が見出される」。その和解の感情とは、「最も深い苦痛と心情の最大の分裂のなかにあってもなお自分との和解を失うことなく、涙と苦悩そのもののうちにあってもなお、平安と喜ばしい確信の想いを保持する」というものである。その具体的な楽曲として、教会で演奏されるミサ曲が考えられている。ミサ曲では、十字架上で処刑されたキリストを嘆き悲しむ聖母マリアの耐え難い苦痛と同時に、キリストの犠牲による魂の救済という至福の感情が表現されるのである。

最初に名前の挙げられているパレストリーナ（一五二五～九四年）[10]の教会音楽は音楽史上でも理想とされ、彼のミサ曲は簡潔な歌詞とポリフォニーの美しさで知られる。その代表作は「教皇マルチェルスのミサ曲」である。「明確に均斉がとれていて」「嘆きの声ですら至福の静安が与えられる」というヘーゲルの評価は、パレストリーナのこのミサ曲を彷彿とさせる。

続いて名前の挙げられているドゥランテ（一六八四～一七五五年）は、ナポリの音楽院の院長を歴任し音楽教師として名声を博した人物である。その高弟ペルゴレージ（一七一〇～三六年）は、イタリアの初期古典派の作曲家で、その代表作「スターバト・マーテル（悲しみの聖母）」[11]は、数ある「スターバト・マーテル」のなかでも最高峰と評されてきた。そのメロディは歌詞とともに、キリストの死への悲しみから、天国に導かれる魂の救済への希望の感情を表現するものとなっている。「苦しみも表現されはするが、表現された苦しみはつねに解消される」というヘーゲルの文言は、この曲に相応しいものである。

イタリア人以外で名前の挙げられているグルック（一七一四～八七年）は、ウィーンで活躍した初期古典派の作曲家で、オペラの代表作『オルフェオとエウリディーチェ』（一七六二年）のなかの「精霊の踊り」は、現代でも独立して演奏されるメロディの美しい名曲である。続いて名前の挙げられているハイドンとモーツァルトはウィーン古典派の代表者であり、ヘーゲルが古典派音楽にメロディ主導による自由な感情表現を見ていたことは前に述べたとおりである。

三―一―二 付随音楽の歌詞

付随音楽の第二の要素とされる「歌詞」について、ヘーゲルは感情のままにメロディが流れれば、歌詞の内容などどうでもよいとしているわけではない。メロディによって感情が惹起されるとはいえ、付随音楽の「規定された内容」(200) をなす歌詞に改めて目が向けられる。「音楽は内面そのものが重要なのではなく、その規定された内容が感情の規定性と極めて密接に結びついている充実した内面こそが重要なのである」。すなわち付随音楽は、ただ感情に流されるのではなく、感情が歌詞の内容と不可分に結びついてこそ内面を十全に表現できるというわけである。

そこで、オラトリオやオペラのなかでの歌詞の叙唱、すなわちレシタティーヴォ (Rezitativ) が考察される。レシタティーヴォには朗読という要素があるが、単なる朗読とは異なった「新たな要素としての高揚した感情の側面」(202) が見られるという点で、「メロディと詩の朗読との中間に」あるとされる。レシタティーヴォでは歌詞に「自由にアクセントを付けること」ができるし、「表現すべき歌詞の必要に応じて制限されることのない自由が委ねられる」というように、歌手に大幅な自由度が許容されるとするのである。

レシタティーヴォのこのような自由度の高さについては、とくにイタリア・オペラが念頭に置かれていると考えることができる。レシタティーヴォが効果的に使われているイタリア・オペラとして、ペルゴレージの作品を採り上げてみよう。彼の作品のなかでも当時ヨーロッパで人気を博していたのは、「奥様女中」(一七三三年、ナポリで初演[12]) である。その粗筋は、次のようなものである。女中セルピーナは金持ちの主人ウベルトが彼女に気があることを知って、一計を案じる。許嫁から持参金を迫られているとウルベルトに訴えると、彼はセルピーナとの結婚を決意し、セルピーナは金持ち老人の奥様に収まるという結末となる。ウベルトとセルピーナの叙唱は、ウベルトの恋心を表現するものであったり、またセルピーナのしたたかな魂胆を表現するものであったりと、レシタティーヴォの魅力が存分に発揮されている。

三―一―三　付随音楽におけるメロディと歌詞の統一

付随音楽の第三の論点が歌詞とメロディとの統一で、「歌詞の付随するメロディの歌唱」(204)という視点から考察される。まず歌詞については、「その内容がそれ自身において本当の堅実さ(Gediegenheit)を有していること」(205)を主要な条件としている。ここで要求されている「堅実さ」とは、思想的・哲学的な概念の厳密さなどではなく、むしろヘーゲルは歌詞の内容が思想的に重すぎるとメロディ表現を損なうと考えている。彼はその例として、シラーの詩に基づいて作曲された楽曲を、次のように批評している。「歌詞の内容があまりに思想的に重すぎたり、哲学的な深さを持ちすぎたりすることは好ましくなく、例えばシラーの抒情詩のように、その情熱が大きく広がりすぎて、抒情的な感情の音楽的な表現を凌駕してしまう」(206)。このようにシラーの詩を基に作曲された作品として、名前こそ挙げてはいないものの、ベートーヴェンの交響曲第九番(一八二四年初演)のシラーの詩「歓喜に寄せて」を基にした最終楽章を念頭に置いていると考えることができる。

歌詞とメロディとの統一という視点から、改めて歌詞がメロディを性格づける効果が論じられる。歌詞が過度にメロディを性格づけると、「歌詞の特徴がそれぞれ固定されて際立ち、ばらばらに分離してしまって」(209)、その結果、そのような「孤立化がとんでもない仕方で〔メロディの〕流れと統一を壊してしまう」というわけである。したがって重視されるのは、歌詞による性格づけがあくまでもメロディ全体の流れと調和を保っていることである。「真に音楽的な美しさは……こうした〔性格づけによる〕特殊化のうちでもなお、メロディが全体を支え統一づける魂を保持し続けるということのうちにある」(210)。

それでは、ヘーゲルが付随音楽に相応しい歌詞として評価するのは、具体的にどのような作品であろうか。それは、オペラや宗教音楽といったジャンルの音楽に付けられた歌詞である。例えばオペラの作品として挙げられているのは、モーツァルトの「魔笛」である。シカネーダーが書いたその台本については評価が分かれるとしながら、ヘーゲルはこの台本に次のような高い評価を与えている。「夜の国、〔夜の〕女王、太陽の国、秘儀、〔秘儀の〕伝授、智恵、愛、試練、そしてそれらにおける偏りのない道徳のあり方」(207)など、「それらすべてがこの音楽の持つ深さ、人々を魅了する愛らしさと魂によって、ファンタジーを拡げかつ満たし、そして心を温かくする」という。シカネーダーの歌詞には、彼自身モーツァルトとともに会員であったフリーメイソンの思想が投影されている。フリーメイソンと近い関係にあったヘーゲル⒀は、モーツァルトのオペラのなかでもとりわけ「魔笛」に共感を覚えて、メロディとも融合した「魔笛」の歌詞を評価しているのである。

ヘーゲルはまた、イタリアの作曲家ロッシーニのオペラを高く評価している。初期ロマン派のロッシーニのオペラについては当時のドイツで評価が割れ、反対派が「虚しくただ耳がムズムズするだけのもの」(210)と酷評するのに対して、ヘーゲルはむしろ賛成派で、「この〔ロッシーニの〕音楽は反対に、この上なく感情豊かで精神に富み、心と胸に迫ってくる」というように評価する。そして「なるほどロッシーニはあまりにしばしば台本から外れ、そして彼の自由なメロディによってどんどん進んでいく」というようにその自由奔放さを指摘しながら、同時にメロディの主導的な力を認めている。そして「この作曲家の自由なインスピレーションを妨げられることなく楽しみ、この音楽が含む魂を存分に享受する」（211）ことを推奨するのである。ヘーゲルはこのようにロッシーニ贔屓で、一八二四年にウィーンを訪れた時には、ロッシーニのオペラを「オテロ」「ゼルミーラ」「コルラディーノ」と連日のように観たうえに、「セビリアの理髪師」に至っては二回も観ている[14]。これだけロッシーニのオペラを観ていることから、ヘーゲルのウィーン訪問は、イタリア・オペラ、とりわけロッシーニのオペラを観ることが最大の目的であったと言っても過言ではない。

オペラとともにヘーゲルは、宗教音楽に付けられた歌詞についても考察している。「ミサ曲などの宗教音楽にとって古いラテン語の歌詞こそ無比のものである」（207）として、宗教音楽にとってのラテン語の歌詞に注目している。そのようなラテン語の歌詞として思い浮かべられるのは、前述のペルゴレージも曲を付けたラテン語の詩「スターバト・マーテル（悲しみの聖母[15]）」である。その詩は、「悲しみの聖母は立っていた／十字架の傍らに涙にくれ」で始まり、磔の刑になったキリストの死を嘆くマリアとその悲しみを表現して、最後は「肉体が滅びる時には／どうか魂に／栄光の天国を与えて下さい／アーメン」というように死後の救済を祈るものである。このような「スターバト・マーテル」のうちに、「最も普遍的な信仰内容」を見ることは困難なことではない。

またヘーゲルは、宗教音楽として「オラトリオ」に注目し、「ヘンデル」の名前を挙げて「彼の作曲の才能が最も豊かな分野を〈オラトリオに〉見出した」としている。オラトリオはもともと祈祷所で歌われた数節の歌詞からなる短い歌に始まり、楽器を伴う演奏へと発展していった。ヘンデルのオラトリオで代表的なものは、イギリスに移ってから作曲された「メサイア」（一七四一年）であろう。このオラトリオは、救世主（メサイア）キリストの誕生から受難を経て復活に至るまでを描く音楽ドラマであり、英語の歌詞を伴って演奏される[16]。

さらにヘーゲルは、「セバスチャン・バッハ」の名前を挙げ、数多くのバッハの作品のなかでもやはり「オラトリオ」を、「プロテスタンティズムにおいてようやく完成された形式」として高く評価している。バッハの「オラトリオ」には「オラトリオ受難曲」[17]として『ヨハネ受難曲』（一七二三年）が含まれ、悲しみや希望などの感情表現に満たされている。ヘーゲルはヘンデルやバッハのこのようなオラトリオを念頭に置いて、歌詞とメロディの統一を論じていると考えることができる。

ヘーゲルは教会音楽について、「主観的で個人的な感情ではなく、すべての人々の感情の実質的な内容、あるいは全体としての共同体の普遍的な感情こそが重要である」（211）とするとともに、「カトリックの礼拝においてはミサ曲として、概してさまざまな教会の行事や祭礼において音楽的に高揚させるものとして」（211）、その音楽的効果を認めている。プロテスタントであるヘーゲルがカトリックの教会音楽をこのように評価することは意外ではある。ただし、プロテスタントの教会音楽についても、「プロテスタントもまた宗教的な感覚でも、また音楽的な堅実さ、構想と仕上げの豊かさでも、偉大な深みを持った同様の音楽を生み出してきた」として、その代表的な作曲家としてセバスチャン・バッハの名前を挙げるのである。

三—二　独立音楽

ヘーゲルは付随音楽から区別して、独立音楽（selbständige Musik）すなわち歌詞を伴わない器楽だけの音楽を論じている。「美学」講義の行われた一八二〇年代でも、教会音楽やオペラなどの歌詞を伴う付随音楽の演奏が本流であったことからすると、ヘーゲルが独立音楽に自立した位置を与えていることは、古典派音楽から初期ロマン派音楽における独立音楽の比重の増大という傾向に適ったものである。[18]

付随音楽に対して独立音楽は歌詞の内容からは自立しており、音楽の自由が最もよく発揮されるのは、歌詞の伴わない器楽曲であるという。「このような自立性の本来の領域は、歌詞に結びつけられたままの付随的な声楽ではありえず、器楽曲（Instrumentalmusik）である」（215）。歌詞の内容が介在することのない器楽曲であれば、主観の内面に純粋に集中できることになる。

器楽曲は、古典派のハイドンやモーツァルトなどによって、交響曲や協奏曲が数多く作曲されている。さらに、器楽曲が相対的により多く作曲されるようになる初期ロマン派音楽において、半音階や不協和音が大胆に導入されることによって、規則に縛られることのないより自由な表現が可能になった。「〔音楽の創作が〕すでに確定された内容から自立することによって、こうした自立性は……厳格に限界づけられることのない遊びの空間を許容するにちがいない」（218）というヘーゲルの議論は、名前こそ挙げてはいないが、初期ロマン派を代表するシューベルトの交響曲を彷彿とさせるものがある。例えば交響曲第六番ハ長調（一八一八年）は器楽の多彩な交響とともに、ロッシーニの影響を受けて、メロディが自由に遊動する初期ロマン派の特徴をよく表している。ヘーゲルによる器楽曲の自由についての議論は、こうした初期ロマン派音楽への関心を示すものといえよう。

三—三　音楽演奏の自由度

ヘーゲルは作曲家の自由にとどまらず、演奏の自由を演奏家にも認めている。彫刻や絵画の作品と異なって、音楽作品の場合には演奏家が演奏しなければ客観的にならないのであるから、その都度の演奏が作品の芸術性を表現することになる。確かに「演奏家は作品の記号（Charakter）〔楽譜〕に完全に従わなければならない」(219) が、同時に、演奏家は作曲家の作品に魂を吹き込むという役割を担ってもいる。すなわち「芸術家〔演奏家〕には、単なる教科書を丸暗記して既定のことを機械的に繰り返すだけの音楽の自動機械という印象を与えることなく、作曲家の感性と精神を汲んで、作品に魂豊かに生命を吹き込む責務がある」というわけである。そこに演奏家の「独創性」(220) と自由度が認められるのである。

ヘーゲルは演奏家に許される自由について、イタリア・オペラの歌手を例に挙げて次のように論じている。「例えばイタリア・オペラでは、歌手にはいつでも多くのことが委ねられている。とくに潤色をほどこす際に、歌手は自由な演奏空間のなかにいる」。したがってオペラ歌手は時として歌詞の内容から離れて歌うこともあり、「このような〔歌詞に〕依存しない歌唱でも、自由でメロディ豊かな魂の流れになる」という。

イタリア・オペラのなかでも、ヘーゲルはここでもロッシーニの名前を挙げて論じている。「ロッシーニは歌手の負担を軽くしている」と一般に言われることに対して、むしろ「歌手の独立した音楽的天分を多面的に発揮させるように仕向けているので、彼は歌手の負担を重くしている」として、ロッシーニのオペラの自由度の高さに伴う歌手の負担を指摘している。例えば、初期のオペラで彼の名前をヨーロッパに知らしめた「アルジェのイタリア女」(一八一三年)[19] は、軽快なテンポに伴う早口言葉のような歌唱や随所に織り込まれるコロラトゥーラなど、歌手の音楽的天分と力量が試される作品である。ヘーゲルはこのようなロッシーニのオペラに魅力を感じたのであろう。「歌手の天分が真に独創的なものであれば、そこに生じてくる芸術作品はまったく独自の魅力を持つ」というように、ヘーゲルはオペラ歌手の独創性を論じるのである。このように作曲家だけではなく演奏家についても演奏の自由と独創性を論じるヘーゲルは、音楽芸術の新たな動向を視野に入れていたといえよう。

おわりに

ヘーゲルが親しんでいた音楽は、「美学」講義で挙げている作曲家の名前からすると、主に後期バロック音楽と古典派音楽である。確かにハーモニーの法則をゆるがせにしない姿勢は古典派的ではあるが、しかし音楽芸術に内面的感情の自由な流動を求める姿勢は、古典派から初期ロマン派へと接近する傾向を示している。それは西欧文化の主観的内面性重視という時代の趨勢に適ったものである。自由を主軸概念として織り込んだヘーゲルの音楽論は、歴史哲学とは位相を異にするもう一つの自由論と言うことができよう。

一八二〇年代という時代は、音楽史的に古典派から初期ロマン派への移行期であり、ヘーゲルは劇的に転換しつつある音楽の動向を敏感に感じ取っていたと言える。そのような音楽的感性は、ハーモニーの法則と自由なメロディとの対立・矛盾に音楽の醍醐味を感じ、また作曲家や演奏家の自由な自己表現に音楽の芸術性を認めていることなどに、はっきりと現れている。メロディの自由を称揚するヘーゲルの音楽的感性は、古典派から初期ロマン派へと限りなく近づいている。しかし古典派音楽のハーモニーに馴染んだ感性には、時としてハーモニーの法則を超えようとする初期ロマン派音楽に対してまだ評価が定まってはいない。ロマン派音楽が本格的な隆盛を迎えるのは、ヘーゲルの死後のことである。

《註》

ヘーゲル「美学」講義からの引用は *G.W.F.Hegel Werke in zwanzig Bänden 15 Vorlesungen über die Ästhetik* III, Suhrkamp Verlag 1970. を底本として、引用文には頁数のみを（　）内に記す。

シェリングからの引用は *Schellings Werke* (Nach der Originalausgabe in neuer Anordnung), hrsg. von M.Schröter, München 1929. を底本とし、引用文は SW の略号とともに、ローマ数字が巻数を、算用数字が頁数を表すものとする。
引用文中の〔 〕は、筆者による補足である。

（1） 一八二〇年代でも、現代では通説になっている音楽史の区分が明確になされていたわけではない。ハインリヒ・クリストフ・コッホの『音楽小辞典（Kurzgefasstes Handwörterbuch der Musik, Leipzig 1807)』では、「ロマン的（Romantisch)」という項目は見られるものの、「古典的」の項目はまだ見られない。一八一五年前後から「ロマン的な」音楽がそれとして自覚されることによって、「古典派」が「ロマン派」に先立つ音楽様式として区分されることになる。

（2） ヘーゲルが「美学」講義を始めた頃は、音楽史上で古典派から初期ロマン派への移行過程にあったことについては、フリードリヒ・ブルーメ『古典派の音楽』（角倉・大崎訳、白水社、一九九二年、一三頁）を参照。ただし古典派とロマン派は時代的に截然と区別できるわけではなく、古典派の楽曲のなかに次第にロマン派的な要素が現れ始め、また逆にロマン派の楽曲のなかに古典派的な要素が残っていることもある。

（3） ベートーヴェンの音楽を古典派とみるか初期ロマン派とみるかは議論が分かれるところであるが、そのような区分は無意味で、むしろ前者から後者への移行という文脈のなかで理解すべきであろう。

（4） ヘーゲルが「美学」講義を開講したのは、一八二〇／二一年の冬学期、二三年と二六年の夏学期、そして最後が二八／二九年の冬学期である。底本としたグロックナー版は、門弟ホトーが自身およびその他数名の聴講者によるこれらの講義の筆記録を元に編纂したものである。また、一八二三年夏学期講義のホトー単独の筆記録が『ヘーゲル講義』第二巻（G.W.F.Hegel Vorlesungen Ausgewählte Nachschriften und Manuskripte Bd.2,Felix Meiner Verlag 1998）として新たに出版されており、ベルリン大学での美学講義の比較的初期の段階の構想を知ることができる。その編者によると「一八二三年の講義からようやく〔ヘーゲル〕美学の最終的な形が見通せるようになっている」（三三頁）という。また旧版の邦訳に、ヘーゲル全集『美学』（竹内敏雄訳、岩波書店、一九五六年）、『ヘーゲル美学講義』（長谷川宏訳、作品社、一九九五年）がある。

（5） 和声法の理論は、フランス・バロック音楽の作曲家で音楽理論家でもあったジャン＝フィリップ・ラモー（一六八三～一七六四年）によって確立された。彼はカデンツの法則と言われる和声法の理論を体系化したとされる。

（6） 前掲の『音楽小辞典』では「不協和音」の項は、次のように解説されている。「不協和音ということで一般に、聴覚に不快に響くような音程と理解されている。…しかし不協和音は心地よさを自ら完全に排除するものではなくて、二つの音が相互に有する〔不協和の〕関係を理解しやすいように和らげたものに他ならない」（一一二頁）。

（7） フリードリヒ・ブルーメは、古典派にとってのメロディ（旋律）の重要性について次のように述べている。「規則的な楽節構造と和声法と調の配置が古典派の音楽という建物の建築素材だとすれば、その建物に特色と性格と容貌をあたえたのが旋律である。旋律こそ、古典派音楽の魂なのだ」（フリードリヒ・ブルーメの前掲書、六九頁）。このようなメロディの音楽史的位置づけから見て、ヘーゲルは古典派音楽にとってのメロディの重要性を的確に捉えていたといえよう。

（8）ヨハン・セバスチャン・バッハの「四声コラール集」（BWV 253-438）は、一七六五年から八七年にかけて全四巻が刊行されている。

（9）ハーモニーにまだ秩序が保たれていた古典派音楽に対して、ロマン派音楽ではこうした秩序も解体して、メロディの自由なファンタジーが主導的になる。初期ロマン派音楽は全音階を基本とする古典派音楽に対して、半音階を楽曲のなかに広範に使用して、ロマンティックな、あるいはメランコリックな内面的感情を表現できるようになった。

（10）パレストリーナはイタリア・ルネサンス末期の教会音楽の作曲家で、ローマ教皇ユリウス三世に招かれて教皇庁のジュリア礼拝堂の楽長となった。

（11）ペルゴレージの「スターバト・マーテル」は、ナポリの「悲しみの聖母騎士団」からの委嘱よって作曲され、一七三六年の死の直前に完成した。

（12）「奥様女中」はもともと歌劇のインテルメッツォとして作曲されたものであるが、それが独立してオペラ・ブッファとして上演されるようになった。

（13）ヘーゲルがフリーメイソンの会員であったかどうかについて確証はないものの、フリーメイソンと近い立場にあったことは、「魔笛」の歌詞への評価や会員であったゲーテへの親密な関係からも推測することができる。

（14）ヘーゲルがウィーンで実際に観たロッシーニのオペラについては、石川伊織「旅の日のヘーゲル―美学体系と音楽体験：一八二四年九月ヴィーン―」『県立新潟女子短期大学研究紀要』、第四五号、二〇〇八年、二三三頁以下を参照。

（15）その歌詞は中世の詩人ヤコポーネ・ダ・トーディのラテン語の詩を元にしており、一三世紀以来キリスト教会の賛美歌として、古くから多くの作曲家が競って曲を付けてきた。

（16）「メサイア」はアイルランドのダブリンで初演され、第二部最終曲の「ハレルヤ」は特に有名で、ロンドンでの初演で国王がこの演奏中に起立したという逸話が残っている。

（17）『マタイ受難曲』（一七二九年）は、バッハの死後忘れ去られ演奏されることはなかったが、メンデルスゾーンの指揮によって一〇〇年ぶりに再演され、バッハ復活がもたらされるきっかけとなった。したがってヘーゲルは『マタイ受難曲』を聴いていない可能性が高い。

（18）例えば一八〇〇年にウィーンのブルク劇場で開催されたベートーヴェン主催のコンサートでは、彼の「交響曲第一番」（作品二一）と「ピアノ協奏曲第一番」（作品一五）、それに「七重奏曲」（作品二〇）が演奏されており、一九世紀初めには器楽音楽が独立して演奏されていたことになる。青木やよい『ベートーヴェンの生涯』平凡社、二〇〇九年、一一三頁を参照。

(19) 初演はヴェネツィアで大成功を収め、その後ドイツでロッシーニのオペラが初めて上演されたのは、この「アルジェのイタリア女」である。

7 「私」と「私」の間に

――「彼方への眼差し」を可能にするもの――

座小田　豊

はじめに

「私は私である：私＝私」の等式は、誰もが当然のこととして受け止めている。「私が私でない」はずがない、そんな状態になったら、人格の同一性＝アイデンティティーの危機である――通常はこのように理解されるだろう。二重人格者や多重人格者もいないわけではないだろうが、仮にいたとして、彼（彼女）らも、第一の人格AのA＝Aの同一性と、第二の人格BのB＝Bの同一性が、それぞれに前提されるからこそ二重人格者なのであろう。しかし、これは何も普通の人の普通の考え方にすぎないのではない。

デカルトのあの「cogito, ergo sum.」も「考えている私」＝「私の存在」を導き出すものであったし、哲学者フィヒテは自らの哲学＝知識学の第一原則として「自我は自我を端的に定立する」を置いているが、これはつまり私＝私がすべての意識の根源的で絶対的な活動性である、ということであった。これが自我の自己定立と言われるものであり、これによって一切の意識活動は説明できるとされたことは良く知られている。あるいは、カントの言う「超越論的統覚」の「私は考えるIch denke」も、考えている私が私であるという同一性を維持する役割を果たすものとして考えられたのだと言うことができるだろう。

フィヒテの場合は別にして、デカルトもカントも、「考える・考えている私」の、その根源的有様、言いかえれば根源的な資格については、いずれにしても問いかけることを断念したのであるが、恐らくはそれあるがゆえに、「私」と「実在」、主観と客観（精神と世界）とを二元論的に併存させることで、両者の関係を説明せざるをえなくなったのだと言えるだろう。ご存知のようにフィヒテは、自我の自己定立＝非我の反対定立という第二原則によって、この関係を一挙に片づけることができると考えたわけだが、ある意味では、それによっていわば「自我中心主義 Egozentrismus」に陥ったと見ることもできる。

こうした哲学史的な大まかな知識を前提にしたうえで、小論ではヘーゲルの『精神現象学』の、その基本構造として、私＝私の、いわばその「間」の思想について考察していく。いわく、私＝私の「私」と「私」の「間」についての意識にこそ、意識の、そしてひいては精神の本質がある、ということである。これは一体どのようなことなのか。このような問いを通して、いわゆる「実体＝主体」説と言われるものの具体的な姿が浮かび上がってくるであろう。そしてそれがまた、『精神現象学』全体を貫く骨格をなすものであることが明らかになるはずである。まずは、この書の副題について考察するところから始めよう。

第一節　「意識の経験の学」としての『精神現象学』

『精神現象学』は自然的意識である主人公が、「意識」、「自己意識」、「理性」、「精神」、「宗教」、そして「絶対知」へと次第に経験を深めながら歩みを進めていくという構成をとる。この書は差しあたって、全体として「意識の経験の学」として構想されていたのだから、それも当然である。ヘーゲルはこの経験を「形成」あるいは「発展」とも名づけるが、これだけではもちろん取り立てて新しい筋立てではない。重要なのはその経験の成り立ちと発展の論理であり、経験を可能にする哲学的な問題構制およびその解決法である。大まかな枠組みを述べておくなら、この発展の歩みが、低いところから高いところへの上昇の過程として、哲学者の眼(「われわれにとって für uns」の立場)を通して描かれていく。主人公の自然的意識を「私」と見ることも、また哲学者の眼差しを「私」と見ることもできるだろう。『神曲』のダンテとヴェルギリウスのように、すでに目的地までの道のりを見通している後者の「私」が、初心者である前者の「私」に寄り添う形で、経験は展開していくが、導き手の「私」も導かれる「私」の経験を通して自分の経験を再経験することになる。いずれも一人の「私」と見ることもできれば、異なる「私」と見ることも可能である。もちろんそこに、叙述しているダンテその人の視点も重なってくる。それと同様に、自然的意識がヘーゲルでもあれば、それを導く哲学者もまたヘーゲルその人なのだから、ここにすでにひとまず「「私」と「私」の間」の問題構造が見て取れるだろう。

さて、その経験とは、まずは自然的意識が感覚を通して外的な対象とかかわるところから始まる。けれども厳密に言えば、はじめて「自己」を知るようになるのは「自己意識」なのであるから、「意識」はまだ「自己」を経験していない、もしくは経験を自分のものとして意識できていないことになる。では「意識」と「自己意識」との違いはどこにあるのか、すなわち「自己意識」は――つまり経験は――どこから始まるのか。ヘーゲルは「緒論」の中で次のようなことを述べている。

「意識が自分自身において、すなわち自分の知においても自分の対象においても行使するこの弁証法的な運動こそ、意識にとってそこから新しい真の対象が生まれてくる限りにおいて、本来、経験と呼ばれるところのものである」(Bd. 3, S. 78.)。(1)

とりあえず言えることは、「意識にとって新しい真の対象が生まれてくる弁証法的運動」が「経験」だということである。この「弁証法的運動」とは、直前の段落の叙述によれば、意識が「自らを吟味する」際、知の対象と知それ自身を検討吟味することになるが、「それというのも、意識は一方で対象の意識であるとともに、他方で自分自身の意識であり、つまり、自分にとって真なるものであるところのものの意識であるとともに、それについての自分の知の意識だからである」(Bd. 3, S. 77.)。これはそもそも「意識が、あるものを自分とは区別すると同時にこのあるものに自分を関係づけるからであり、…あるものが意識に対して存在するからであり、そして、こうした関係の、言いかえればあるものの存在の、意識に対する規定的な側面が知だからである」(Bd. 3, S. 76.)。こうして意識による知の吟味は、自ら経験して獲得する知の吟味ばかりではなく、知を吟味する意識自身の「尺度」の吟味でなければならないことになる。

ここに述べられているのは、経験を可能にする諸条件は何かという、カントが立てた問いでもある。カントの場合、経験の可能性の条件は経験に左右されることはなく、経験に先立っており、それゆえこの「超越論的」条件の根拠は、経験に限定される人間理性には洞察できないとされる。対するにヘーゲルは経験する自己意識それ自身を問題にするわけである。それゆえ経験の可能性の吟味は意識の吟味にほかならず、そこに意識それ自身の「弁証法的運動が」出現することになる。つまりは、意識とはそもそも自己意識なのであって、自己意識が「自己」を知る経験は「新しい真の対象が生まれてくる」ものにほかならず、この経験に即して自自己意識自身も「新たな自分」として意識されることになるわけである。ここに吟味の「尺度」が問題にされる理由がある。

　おのれ自身が新たに生成し、変成するのであれば、吟味の尺度そのものも当然変化しているはずだからである。この新たなおのれの意識の生成こそ「自己形成」といわれるものであって、この形成によって「自己」それ自身が変化するからには、経験の条件も在りようも、意識が「自己」（経験的意識＝主体）を意識するその都度の仕方（これがすなわち尺度である）に相関するはずなのである。その限りでは、経験を可能にする条件は、ヘーゲルによれば経験の「弁証法的な運動」そのものに内在しているということになるだろう。そして、この運動を可能にするのが「私」と「私」の間のズレであり、それを生み出す「否定性」という概念である。[2]

『精神現象学』はたしかに意識から絶対知への発展的叙述であるが、その全体にこの自己意識が、言いかえれば「自分自身であるという確信」、つまり私＝私という自己確信が貫いている。「意識」とは直接的な感覚的自己確信のことであり、「絶対知」は、いわばそれまでの経験のすべてが自らにとって明らかな（想い起されてある）精神的自己確信（「自分が精神であることを知る精神 der sich als Geist wissende Geist」）のことである。だからこの「絶対知」のことをヘーゲルは「想起」（Cf., Bd.3, S. 591.）とも呼ぶのである。この想起の道筋に「私」＝「私」の自己確信が貫いているのだが、その確信の在りようは、おのれをどのように意識しているのかというその都度の自己意識の在り方によって変化する。こうして「意識」と「絶対知」の間に同じ自己意識の発展の諸段階が描かれる、というのが全体の道筋になる。なぜなら、その都度の私＝私の自己確信は、けっして「真理」そのものではないのであって、その都度の「自己確信する私」にとっての「真理」にほかならないからである。[3] それゆえ「自己」は同一でありながらも、固定的なのではなくて、この「真理」を求めておのれを展開するものと捉えられる。もとより「自己」のうちにはこの展開の可能性のすべてが始めから具わっている（折り畳み込まれている）と言ってもよいだろう。なぜなら、発展の終局である「絶対知」は、その可能性を導くものとして、何といっても始まりにすでに働きかけているはずだからである。この「始まり」にあるものを、ヘーゲルは「実体」と呼ぶわけである。ただし、「自己」がそのことに気づかなければ、「実体」は可能性に留まる、つまりは展開不可能だということである。自己意識が「主体」としておのれの可能性を自ら吟味検討することによってはじめて、「実体」は現実的に働き作用し、自己意識の新たな「確信」が意識されるに至るのである。この過程全体を総括するならば、人は生まれながらに人であるのではなく、人になる、と言ってもよい。たしかにヘーゲルは印象的な表現でこう述べてもいた。「胎児もまた確かに即自的には人間であるが、しかし、対自的にそうなのではない。胎児が対自的にもそうであるのは、自分が即自的にそうであるところのものへと自らを形成してしまって gemacht hat いる理性の、自己を形成 gebildet した理性の持ち主としてのみのことなのである」（Bd.3, S.25.）。

　もちろん全体の到達目標である「絶対知」そのものに達するのは極めて困難であろう。まずもって、常に途上にしかありえない個々人にとって、人間性の完成なるものはこの現実において可能なものではないと思われるからである。そしてヘーゲルによれば何よりも、「絶対知」は、その呼び名から想像されるような精神の「完成態・完全充足態」なのではなくて、むしろ「絶対的な否定性」（Cf., e.g. Bd.3, S.153, 473.）であり「純粋な否定性」（Cf., e.g. Bd.3, S.583.）と呼ばれるべきものであり、つまりは、意識の経験をその都度促す否定的な力そのものだからである。してみると、絶対知とはむしろ、触媒となって、自己意識の展開に即応しておのれを動かし続ける活動性そのものとしては「純粋現実態 actus purus」であるが、自己意識としては現実化されえない、いわば「純粋可能態 potestas pura」だということになる。人は経験を越えることはできないが、しかし経験に縛りつけられているばかりでもなく、新たな経験を始めることができる。また、経験を終えること（最終目標を経験すること）はできないが、終わりを想定することはできる。第六節で述べるように、この可能性と不可能性とに気づくことができる自己意識をヘーゲルは「不幸な意識」と名づけ、その経験にとって大切な駆動力となる「純粋な否定性」を「絶対知」と捉えていたのである。この経験をさせるのが、否定性の具体的な表れである「否定」であり、「否定的なもの」である。

第二節 「否定的なもの」と「媒語 Mitte」の意義

自己形成も自己確信も、実は「否定」を介してはじめて意味をもつ。すでにある「私」、「自己」がそのままであり続けるならば、そこに形成はもちろん、確信も成立しない。単に不動不変の私＝私の自己同一性があるばかりであろう。形成とは、今の「自己」を否定して、まだ現実化していない「自己」を生み出すことであるし、確信とは、単なる思い込みではなくて、種々疑問を抱き疑念を前にした上での確実性のその都度の再確認のことにほかならない。ヘーゲルが、人間の存在にとって最も重大な否定である「死」と、人間精神にとって最も深刻な否定である「絶望」とを、形成と確信の最大の試練と見なし、この試練に耐えることによってのみ真実の経験が果たされると述べていたことを想い起こそう。このような経験をするのはもはや単なる意識ではありえない。自らの死を自覚し、自ら絶望を経験した意識とは、「意識」から「絶対知」までを一つの精神のなかにすでに合わせもった、「私」と「私」の間にあることを知っている人間である。(4) 生と死の狭間にあることを意識せざるをえない、おのれの「否定性」を受け止める自己意識だと言ってもよい。駆動力としての絶対知の否定性と自己意識自身の否定性とが、もちろん一つになってはじめて発展のプロセスが可能になると見るべきであろう。

ヘーゲルはこの自己意識を、主体としての個別者であるおのれと、実体という普遍的なものとの間の「媒語」と捉え、関係において存在する「自己意識」(「自己意識にとって他の自己意識が存在する」(Bd.3, S144.))を説明するに際して、次のようなことを述べていた。

「媒語は、自分を両極へと解体する自己意識であるが、その各々の極は自己意識の規定性の交換であり、反対定立された極への絶対的な移行 Übergang である。しかし、意識としては、自己意識は確かに自分の外に出ているけれども、自己意識は自らの自己外存在 Außersichsein において自分自身のうちに引き戻されており、自覚的に(対自的に)für sich 存在している。だから、自分の自己外 Außersich [というあり方] が自己意識の自覚するところとなっている。自己意識には、自分が直接的に他方の意識であり、かつそうではない、ということが自覚されている。それと同様に、こうした他者が自覚的であるのは、それが自分だけでの存在 Fürsichseiendes としての自分を廃棄 aufheben し、他者の自分だけでの存在においてのみ自覚的であることによってだけであるということが、自己意識に自覚されている。各自己意識は他者にとって媒語であるが、この媒語を介して自己意識は自分を自分自身と媒介し、自分を自分自身と結合し、こうして自己意識は自分にとっても他者にとっても自覚的に存在する直接的な存在者 Wesen なのであり、この存在者もまた同時にこの媒介を通してのみかく自覚的に存在するのである。彼らは、相互に承認しあうものとして互いに承認しあっている」(Bd.3, S147.)。

いささか厄介な文章である。「自己意識の自覚するところとなっている」と訳した個所の原文は「für es sein」である。「自己意識にとって＝対自的に、ある」という意である。あるもののある事態がそのものにとってあること（für es sein）をヘーゲルは「対自的」、「自覚的」、「独自的」、「独立的」という意味で用いている。周知のように、通常の用法では「an sich」に相応する形で「für sich」であり、さらに両者の相互運動の結果が、「an und für sich」になるわけであるが、自己意識相互の関係においては、それぞれがそれぞれの他者において「an sich」であると同時に「für sich」である。加えて、相互関係にありながら「自己意識自身にとってある für es sein」、つまり「独自的・自立的」なのである。自己意識同士が関係しあいながら、同時に自立性を保持し合い、こうして「相互承認関係」が成立する、というわけである。

ここには、意識が自己を区別すると同時に統一するという、意識それ自身についてのヘーゲルの本質的理解が示されている。たとえば、互いに区別される自己意識Aと自己意識Bが、承認の関係において合一するという場合、そもそも何をもって合一というのか、という問題が残る。AとBが一つになるという場合、その事態は一体どのようなことなのか、そのときAとBはどのような状態にあるのか。もちろん、AもBもそのままであり続けることはできないであろう。形式的に見れば、少なくともAもBも何ほどか、あるいは相当程度変容を蒙っていると考えられる。極端な場合には（あるいは、物質の場合はこれが普通なのかもしれないが）、AもBも元の形を留めずに、元に戻ることも叶わない、互いに溶け合ってAでもBでもないまったく別なものになっているであろう。人の場合には、おのれの意を曲げて、相手に屈服して、自分自身ではなくなる、ということも考えられるだろう。これでは、統一というよりも、それぞれの存在の、つまりは「für sich」の、喪失・消失を意味することになる。ヘーゲルがここで述べているのは、そうはならずに自己意識の自立性が確保されること、しかも他の自己意識との関係においてむしろ「強化された aufgehobene」自立性が創出されるということである。それはすなわち、おのれの自立性（「自分だけでの存在」）を自己否定して、他者の自立性において自分を自覚するということである。「自分だけでの存在 Fürsichseiendes としての自分を廃棄 aufheben し、他者の自分だけでの存在においてのみ自覚的であること」、この「aufheben」という自覚的な自己否定の営みのなかで、他者の自立性をおのれの本質的基盤として認識することを通して、却っておのれの「真実の」自立性を快復することになる。それを可能にするものとして、「媒語」という概念が提示されているわけである。(5)

各々の自己意識が、互いに「中心・中間・中央」に位置し、間に「第三者」の介在を許さない形で結び合い、自己を否定しつつも自立性を失わないようなあり方を、ヘーゲルは「媒語」という概念で言い表している。この「媒語」の内容がどのようなものであるのか、この点を確認するためには、二つの「イェーナ精神哲学構想」を参照する必要がある。ここでその骨子を要約的に確認しておこう。(6)

第三節　「意識」という「媒語」――「承認」

「イェーナ精神哲学草稿I」（一八〇三／四年）の初稿末梢部分において、ヘーゲルは意識の「媒語」という特質を次のように明記していた。

「意識の最高の実在は、個体にとって、自分に対置されたものそのものが絶対的な意識として、つまり、意識するものと意識されたものとの統一として存在し、個体の個別性が止揚された個別性 eine aufgehobene Einzelnheit である、というところにある。意識の無限性とは、意識が単一性を保持しつつ、対立的に定立されたものを止揚する働きのこと das Aufheben des entgegengesetzten in seiner Einfachheit である。本質はつねにこうした媒語 Mitte なのであって、この媒語のうちでは、意識するものと意識されたものとの対立が存在するが、それは表面的なことであって、この対立はそこではおのれを止揚するのである。こうした媒語、もしくは絶対的なものとしての意識が、自らを実現しなければならない」(GW 6, S. 269.)。

ご覧のように、「意識の最高の実在」、「絶対的なものとしての意識」が「媒語」として提示されている。その意味は、個体としての意識が、個体であり続けながら、同時に個体性としての自らに対立的に定立された普遍的・絶対的な意識をも「おのれ」として意識することであり、それゆえこの意識が「無限性」と名づけられているわけである。それをヘーゲルの文章で定式的に表現するならば、「意識が実在するのは、それが、〈自らを意識するもの〉と、〈意識が意識している当のもの〉との両者が意識において一者として定立され、また両者が意識に対立してもいるような場 worin である限りでのことである」(GW 6. 276.) ということになる。

意識は、その意識の両項が同時に存立している無限性の場面であるからこそ、意識なのであり、それだから「媒語」と呼ばれるのである。ここでは、個別性と普遍性とがそれぞれのあり方を保持したままで、「意識の無限性」において統一されて意識されているあり方のことだと、言うことができるだろう。ヘーゲルがさらに

「絶対的なものとしての意識は、絶対的な媒語として実在する」（GW 6, S. 270.）と述べているが、それは、この「無限性」という意識の事態のことを指示しているのである。意識は「媒語」としての自分さえも、それとして意識することで自分から区別すると同時に、それへと関係する。「意識するものは、この媒語を自分から区別するのと同様に、意識において区別されたものから自分を区別する。［ただし、］区別するといっても、意識するものがこの媒語に両者を関係づけてもいる区別である。絶対的な普遍性はただ主体においてのみ、つまり対立を切り離してこそ媒語となる」（GW 6, S. 275.）。個体としての意識が主体であるのは、反対定立されたもの（差しあたっては普遍的なもの）を自己に対してそのままに放置するのではなく、おのれ自身が「媒語」としてこの普遍的なものでもあるという「有機的な構造」をもつからであり、そしてそのものは「それ自身で、絶対的に普遍的なものとして、単一なものとして、同じくおのれ自身の反対になり、対立を通り抜け durchgehen なければならない」（GW 6, S. 276.）からである。

「おのれ自身の反対」というこの意識の形式こそ、ヘーゲルの言う主体的意識の特質をなす「無限性」の別な表現なのである。「個別性は絶対的な個別性であり、無限性であり、自分自身の直接的な反対、すなわち、精神の本質である。これは、単一な仕方で無限性を自分のうちにもつことであり、このために、反対の項はただちに廃棄されることになる」（GW 6, S. 313.）。こうしてあの「相互承認」の可能性が開かれる。というのも、意識が「絶対的な個別性」であるというあり方は、他の意識との関係において、しかもこの他の意識を対立項として持ち、そのことによって自分自身を「廃棄する」ことによってしか成立しないからである。ここで「廃棄する（される）」と訳している原語は、aufheben である。言うまでもなく、語の単純な意味で「廃棄して捨て去る」というのではない。他との関係において「自己否定的におのれを意識する」ということ、つまり単純な個体性としてのおのれの意識を「否定して」、普遍的な関係性においておのれを認識し直すということ、つまり「止揚する」という意味である。かくして意識は「承認」の相互関係として次のように明確に捉えられることになる。

「意識は自分自身を、廃棄されたものとして認識する。というのも、意識は承認されたものとしてしか存在しないからである。承認されていないものとして、つまり〈自分自身があるのとは別の意識〉ではないものとして、意識が存在することは決してない。意識が〈承認されるということ〉、これが意識の実在であって、意識はこの実在においては単に廃棄されたものとして存在するだけである。したがって、こうした絶対的な意識は個別的なものとしての意識が〈止揚されている状態〉である。〈止揚されている状態〉とは、一方が他方において〈自分自身になること〉と同時に、自分自身において〈自分にとって他となること〉という、永遠の運動である」(GW 6, S. 314.)。

意識は、「おのれ自身の反対・他者」になりうるものであるからこそ「区別と統一の統一態」として、すなわち「媒語」として、「永遠の運動」、すなわち不断の活動性のうちにある。意識の個別性は、「他者の意識の内で」否定されるのではなくて、むしろはじめて「一個の全体性」として承認されるのである。ヘーゲルはこの事態を称して、「かくして、個別性は絶対的に救済されている」(GW 6, S. 313.)と述べている。

さて、今ひとつの「イェーナ精神哲学草稿II」(一八〇五/六年)についてもみておきたい。この草稿IIにおいては、草稿Iにおいて展開されたいわゆる「意識論」は表立って論じられることはない。すでに草稿I

において一定程度の解決のめどが立ったからであろうか、「精神」の具体的な「運動」の場面から始め、「精神はいかにして存在者に、自分を現にあるものとして定立させるのかという、精神における運動が考察されなくてはならない。存在は直接性の形式である。しかしその存在が、その真理態において定立されなければならない」(GW 8, S. 185.) と述べられ、次いで「直観作用」、「心像」、「表象」、そして「想起」の叙述へと進み、さらに「名前を付与する力としての言語」(GW 8, S. 189.)、対象世界に関わる精神の観念・「名辞」、そして、「精神としての目覚めた精神の最初の労働である、記憶の行使」(GW 8, S. 193.) について語られる。精神のこれらの働きが自我それ自身のものにとどまる限りで、ヘーゲルはその対象のことを「私にとっての存在 Fürmichsein」と名づけ、いずれも「外面的で恣意的」であると断じる。その直後から、おのれを対象・物にする自我の運動において、あの個別性と普遍性との関係の議論が始まり (GW 8, S. 196 f.)、両者に「否定性」が認められることで、「各々がおのれ自身の反対物である」(GW 8, S. 198.) ことが可能になるとされる。双方がそれ自身の他者であるということは、個別性は普遍性であり、普遍性は個別性であるということであるが、ヘーゲルはこれを両者自身が「媒語」として関わる推論の関係であると次のように述べている。

「両者の対立は、両者が相互に対立しあっているまさにその点で相互に等しいという…性質のものである。しかしまさに両者の統一と両者の対立においてこそ、両者は相互に関係づけられている。そして両者の各々が自分とは異なるものであるがゆえに、各々が、両者を関係づける、両者の媒語である。[こうして] 両者の推論が定立される。両者は、対立するかぎりにおいてひとつである」(GW 8, S. 199.)。

ここでの「第三者」はもはや両者と区別される、いわゆる「第三のもの」ではないのであって、むしろ両者に共有される「否定性」によって繋がれた普遍性そのものなのだと見るべきであろう。したがって、厳密に言うならそれは「第三者」ではありえない。そのことをヘーゲルは次のように要約する。

「しかしこの第三者は、両極のすべてであるという性質をもつ。［つまり］第三者は普遍性、否定性であり、そして、多くの普遍的なものが存在するのであってみれば、それらの存在でもある。普遍性は直接的に自己同一的で、かつ自己対立的なもの［個別的なもの］であり、自己とその反対物に分割されるものである。否定性もまた同様である。したがって、単一な存在は、直接的に多なるものである。それは反対物の統一であり、〈自分自身のうちで自己運動する普遍的なもの〉であり、それはふたつに分かれてふたつの存在するものとなる。そのことによってこそ、普遍的なものは純粋な否定性なのである」(ibid.)。

ここに語られている「第三者」は「否定性」だと言われているように、他なるものとしての「第三のもの」でないことはすでに明らかであろう。そして、この「否定性」は、先の「イェーナ精神哲学草稿I」において「無限性」として捉えられた、個々人の「恣意性と外面性」とを克服する、他者との関係の、それゆえ「相互承認」の関係の基本的な構制を可能にする「媒語」そのものである。草稿IIでは、他者との関係がすぐに全面に出ているという点で、草稿Iとは論述の手順は大きく異なっているが、いわゆる方法の原理は同じである。

さて、この草稿IIにおいてヘーゲルは「承認」について、精神的存在者である人間の「必然性」だとして、端的にこう述べる。「人間は必然的に承認を受け、かつ必然的に承認を与える。この必然性は人間固有の必然性であって、内容に対立するわれわれの思惟の必然性ではない。承認するものとして、人間は自身が運動であり、この運動がまさしく人間の自然状態を止揚する。人間は承認行為である。自然的なものは単にあるだけであって、精神的なものではない」（GW 8, S. 215.）。人間の「自然性」が否定されているのではないことに注意しよう。むしろ「精神性」が強調されているのであり、この前後の文脈を見るかぎりでは、いわゆる「自然状態」と「法状態」が対比されて、「自然状態」の仮構性が批判される。直前の欄外書き込みにはこう言われている。

「法は純粋な人格、純粋な承認された存在を含んでいる。これらは自然状態には存在しない。人は［自然状態では］定在に浸っている。人は、彼が人間であるということによって、概念において存在する。しかし自然状態にあっては、人はその概念において存在するのではなくて、自然存在として、その定在においてある。問いがただちに自己矛盾に陥る——私が人間を考察するのは、その概念においてであって、すなわち自然状態においてではない」（GW 8, S. 214.）。

自然状態とは法状態以前のことなのであって、したがって、そこでは「正か不正か」はいまだ問題にならないからである。人間であるということは、承認を受け承認を与える関係においてこそ成立する。ヘーゲルは承認関係を、人間が人間であることの原点とみなしているわけである。

第四節 「自己意識は自己意識にとって存在する」

以上に概観した「イェーナ精神哲学構想」における承認の関係は、『精神現象学』に、より洗練された形で引き継がれる。この著作はある意味で、その全体が個別的なものと普遍的なものとの相互「承認」論として成り立っているともいえようが、ここでは、承認が直接の主題とされている「自己意識」の章のそれを概観してみよう。すでに先の第二節で引いた(一八八頁以下)文章を再び見てみたい。「媒語は、自分を両極へと解体する自己意識であるが、その各々の極は自己意識の規定性の交換であり、反対定立された極への絶対的な移行 Übergang である。…彼らは、相互に承認しあうものとして互いに承認しあっている」(Bd.3.S.147.)の文章である。

これまでの道のりを進んできたわれわれにとっては、もはや理解困難な文章ではなくなっているであろう。意識は自分の他者へと向かって、自分の外に出ていくが、その他者においてある「自己外存在」を「対自的に受け止め自覚する für sich sein」ことで、言いかえれば「他者のうちに自分自身を認め」、「この他者の内なる自分の存在を止揚 aufheben する」ことで、自分自身のうちに引き戻される(Cf., Bd.3.S.146.)。ここで「止揚」と訳した事柄の意味をこの文脈で捉え直してみるならば、自己意識が、その他者を「自分にとっての他者」であると同時に、「他者それ自身にとっての他者」、つまり「自立的な一個の存在者」であることを意識する、ということである。こうして自己意識は自分自身が他者との「媒語」としての関係にあることを実現する。「自己意識は自己意識にとって存在する」(Bd.3.S.144.)というのはこのことであり、「われわれである私、と私であるわれわれ」(Bd.3.S.145.)という有名な表現もそのことを端的に表している。もちろん他者の側も一個の自己意識として自己に対して同じような関係をもつのであり、ここに「媒語」を介した自己と他者との相互関係が成立する。その帰結として、ヘーゲルは「彼らは、相互に承認しあうものとして互いに承認しあっている」と述べていたわけである。これが承認関係の基本形であるが、この関係についてヘーゲルは、この「自己意識」の章の序論にあたる部分の最後にこう記している。「意識は、精神の概念としての自己意識において初めて、自らの転換点に達するが、この転換点において意識は、感性的此岸の色鮮やかな仮象世界から、そしてまた超感性的彼岸の空虚な闇の世界から、現在という精神的な光の世界へと歩み入るのである」(Bd. 3. S. 145.)。

もとより、これは自己意識的人間の「承認関係」の発端、つまりは基本にすぎない。テキストのこの数頁後から「承認をめぐる主人と奴隷の闘争」が描かれていることからもわかるように、最終章の「絶対知」にまで及んで、自己意識はその関係の完成態を目指すなかで、不完全なおのれの姿を眼前にし、新たなおのれを「経験」し続けるわけだが、ヘーゲルはその姿を西洋文明の歴史的諸事実と関連させながら描き出そうとするのである。ここでいう他者に関して注意しておかなければならないのは、もとより他の自己意識的存在者であることはもちろん、それと同時に、むしろ新たな「経験」の領野を拓くことを可能にするものとしての新たな普遍的なもののことが考えられているという点である。たとえば、私にとっての「人間」というように。つまり私自身において個別性（私）と普遍性（人間一般）との区別と統一があり、と同時に他者との関係においても個別性と普遍性の区別と統一が存在するということである。ここに読み取れるのは、自己意識における、先に指摘した個別性と普遍性との間の往還の種々の様相である。

第五節　実体は主体である

『精神現象学』の「序文」のなかに、ヘーゲルがこのテキスト全体の構図を描き出している文章がある。そこには普遍性の側から個別性の側へのかかわりが、個別性から普遍性への関係へと交換する様が描き出されている。こうである。

「生き生きとした実体 die lebendige Substanz は、さらに、存在である。この存在は、真実には主体であり、あるいは同じことだが、自分自身を定立するという運動であり、あるいは、自分が［にとって］他となることを自分自身と媒介する運動 die Vermittlung des Sichanderswerdens mit sich selbst である限りでのみ、真実現実的である存在である。この実体は、主体として、純粋で単一な否定性であり、まさにそうであるがゆえに単一なものの分裂であり、あるいは対置された二重化である。この二重化は、さらに、こうした没交渉な差異性の否定であり、かつこの差異性の対立の否定である。こうした自らを再興する同等性、あるいは、他在において自分自身のうちへと反省すること die Reflexion im Anderssein in sich selbst こそは、真なるものである。――そもそものはじめの統一態そのもの、もしくは無媒介の統一態そのものはそうではない。真なるものとは、自分自身が生成することであり、円環――つまり、自らの終局を自らの目的として前提しており、始元としてもっている、そして、実際に遂行することと自らの終局を通してのみ現実的である円環――なのである」(Bd. 3, S. 23.)。

これはまた、有名な実体＝主体説の内実を述べている条でもある。実体が主体であるとは、主体が自らの本質を現実化していく「遂行」の円環全体に、実体が常に、「自体的な本質」・普遍的な契機として、端緒から随伴しているということである（an sich）。もちろん、実体がその主導権を握っているというのではない。主体が個別性としてのおのれを意識することで、実体との差異性を自らに受け止め、つまりは個別性でもあれば普遍性でもあるとしておのれを二重化し（für sich）、そのうえで主体としての自分が、他なるものたちとのかかわりのなかで、普遍である実体との関係を、いわば再構築していく（an und für sich）。この運動は、最初に主体の本質として実体があるから可能だというのではない。むしろ主体それ自身が端緒から実体との差異性を自らの不可避の在りようとして受け止めるべく意識的にその都度の自分に可能な「真理」を自らのものとすることによってのみ、したがって、実体が「否定性」として主体を突き動かすからこそ可能になる。

というのも、すでに指摘したように、主体が主体でありうるための不可欠な契機として、ヘーゲルは、意識の「懐疑」、そして「否定性」、さらには「絶望」という要因を挙げているからである。自らの極限的な否定態（「絶望」あるいは「死」）を意識的に経験することなしには、意識は主体として生れ出ることはできないというのである。「精神のいのちLeben とは、死を恐れ混乱から純粋に身を守るようないのちのことではなく、死に耐え、死のなかに身を保持するいのちのことである。精神がその真理を獲得するのはただ、絶対的な分裂のさなかに自分自身を見出すということによってのみのことである。」（Bd. 3, S. 36.）。この「否定的な経験」は、もちろん「主体」である自己意識だけのものではない。「実体」もまた自らの不動の普遍性を、不変の同一性を――これは実体における個別性のことであるが――揺るがすことなくしては、真実の意味での普遍性にはなりえない。言いかえるなら、自らを「外化」することのないものは、実体ではありえないからである。

不変不動の実体とは、一切の関係性を欠落した没交渉性、つまり無でしかない。主体も実体も、そのどちらの側も自らの個別性を根底的に否定する経験を通してのみ、おのれの普遍的本質を現実化しうる。自己意識の側の自己否定の止揚の運動に実体が「否定性」として関わるということが、実体の側からすれば、おのれが実体であることを肯定的に証する唯一の術である。もとより、自己意識の側はそのことをおのれ自身だけではしえない。というのも、すでに述べたように、自己意識自身も「否定性」を本質とする「媒語」としてのみおのれ自身たりうるのであって、そこに実体が、「純粋な否定性」である絶対知として働きかけているのでなければならない。そのとき自己意識はすでに私＝私にとどまってはおらずに、展開のプロセスのなかへと、「現在という光の世界のなかへ」と一歩を踏み出しているはずなのである。

以上の実体＝主体の関係は、「精神」の章の「A　真の人倫」の冒頭に置かれた次の文章のなかにも、「媒語」の自己意識を介する基本的な構造として読み込まれている。

「精神は、その単純な真理を言えば、意識であり、[意識として]自分の諸契機をバラバラに分散させるものである。行動として現れると精神は実体と、その実体の意識とに分離され、[さらに]実体も意識も同じように分離する。実体は普遍的な本質および目的としてあるから、個別化された現実としての自分に対抗して現れる。[その際]無限な媒語をなすのが自己意識であり、その自己意識[としての媒語]は、即自的には自分と実体との統一であるが、それが今や対自的にもそうなって、普遍的な本質とその個別化された現実とを合一するのである。しかも、後者の個別化された現実を前者・普遍的な本質へと高め、人倫的に行為し、前者を後者へと引き降ろして、思考されていただけの実体を目的として遂行し、自らの自己と実体との統一を自分の作品 Werk として、したがって現実として生み出すのである」(Bd.3, S.327f.)。」

とりあえずは、ここで言われている「精神」が実体、「無限な媒語をなす自己意識」が主体だとみることができるだろう。もとよりこのような区分は形式的なものであって、両者の同一性・統一の現実化が問題になっていることは言うまでもない。それは精神と世界、意識と実在との同一性の実現を目指すものでもある、と言いかえることもできよう。「精神」とは、「一切の実在性であるという確信が真理へと高められて、自分自身を世界として、世界を自分自身として意識している理性」(Bd.3, S.324.)のことだからである。この「行動する精神」が自らの「本質」であること(「即自的には実体との統一であること」)を自覚してその現実化に取り組む(「普遍的な本質とその個別化された現実とを合一する」)のが「自己意識」という「媒語」であるが、これはすなわち「主体」として現れた「実体」のことであると見てよい。個々の自己意識が普遍的本質に向かっておのれを形成することと、普遍的本質である精神を実在する世界のなかに「引き降ろして」、「自らの自己と実体との統一を自分の作品」として生み出すこと、これが「現実」と言われているわけである。

いささか抽象的な物言いに終始してきたきらいがあるが、右の引用文が「真の人倫」という古代ギリシアの具体的共同体に関する叙述の冒頭の文章であることを考えるなら、ヘーゲルは「意識の経験」を歴史的現実のなかに落とし込んで、実体と主体の関係が「生成する」場面を描き出そうとしていたと理解することができる。「思考されていただけの実体を目的として遂行し、…現実として生み出す」のは、「意識の経験」主体である、「無限な媒語」の自己意識にほかならない。(7)

この自己意識がなぜ「新たな経験への一歩を踏み出す」のか、それは「否定性」である「実体」を自らの本質としているからである。別な言い方をするなら、自足し、完結した自己意識とはそもそも自己矛盾だからである。そのことを「不幸な意識」とその発展形態である「良心」が明らかにしている。

第六節　不幸な意識と良心——「私」と「私」の間の裂開(8)

「自足」した自己意識がなぜ自己矛盾かと言えば、「自足」したおのれを意識するということはとりもなおさず「必要 Not」と「欠乏」を同時に意識しているということだからである。後者の意識がないのであれば、そもそも「自足」を意識できるはずもない。「自足」を意識の一つの経験とするなら、それに先だって、「自足」できていない否定的な有り様がやはりすでに意識されていなければならない。「自足」している場合も、すでにして「必要」と「欠乏」の意識が目覚めているというのが、自己意識的人間の必然であろう。ヘーゲルが描き出している「不幸な意識」はその典型的な事例である。

自足した「ストア主義」とすべてに疑いの目を向ける「欠乏」の「スケプシス主義」の両面に切り裂かれ、自らの内なる個別性と普遍性との間の、あるいは可変的なものと不変的なものとの間の意識的区別・分裂に思い惑うのが「不幸な意識」である。この意味からしても、自分自身のうちにむしろ分裂や区別が存在することに気づくのが、「不幸な意識」の本質的な在りようだということになろう。ヘーゲルはこの「不幸な意識」の特徴を「三重の仕方に」区分して捉えている。

「第一に、この意識それ自身は不変的な存在者に対置されたものとして自らにとって現れてくるのであり、だから、この意識は戦いの始まりに投げ返されている。…しかし第二に、不変的なものそのものがそれ自身において、不幸な意識に対して個別性をもち、かくしてこの個別性が不変的なものの形態であることになる。…第三に、不幸な意識は自分自身を、不変的なものにおけるこのような個別的なものとして見出すことになる」（Bd. 3, S. 165.）。

このような「不幸な意識」が、自己意識のあの根本的な特質を備えていることは明らかであろう。しかし、「不幸な意識」は自らの現在のこの「不幸な」状態にとどまり続けるわけではない。ここでいう「第三のあり方」によって、「不幸な意識」は「不変的なもの」とのより良い関係へと向かって一歩を踏み出すことができる。

「しかし、自分が不幸であるという感情と、自分の行為の貧困さというこの両者には、それと同様に、自分が不変的なものと一体であるという意識が結びつけられている。というのも、自分の現実の存在を直接的に否定しようと試みることは、不変的なものの思想によって媒介されているからであり、［不変的なものとの］この関係のなかで生じることだからである。［不変的なものとの］媒介的な関係が、不幸な意識が自らの個別性に逆らう否定的な運動の本質を形成するが、この運動はしかし、否定的であるのと同様、関係それ自体としては肯定的なものであって、不幸な意識それ自身に対して、その意識のこの統一性を生み出すものとなる」（Bd. 3, S. 174.）。

『精神現象学』で、意識や自己意識が自らの内で個別性と普遍性との間の、此岸と彼岸との間の軋轢に思い悩む場面で、「不幸な意識」がその都度姿を現してくるのは、ここで言われているように、「不変的なもの」との、否定的でもあれば積極的でもある関係の在りようによるのである。たとえば、「義務と道徳」、「神々の法則と人間の法則」、「美しき魂」、「良心」、神の死を悼む啓示宗教の「苦痛の感情」などをその代表的な場面として挙げることができる。「不幸」であるという意識は、先の「自足と欠乏」の関係が示しているように、言うまでもなく先ほどとはちょうど反対の、「不幸」を気づかせる「不変的なもの」との関係の意識によって導かれているからである。ここでは、「良心」を取り上げてみたい。

自己意識の、いわば基本的構成とも言えるこのような分裂に気づいている事態をヘーゲルはこの「良心」の場面でも次のように総括している。「媒介する関係とは、関係づけられる［ふたつの］ものが同じ一つのものとしてあるのではなくて、互いに対して他者であり、第三者においてのみ一つであるような関係である。直接的な関係とは実際のところ一性・統一以外の何ものでもない」(Bd. 3, S. 482.)。個別と普遍を媒介して合一する「良心」は、合一と言ってもこの両者が常になお互いに「他者」であることを、「自足」が「必要」との関係においてしか成り立たないということを知っている。つまり、個別と普遍との直接的な統一である、いわゆる「完全自足態」は、自らの有限性の自覚に立つ「良心」のものではありえない。ヘーゲルはこの「良心」を、個別と普遍の合一体として捉え、他者に対して行動に出る「良心」と、内に閉じこもるそれとに区分して考察を進めているが、この二つは一つの「良心」の表裏をなすものにほかならない。ヘーゲルは、説明の便宜上前者を個別性に立脚するもの、後者を普遍性に立つものと想定し、後者のモデルとして、「道徳的天才」である

「美しき魂」を取り上げ、結局のところは、どちらも「偽善 Heuchelei」にほかならない（Bd. 3, S. 485.）と断じる。

他者との関係に立つ行動する「良心」、つまり自分が「良心」であることを外に向かって主張する「良心」は、自らの純粋な普遍性を外に対して「義務」として主張するものとなる。けれどもこれは、当然のことながら他に対しては自分の個別的な「良心」の押しつけとして働かざるをえない。このような「良心」、すなわち外に対して自分こそが普遍的で「良心的」だと思う「良心」とは、言うまでもなくその名に値するものではない。

後者の「美しき魂」の場合はどうかと言えば、ここにもヘーゲルは、「自足」にこだわるがために「無為」に陥り、そのことによって自らの内で引き裂かれざるをえない「不幸な意識」を読み取っている。「この自己は、自らの内面のすばらしさを行動と現存によって汚すのではないかという不安のうちに生きている。自分の心の純粋性を守るために、現実と触れることから逃れており、究極的な抽象にまで先鋭化された自らの自己をあきらめることも、自分に実体性を与えることもできないという、言いかえれば自らの思考を存在に変え、絶対的な区別に身を委ねることもできないという独り善がりな無力感をもち続けている」（Bd. 3, S. 483 f.）。内面の純粋さに沈淪するこの意識は、「外面性そのものがすべて消失している自らの最内奥へと、自我＝自我の直観へと立ち帰った自己意識」であり、ヘーゲルはこれを「自己意識の極の頂点」と呼ぶ（Bd. 3, S. 482.）。これは、自らの「良心」の普遍性、純粋性に、それゆえ「神性」に浸り、ただそのことに「自足」している意識の有様である。何ものにも汚されずにあるという、自己の内奥のこの純粋性は、しかし、何もしないという「無為」によってしか保持することはできない。というよりもむしろ、このような「良心」にはそもそも外に向かうべき力が欠落しているのであって、無力を託ちつつ自らの純粋性をただ言い募るばかりで、やがて消え失せていく定めにある。「意識の諸契機のこのような透明な純粋さのさなかにあって、美しいと言われる不幸な魂は、次第に自らの内で消え失せてゆき、空気中で掻き消えていく、形態をもたない靄か霞のように姿を消していく」(Bd. 3, S. 484.)。

外に向かって他者との軋轢を通して「悪」として顕在化した「良心」は、もとよりその名に恥じて内へと内向せざるをえなくなる。その内向の結果として「美しい魂」の、いわば自家撞着状態が現出する。そしてヘーゲルがこの後者についても、そうしたおのれを「悪」と見切る「良心」の、いわば「絶対精神」に通じる根本特徴を把握していたことを指摘しておかなくてはならない。

「絶対精神が姿を見せるのは、それが抱く自分自身についての知が、自分自身との対立であり交替となるような頂点 Spitz[すなわち己を悪として知る良心」においてである。自分の純粋な知が抽象的な実在であることを知っているのであるから、絶対精神が自分を義務として知るもの［良心そのもの」であるのは、〈自己という絶対的な個別性である自分が実在なのだと思いこんでいる知〉と絶対的に対立したときである。あの純粋な知は普遍的なもの［良心］の純粋な連続であるが、この普遍的なものは、自分が本質であると思いこんでいる個別性がそれ自体で虚しいものであることを、すなわち悪であることを知っているのである」(Bd. 3, S. 493.)。

ヘーゲルが両方の「良心」のいずれについても、そこに「偽善」を見る理由がここに記されている。たとえそれがどれほど純粋であるとしても、個別的なおのれの知を普遍視し、実体であり、本質だと自負するとき、そこにただちにそれを疑問視する意識、普遍的「良心」が姿を現し、「偽善」であるおのれを意識させることになる。しかし、このような自覚をもつ後者の「良心」のことを「偽善」と呼ぶことはできない。「良心」がおのれの「偽善」を意識し、両者の欠陥を認め補い合うこと、すなわち、個別として行動しつつ普遍として内面化することによって、「良心」は自らを是認する「宥和 Versöhnung」を現出し、こうして「良心」が「絶対精神」として現前化する（Bd. 3, S. 493.）。「精神」の章の末尾、「宗教」の章の直前で描き出されるこの自己意識は、まさしく人間の自己意識の「頂点」でのみ可能なことであろう。ヘーゲルがそこで「良心」を指して「宥和をもたらすヤー Ja」と呼び、そこに「引き裂かれたふたつの自我のただなかに立ち現れる神 der erscheinende Gott」を認める（Bd. 3, S. 494.）のは、必然であろう。「良心はどのような内容もそれだけで絶対的なものと認識することはない。というのも、良心は規定されたものすべての絶対的な否定性だからである」（Bd. 3, S. 473.）。神を認めない悟性的な賢しらの、その対極に位置するのが良心である。自らの限界を認め、「悪」への可能性を自覚するとき、そのとき、自己意識には、少なくとも「彼方への眼差し」が現れていると言えるであろう。

第七節　「不幸な意識」の悲しい知——絶対知へ

「良心」から「絶対知」への道筋は、こうしてすでに拓かれている。ところが、ヘーゲルはその間に「宗教」の章を置いている。しかも、「自然宗教」から「芸術宗教」を経て「啓示宗教」を経めぐるという、いわば「迂路」を介するのである。その理由をめぐっては種々の議論が可能であろうが、ここでは、一点のみを指摘しておきたい。これもまた「不幸な意識」が鍵を握る、「啓示宗教」での「神人」、「仲保者」イエスの死をいかに受け止められるかが問われる場面でのことである。そして、この場面における「不幸な意識」の、いわば「転回」ゆえに、「宗教」の章が必要とされたように思われるのである。ヘーゲルは次のように述べている。

「[仲保者イエスの]その死は、「神ご自身が死んだ」という、不幸な意識の悲痛な感情である。この苛酷な表現は、自らをひたすらに知るという最内奥の知の表現であり、意識が自我＝自我の闇の深淵へと立ち帰ることであって、この闇は自分以外の何ものももはや区別することはないし、知ることもない。それゆえ、この感情は、実際には、実体の喪失であり、意識に対抗する実体の立ち現れが喪失することである。しかし、この感情は同時に、実体の純粋な主観性であり、不幸な意識自身の純粋な確信であって、この確信が対象としての、あるいは直接的なものとしての、あるいは純粋な本質としての実体には欠けていたのである。それゆえ、こうした知は精神化 Begeistung であり、これを通して実体は主体になったのであり、実体の抽象態と非生命性が死滅し、したがって実体が現実的になったのであり、単一で普遍的な自己意識になったのである」(Bd.3, S.572.)。

「不幸な意識」とは、個別性と普遍性とに引き裂かれた意識であったことを、まずは想い起さなければならない。普遍性の「頂点」である「神」が死んだということは、不幸な意識にとって、最も頼みとすべきものの喪失であり、悲しむべき、最大の苦痛の感情をもって受け止められる。意識は、おのれの内を省みて、その

「最内奥」の「自我＝自我の闇の深淵」に行きつき、もはや何ものも存在しえないことに気づかされる。それは、単純な言い方をすれば、「実体の喪失」であるが、別な見方をするなら、実体が「自分に対抗して立ち現れていた」対立的関係が溶解するということである。一切が溶かれて「おのれをひたすらに知る」という純粋な知そのものが現出する。そのとき実体は「抽象態と非生命性」を脱ぎ捨てて、「純粋な主観性」へと変換し、したがって、不幸な意識の「主体」として、「現実的になる」。それはすなわち、実体それ自身が不幸な意識の「自己確信」へと「変換」したということ、つまりは、不幸な意識それ自身の「転回 Konversation」が果たされ、かくして「実体＝主体」が実現し、「絶対知」が現実化したということである。

「良心」には、おそらくこの「転回」は不可能だとヘーゲルは見ていたのであろう。「不幸」を背負い続ける意識にして初めて最終的な「宥和」の道が開かれるということであろう。「不幸な意識」はこの「転回」において「純粋な否定性」を自己意識として自分のものとするからである。ヘーゲルはその場面にわれわれを立ち会わせるかのごとくに、次のように語っている。「自己意識がその最後の転換点で自らにとって内面的になり、自分自身の内にあるという知に到達するのをわれわれは見る。すなわち、自己意識が自らの自然的な定在を脱ぎ捨て、純粋な否定性を獲得するのをわれわれは見る」(Bd.3, S.573.)。絶対知へと歩みを進めるには、神の子の死を受け止める不幸な意識の「悲しい知」が不可欠であったということである。こうして、「不幸な意識」は「呱々の声をあげる新生児」のように、いわば「質的な飛躍」(Bd.3, S.18.) をとげるわけである。

おわりに 「私」と「私」の間に！

一八〇一年にイェーナ大学の私講師になり、はじめて哲学の教師のキャリアを開始したヘーゲルは、その年に最初の論文を発表したが、そこに彼は自らのこれからの哲学的課題となる事柄を見事に言い当て表明している。哲学になおも未熟なおのれと、目指すべき哲学を成就しているであろうおのれとの間にあって、ヘーゲルは「哲学の課題は絶対的なものを意識に対して構成することである」（Bd.2, S.25.）と述べるのである。もちろん、これはヘーゲルだけのものではなく、当時フィヒテもシェリングも担い、また担おうとしていた課題であるが、注目したいのは次の条である。

> 「絶対的なものは求められる目標である。［しかし］それはすでに現前している。［というのも］そうでないのだとすれば、絶対的なものは一体どのようにして求められうるというのであろうか。理性が絶対的なものを産出するのはただ、理性が意識を制限から解き放つことによってだけである。制限のこうしたAufhebenは、無制限性が前提されていることによって制約されている」（Bd.2, S. 24.）。

ここでいう「絶対的なもの」とは、のちの展開を見て取ることのできる者の立場からすれば、言うまでもなく神そのもののことを意味している。先に述べた「良心」に現前する「現象する神」がこれにあたることは言うまでもない。その神が「すでに現前している」からこそ、絶対的なものへの問いが目覚める、というのである。ここには、自らの限界を意識することでその限界を乗り越えていく意識の可能性の根本的な在りようが、つまりは「否定性」の思想がすでに明確に示されている。

「絶対的なもの」と意識、神と人間、ヘーゲルはこのような大きな問題を自らの哲学の中心的な課題としてイェーナ時代の初めにすでに引き受けていたのである。その課題にこたえようとするなかで、「神の子の死」を受け止めうる自己意識の可能性を洞察しえたときに、ヘ、ー、ゲ、ル、の哲学が生起していく。「否定性」と「無限性」を本質とする、「私」と「私」の間にある「不幸な意識」に気づいたことで、まさに「現在という精神的な真昼のなかへと歩みいる」可能性が拓かれたのだと言うべきであろう。

《註》

（1）G.W.F. Hegel, *Phänomenologie des Geistes*, Werke in zwanzig Bänden, Frankfurt/Main 1970, Bd. 3. この全集からの引用は、巻数と頁数を挙げ、本文中に組み込む。また「イェーナ精神哲学」構想については次のテキストから引く。引用はGWとして、巻数と頁数を挙げ、これも本文中に組み込む。
GW: G.W.F. Hegel, *Gesammelte Werke*, Hamburg, 1968ff.
GW 6 : *Jenaer Systementwürfe* I, Hamburg 1975.
GW 8: *Jenaer Systementwürfe* III, Hamburg 1976.
なお、引用文中の〈 〉括弧および［ ］括弧内はすべて筆者の補いであり、また強調傍点も同様である。

（2）「否定性」と「経験」概念の関わりについては、加藤尚武の一九七〇年代の論文集『ヘーゲル哲学の形成と原理――理念的なものと経験的なものの交差――』（未来社、一九八〇年）がきわめて有益である。副題にある「理念的なもの」と「経験的なもの」という両概念を導きに加藤はヘーゲル哲学の根本的動機とその現代的射程をすでにこの書において提示している。小論での筆者の問題意識は、同書の随所にちりばめられている著者の警句に誘発されたものであることを記しておきたい。

（3）「自己確信」と「真理」の関係については、「自己吟味」との関係でペゲラーがこう述べている。「とはいえ、このような自己吟味において哲学は根拠づけられうるのだろうか。それが可能なのは明らかにただ、自己吟味が、個々の知が現実に何を知ることができるのかという経験に通じている場合だけである」（O. Pöggeler, *Hegels Idee einer Phänomenologie des Geistes*, Freiburg/München 1973, S. 238f.）。自己確信に基づいて自己意識が経験してえるその都度の知が、「真理」へと通じていることを明らかにすることが不可欠だというのである。もとより、その吟味検討によって自己確信は変質をとげる。ヘーゲルの「意識の経験の学」はその道を「絶対知」に向けて切り開こうとするものである。「緒論」の最後の文章は、こうである。「最後に、意識自身が自らのこの本質を捉えるときには、意識は絶対知の本性そのものを表すことになるであろう」（Bd. 3, S. 81.）。

（4）さらにヘーゲルは「精神」の章以降では特に、この経験を人類の歴史の歩みと重ね合わせた叙述の仕方をしている。『現象学』が精神のオデッセイだと言われるのは、この精神の遍歴が人間の歴史としても描かれているからでもある。そうだとすれば、この精神は、この書を読み理解しようとする私たち自身のものでもあると言えるだろう。理解とは、この私自身の経験にほかならないからである。『現象学』の優れた点は、その経験のあり方を読者自身に根底から問いかけてくるところにある。

（5）このすぐ後から「いわゆる承認をめぐる主人と奴隷の生死をかけた戦い」の場面が描かれるわけであるから、相互承認がただ形式的に正当化されているわけではないことに注意すべきである。以後の『精神現象学』の叙述も、最終章の「絶対知」に至るまですべて、この自己意識の内と外での「承認をめぐる戦い」の延長と理解しうるのであって、その点からしてもここで述べられている自己意識の基本的構造は重要である。

（6）詳しくは次の拙論を参照されたい。「承認と労働――ヘーゲルの『イェーナ精神哲学』における「媒語」の意義について――」（『ヨーロッパ研究』（東北大学国際文化研究科ヨーロッパ文化論講座刊）第一〇号、二〇一五年三月）。

（7）この点については、『ハイデルベルク・エンチュクロペディー』での「哲学の定義」に関して、「理性と存在との同一性」としてのヘーゲル哲学の可能性について論じたペーパーザックの次の論文が参考になる。Cf., Adriaan Peperzak, Selbstbewusstsein-Vernunft-Freiheit-Geist, in: *Hegels Theorie des subjektiven Geistes*, hrsg. Von Lothar Eley, Stuttgart-Bad Cannstatt 1990, bes. S. 282f.

（8）この節の「良心」に関する考察については、すでに発表した次の拙論を利用したが、ここでは、「不幸な意識」との関連を明らかにし、さらに次節との結びつきを強調するための論述に変更してある。「共有知としての「良心」についての一考察」（栗原隆編『共感と感応――人間学の新たな地平――』東北大学出版会、2011年）。その論文の註（9）の末尾に掲げた課題に、本稿がいささかなりとも応えるものとなりえているとすれば幸いである。

8　「生」の淵源とその脈路

――青年ヘーゲルにおける「生」の弁証法の源泉――

栗原　隆

はじめに　無限な生は精神

ヘーゲルは、自らが最初に大学で講じた、イェーナ大学での一八〇一年冬学期の『哲学入門』講義で、次のように学生たちに語っていた。「どうして私たちは哲学を求めるのかということに関して、哲学は人生に対してどのような関連を持つのかという問いに答える形で、明確にお答えしようと思います。その問いとは、哲学はどの程度役に立つか（praktisch）という問いと同じです。なぜなら、哲学の本当の欲求というのは、他でもありません。哲学によって、哲学を通して、生きることを学ぶことを目指すからです」（GW.V,261）。このように「生」こそ、ヘーゲル哲学の目指すところであるとともに、出発点でもあったことは、ヘーゲルの青年時代の思索からも裏付けることができる。(1)

『キリスト教の精神とその運命』と称されもする草稿群において、ヘーゲルは、カント倫理学の道徳律に対して、イエスの愛の倫理を対置することを試みた。「義務の命令は一つの分離を前提とするし、概念の支配は〈べきである（Sollen）〉において告げ知らされるのに対して、この分離を超えて崇高であるのは、一つの〈存在〉であって、生の一様態である」(SW.I, 324:GW.II, 154)。道徳律の命じる〈するべきである〉が、道徳律を順守〈したい〉傾向性と結びつくところに、道徳律〈である〉ことの充実を見たと言い換えても良い。「〈存在〉は、主体と客体との総合であって、ここにおいて主体と客体とは、相互の対立を失ってしまう」(SW.I, 326 : GW.II, 158)。

カント自身によって普遍的で客観的な命令として提示された道徳律が、道徳律の命じるように行為しようと欲する主体に行き合うと、道徳律における命令が外在的に働くという分離が解消される、とヘーゲルは見た。「こうした合致は生であり、異なる者たちの関係としては愛である」(SW.I, 327 : GW.II, 158)。ヘーゲルは、イエスによる山上の垂訓に、カントの道徳律に根差す権威性を宥める、いわば愛と生の倫理を捉えたのであった。

いわゆる「一八〇〇年体系断片」においてもヘーゲルは、カントを初めとする反省哲学を乗り越える理路として、「生」の弁証法とも言うべき思想を打ち出す。「哲学は〈考えること〉であり、そこで、〈考えないこと〉との対立を有するとともに、〈考えるもの〉と〈考えられたもの〉との対立をも有するので、哲学は宗教を廃絶せざるを得ない。哲学はすべての有限なものにおいて有限性を提示しなくてはならない」(SW.I, 422f.: GW.II, 344)。ここで哲学はとは、フィヒテ哲学のことが念頭に置かれている。これに対してヘーゲルの見るところ、私たちは、大いなる生のうちでこそ生きているというのである。「人間は、あらゆる境地とは異なったものである限り、自らの外部の個体的な生の無限性とは異なったものである限り、個体的な生である。その人間は、あらゆる境地と一つである限り、自分の外部のありとあらゆる無限な生と一つである限りでのみ、個体的な生なのである」(SW.I, 419f.: GW.II, 341f.)。

こうして、有限な生から無限な生へと高まりを生きることを、ヘーゲルは実定的でない宗教に見定めていた。「人間は、それ自身制約されたものであるがゆえに、人間が無限の生を、全体の精神として、同時に自分の外部に措定するとともに、自己自身を、制約されたものである自らの外部に措定して、自らを生きているものへと高めて、この生きているものと自分とを最も内奥において合一するなら、彼は神を賛美することになる」(SW.I,421f.: GW.II,343)。こうした個別的な生が無限な生においてこそ、その存立を得ることのできるという構造を、ヘーゲルは、「生は結合と非結合との結合である」(SW.I,422 : GW.II,344)と定式化したのである。

この定式は、ヘーゲル哲学における無限性の構造を言い表す「同一性と非同一性との同一性」(GW.IV,64 : GW.XI,37 : GW.XXI,60)の原型とみるならば、まさしく生こそ、ヘーゲル哲学の根本的な境地であったと言うことができる。「無限な生は精神と呼ぶことができる」(SW.I,421:GW.II,343)とも明言されたのである。本稿は、「生」がヘーゲル哲学に胚胎するに到ったその脈路と、「生」という発想の淵源とを明らかにすることを目的とする。

第一節　プラトナーの「無意識」論と対峙したラインホルト

一八〇〇年九月一四日と日付の付されている『一八〇〇年体系断片』の掉尾でヘーゲルは、〈絶対的に有限なもの〉と〈絶対的に無限なもの〉とが対立することを踏まえた上で、有限性と、有限性に対立している無限性、さらにはこの無限性を超える完全な無限性、という、弁証法的な三項図式を提示している。「無限なものが最も完全なものであるのは、無限なものが統体性に、すなわち有限なものの無限性に対立している限りである」(SW.I,427: GW.II,348)。ヘーゲルは、有限なものと無限なものとの合一が廃棄されるに到るところに、無限性を捉えた。それらを分け隔てるのではなく、超え出るものとしてヘーゲルは生を捉える。「〈有限な生〉から〈無限な生〉への高揚は、〈有限な生〉を超える高揚でしかありえない」(SW.I,427: GW.II,348)。その上でヘーゲルは、自我に論及する。

「対立とは、ありとあらゆる自然を超えて自我が漂うことである。言い換えれば、一切の自然を超えた存在者への依存、より正しく言うならそうした存在者への関連である」(ibid.)。まるで、マクベスがその予言に依存した魔女たちを想起させるかのような、「人間になることのできない絶対的にフレムトな存在者に依存するという現象」(ibid.)が時代の現象になっているという論及は明らかに、フィヒテの自我論に対する批判として読まれなければならない。

しかしながら、ここでのヘーゲルによる自我論批判は、イェーナで、フィヒテの「論理学および形而上学」講義を聴講していたヘルダーリンが、一七九五年一月二六日付けでヘーゲルに書き送った書簡で述べられていたフィヒテ批判とは違う。ヘルダーリンはヘーゲルに次のように伝えていたのである。「フィヒテの思弁的な論稿である『全知識学の基礎』、それから公刊された『学者の使命』についての講義は、君にとっても興味深いと思うよ。最初僕は、彼を独断論じゃないのかと疑っていた。僕の推察なんだけど、実際に彼は岐路に立ってもいたし、今でも立っているように思うよ。彼は理論的に、意識の事実を超えようとする。(……)フィヒテの絶対的な自我はスピノザの実体と同じものだけど、これはいっさいの実在性を包括している」(StA,VI-1,155)。フィヒテの自我をスピノザの実体に擬えるヘルダーリンの把握からは、ヤコービやフィッシュハーバーに通じる視点を見てとることができる。(2)

ヘルダーリンの書簡に論及されてある「意識の事実」とは、一八九〇年以降にラインホルトが打ち出した根元哲学の根拠である。ラインホルトは根元哲学に先立って、一七八九年の『人間の表象能力の新理論の試み（Versuch einer neuen Theorie des menschlichen Vorstellungsvermögens）』において、当時の「人間学」あるいは「経験的心理学」の第一人者であると同時に師でもあった、エルンスト・プラトナー（Ernst Platner : 1744-1818）の意識論を批判する形で、思索を展開していたのである。

「八一節・ロックが理性と呼んで感官から区別したものは、ライプニッツの、心のうちに現前する必然的な真理の体系に他ならないように思われる。／八二節・こうした真理を感覚することを、ロックは、心を可能にする心における基本規定として認める。ライプニッツが望む理念は、理念の像を欠いている。理念の像や意識を欠いた（ohne Bewußtseyn）ままのライプニッツの理念は、ロックの基本規定に他ならない」（Aphorismen (1776) ,28f.）。一七七六年版のプラトナーの『哲学的アフォリズム（Philosophische Aphorismen nebst einigen Anleitungen zur philosophischenGeschichte）』(3)から八二節を引用しながら、ラインホルトは「私は、推測以上のものであるこの推測を、喜んで是認する」（Theorie, 311）としながらも、ライプニッツとロックの二人とも同じ真理を、異なった観点から一面的に見ていたと反論する。

さらに一七八四年版の『哲学的アフォリズム』から、ラインホルトは自らの論点に都合の良いように引用する。「没意識的な表象をはっきりと主張しているプラトナー氏は、ここに不合理なものを何も見ていない。というのも彼はライプニッツに倣って、『没意識的な表象（die Bewußtlose Vorstellung）は、一面では意識的な表象の結果であるが、他面では意識的な表象の原因であった』ということを説いているからだ」（Theorie, 330 : Vgl.Aphorismen（1784）22f.:）。この六五節からの引用は文字通りのものである。だが、これに続けてプラトナーは次のようにも書いていた。「そして心の生命（Leben）全体は、連関し合っている表象を意識したり無意識であったりと交替するなかでも、恒常的に続いている」（Aphorismen (1784) 23）。しかし、ラインホルトはこの論述を無視した。プラトナーの三六節「心の内では、意識を欠いた表象（Vorstellung ohne Bewußtseyn）が可能であるか、あるいは心は時折り、働いたり存在したりするのを止めるかする」（Aphorismen (1784) 13）。これにラインホルトは反論する。「意識を欠いた表象（Vorstellung ohne Bewußtseyn）などというものは、ありふれたどのような経験にも反しているように思われる」（Theorie, 330）。

プラトナーはしきりに、無意識へと論及する。これに対してラインホルトは、『哲学的アフォリズム』の四九節を引用しながら、「新生児の本当に最初の感性的な理念（【表象】）は、意識を欠いている（ohne Bewußtseyn）」（Aphorismen (1784) 17 :【Theorie, 330】）と、プラトナーの原文に「表象」を補うことで論点を自らに引き付けたうえで、「私は、上述のさまざまな根拠に基づいて、子どもの没意識的な触発態や、思弁に没頭する研究者の没意識的な緊張を、**表象**（*Vorstellen*）などと呼ぶことは、かくも重要な言葉の意味を混乱させることなしにはできない」（Theorie, 330）と斬って捨てたのである。

ラインホルトはプラトナーを、「Plattner」と表記しているところから、平俗な思想だと見ていたことが読みとれる。しかしながら、ラインホルトによる作為的な引用を瞥見するだけで、プラトナーが、無意識のうちに表象することもあることを指摘している個所を避けていたことが分かる。小田部によれば、プラトナーの『哲学的アフォリズム』（一七七六年版）にこそ、「無意識」の概念の初出を見ることができるという(4)。「心の生（Leben）は、作用の絶えざる連続であって、（一八節にあるように〈意識を伴う理念である反省的表象（Apperception）と、意識を欠いた理念である知覚（Perception）〉という）二種類の理念の恒常的な連続である。というのも、反省的表象は生涯を通して表象と交互に現れる——覚醒と睡眠、意識と無意識（Unbewußtseyn）」（Aphorismen (1776) 9）という個所である。

ラインホルトがプラトナーの想到した無意識を斥けたのには、明確な理由があった。「比較的明敏なプラトナーの眼差しでさえ、意識一般にまでは、決して透徹してはいなかった。この哲学者が彼の『哲学的アフォリズム』の第一篇において、**実存**の意識と**人格性**の意識とについて語っていることのすべては、二種類のこうした意識についての心理学的な情報に即するなら確かに正しい。しかしながら、意識一般はどこに存立しているのかという問いには何も答えていない。むしろこうした問いを、既に答えられたものとして前提している」（Theorie, 322f.: Vgl. Aphorismen (1784) 13f.）。

ラインホルトにとって、「**意識一般**は〈単なる表象が主観と客観とに関連付けられていること〉から成り立っていて、いかなる表象一般からも切り離されない」（Theorie, 321）ものであった。意識律こそ持ち出さないが、既にその考え方は見て取れる。「表象の意識と、表象するものの意識（自己意識）、そして表象されたものの意識とが、意識一般に関係し合っている」（Theorie, 325）とする観点にラインホルトは立脚する。「意識のこれらの三様態のすべてにおいて、それらに共通なもの、意識一般を構成するもの、そしてそれらに意識という名前を与えるものは、〈**単なる表象が主観と客観とに関連づけられているということ**〉であって、こうしたことを私たちは意識一般という本来の本性のために想定しなければならない。／意識一般は表象一般から不可分であって、**それゆえに、意識を欠いた表象などありえない**」（Theorie, 327）。こうして、ラインホルトの意識の哲学にあっては、「無意識」や「意識を欠いた表象」などあり得ないものだと斥けられたのである。

第二節　プラトナーの「生」の思想と対峙したフィヒテ

フィヒテも、プラトナーの『哲学的アフォリズム』を批判することを通して、自らの思想を語った。フィヒテが用いた版は、一七九三年版である。『全知識学の基礎』を用いた講義が学生には難解すぎたようで、学生から、もっと平易にフィヒテの思想への入門ができる講義を、との要請に応じて開講したのが、プラトナーを批判する「論理学および形而上学」講義だった。そしてヘルダーリンが聴講したのも、この授業であった。

とりわけフィヒテとプラトナーを際立たせる論点は、プラトナーが「生」の立場を繰り返し主張するのに対して、フィヒテは、自己意識の立場を譲らないという点である。従って、没意識的な作用もフィヒテは斥ける。プラトナーは、心の働きのうち、「たかだか受苦的な仕方で、心に表象されるものもしくは直面させられるもの」（Aphorismen (1793) 32）と「心が自己活動的に表象するもの」（ibid.）を区別して、前者を没意識的な表象だと、後者を意識された完全な表象だと捉えた。そして三一節で、没意識的な表象から意識的な表象が生成することを次のように叙述した。「三一節：没意識的な表象の作用。没意識的な表象が、印象――感官そして想像を介して生成したなら、結果は三様である。表象が概念に関連づけられるなら、意識を伴った完全な表象、すなわち本来の悟性における表象である。あるいは、衝動に関連づけられるなら、それは、規定されていない感覚であるか、規定されていない努力である。表象が衝動を、既に現在充足させているのか、それとも充足させていないのかに応じて、その際あいまいに予感されるのが、衝動の充足もしくは充足されないことである」（Aphorismen (1793) 33f.）。

これに対してフィヒテは反論する。「三〇～三一節：プラトナー氏にとって主題は、判断するための彼の事例に従うなら、彼はそれについて多くの箇所で、カントならびにカント主義者たちに躍起になって対抗しているにもかかわらず、没意識的な表象に関するものであるように思われる。それはさほど悪くないようにも思われる。――私はこの主題をいっそう厳密に捉えよう。／私たちは、没意識的な表象についての私たちの把握を伝えようとする。すると私たちは、私が没意識的な表象について考えていると、**知って**いなければならない。さもなければ、私たちはそれについて語ることさえできなくなる。――〈私たちは没意識的な表象について区別することができる〉という**知**にいかにして達するのかということは、**分からない**。なぜなら、没意識的な表象は、意識されないからである。それゆえ、一般的にはライプニッツにおける没意識的で曖昧な表象である」(GA.II-4, 64 : Vgl.GA.IV-1, 196)。

「一四二節：II・実存の普遍的な意識。あらゆる表象が関連づけられる表象する主体とは何か。それは、おそらく一般的には展開されないままに留まっているが、この教説においてはどんな場合でも説明されない。意識においては自我という自己感情がある。／一四三節：私のうちのどんな個別的な表象にも、表象の全部分がそこへと合成される自我という自己感情が基礎となっているように、私の生（Leben）全体のすべての心の作用の普遍的な表象の根拠にも、自我という自己感情がある」(Aphorismen (1793)87)。プラトナーによるこの論述に対してフィヒテは、一七九七年の「論理学および形而上学」講義の受講生の筆記録では、次のように語ったとされている。「一四二節：私たちの**実存の**意識だとされる限りの自己意識について。表象する主観は何か？　ここで理解されているのは、もともと主観であるものである。まったく理性的な問いではない。／一四三節：自我はどのような形態の下で自らを見出すのか？　プラトナーはどのような表象のうちにも、合一されている多様なものが含まれているということから出発する。このことは証明されていない。（……）いかなる表象のうちでも私は、私を常に同じ自我として見出さなくてはならない」(GA.IV-1,221f.)。

プラトナーの三七七節、「いずれにしても、どのような普遍的な概念であれ、想像において想像のために、表象されるためには、個人の表象にならなければならない」(Aphorismen (1793) 183)。これに対してフィヒテは、**「個人の表象**――思惟や表象を**規定すること**など、すなわち何かが**考えられ**たりするということは、無ではない。――それは**生**(*Leben*)と関連づけると**規定されない**ことになる」(GA.II-4,137)と注記する。プラトナーの語る「生」の文脈を、フィヒテは「反省」に置き換えようとさえする。「論弁(Räsonnement)の精神こそが、生きている全体を捉えて、そうしたものとして規定して、生きているものを総括する」(GA.II-4,268)。

「一〇二七節：人間の心が感官を介して、目に見えて現在の生(Leben)に結び付けられているなら、人間の心(Seele)は、理性が心をそこへと導く理性によって、理念によって、推論によって、見通しによってそして努力によって、神と永遠とに連関している。／一〇二八節：似たようなことは、到るところでありとあらゆる能力の普遍的な展開と進歩に行き着く。死が私たちの存在の完全な終焉であるなら、人間の本性の計画は、全く実行を欠いたものに留まる」(Aphorismen (1793) 631)。フィヒテは「生」を、経験的な「生」と永遠の「生」への信仰とへ区別する。「あらゆる人間は生き続けることを願うし、希望しもする。――ともかく長い間生きるというだけでなく、上述の仕方で、継起的に、永遠に生き続けることを願う。この生を生き続けるという願いや希望と、永遠の生という信仰とは、全く違うものである」(GA.II-4,334)。

スピノザの実体に擬えられても仕方のない論調でフィヒテは自我について語っていた。「ありてあるものは、自我にとってのみある。そして自我そのものもまた、自我だけにとってある。自己自身の外部に自我が存立することについては、全くもって話になりえない。というのも、こうしたことは、そこから些かなりとも作り出されることのないような、端的に不合理なことだからである」（GA.II-4,341）。永遠の「生」の可能性をフィヒテは、自然の摂理を超える一種の信仰だとする。「永続の**可能性**については、理性的な仕方では、不死への信仰が自然を超えて高められていることに疑いはない。（……）なぜなら、信仰はありとあらゆる自然を超えているのであるから」（GA.II-4,348）。しかしながら、フィヒテの「自我」こそ、自然を超えているようにさえ受け取られかねないことも明らかである。

私たちが、生を振り返ってみると、無意識も忘却も無自覚さえも普段にある。しかしながら、知の立場に立つなら、知の及ばない領域を認めるわけにはいかなかったのかもしれない。ここで注目すべきはむしろ、イェーナ時代に始まるヘーゲルによる「精神哲学構想」が、無意識の働きのあることを前提として語られるということである。

第三節　ヘーゲルの生の思想とシェリングの自然哲学との符合

自我が自然を超えているという「一八〇〇年体系断片」でのヘーゲルの批判は、実に、間もなく顕在化するフィヒテとシェリングとの懸隔を先取りしていたと読み解くこともできる。一八〇〇年の春から、フィヒテとシェリングとの間には、バルディリそしてラインホルトが提起した同一論に対抗するために雑誌を共同で発行する必要性に迫られていた。(5) ところが秋風が吹くころからフィヒテとシェリングとの間で、二人の思想的な相違が互いに自覚されるようになっていたのである。

一八〇〇年一〇月三日付のシェリング宛書簡でフィヒテは、「自然哲学に関する全く独自の学兄のお仕事を私は全然研究しておりませんので、それについての何らかの判断を、称賛にせよ、非難にせよ、申し上げることができません」（GA.III-4,322）と伝えていた。ところがその後、『超越論的観念論の体系』を注意深く読んだ」（GA.III-4,360）というフィヒテは、一一月一五日付シェリング宛書簡で、「超越論的哲学と自然哲学と**を学兄が対置**（*Gegensatz*）**していることについて**、まだ私は学兄と一致しません」（ibid.）と伝えることによって、両者に立場の相違が明確になる。これに対してシェリングは、一一月一九日付のフィヒテ宛書簡で、「超越論的哲学と自然哲学との対置（Gegensatz）こそが眼目なのです」（GA.III-4,362）と、自らの体系構想を踏まえた上で、「知識学（つまり貴方によって呈示されているような純粋な知識学）は、まだ哲学そのものではありません。（……）それは全く論理的にのみ手続きを進めるだけで、実在性には何も関わりません」（GA.III-4,363）と言明するに到ったのである。

シェリングは、超越論的哲学と自然哲学とを「対置」する、と書いてはいるものの、『超越論的観念論の体系』の「序文」から明らかなように、実のところ「並置」もしくは「対」である（Vgl.SHKA.IX-1,25）。こうした把握は、シェリングの「力動的過程の一般的演繹」からも伺える。この論稿は、一八〇〇年春から刊行が開始された、シェリングの編集による『思弁的物理学雑誌（Zeitschrift für speculative Physik）』に連載されていた。「自然科学の唯一の課題は物質を構成することである」（ZfsP.I,69）という見極めに立って、「私たちが動力学的過程という名称のもとで把握しているさまざまな現象、自然の唯一原初的な現象である諸現象は、絶えずさまざまな段階で反復される、物質の自己構成に他ならないということ」（ZfsP.I,70）を明らかにするべく、「物質の完全な構成の動力学的な過程を演繹すること」（ZfsP.I,70）が目指された。

この論稿も、超越論哲学と自然哲学とを対にして捉える把握に基づいている。「力動的なものは、物理学にとってまさしく、哲学にとって超越論的なものがそうであるところのものである。力動的に説明するということは物理学においてなされるが、それはまさしく哲学において超越論的に説明することが意味するところのものである」（ZfsP.I, 163）。超越論的哲学と自然哲学とが、いわば往還する構造の内に捉えられている。「ありとあらゆる質はさまざまな感覚であって、ありとあらゆる物体は自然の直観である。――自然そのものは、ありとあらゆるそれらの感覚や直観とともに凝固した知性である。／こうして私たちは、全く対立的な方向に向かっていつかこうした点に到達した後で、――自然から私たちに、私たちから自然に向かうことができる」（ZfsP.I, 165）。

このように自然と精神とを「対」として捉えるシェリングの発想とは違って、フィヒテの自我は、自然のより高次のポテンツでしかないと、シェリングは一一月一九日付のフィヒテ宛書簡で次のように書き送る。「産出的な自我が、こうしたその産出作用そのものにおいて**自然**であるにほかならず、知的直観の自我もしくは自己意識の自我はこうした自然のより高次のポテンツでしかありません」（GA.III-4, 363）。こうした書簡の内容の思想的な後ろ盾をなす、シェリングの「力動的過程の一般的演繹」が収められた『思弁的物理学雑誌』第一巻第二分冊が刊行されたのは、実に、『一八〇〇年体系断片』が書かれた九月であった。ヘーゲルが記した「ありとあらゆる自然を超えて自我が漂う」というフィヒテ批判からは、こうしたシェリングの思想と符合するものを読み取ることができるのである。

シェリングは、自然哲学と観念論とを並行的に捉えているにもかかわらず、自然哲学から観念論への「高まり」をも観ていた。「自然哲学は同時に**観念論の物理学的な説明**を与える。そして、私たちが人間の人格において観念論の勃発を見るように、観念論が自然の限界に即して勃発するに違いない――人間は哲学者の目においての観念論者であるだけでなく、自然そのものの目からしても観念論者である。――そして自然ははるか昔から既に、理性を通して獲得した素養を、こうした高みへともたらしてきた」（ZfsP.I, 163f.）。むしろこうした体系構造は、後年のヘーゲルにおける「自然哲学」と「精神哲学」の位置づけさえをも思い起こさせもするのである。「理性の超越論的な記憶（Gedächtnis）は周知のように、目に見える諸事物によって甦らされなければならない。すべての哲学は想起であるというプラトンの理念は、こうした意味で真実である。哲学的な営為の一切は、私たちが自然と一であった状況を想起するところに成り立つ」（ZfsP.I, 164）。

自然から精神への高揚は、「一八〇〇年体系断片」の基調でもある。しかし、実のところ、ヘーゲルとシェリングとが示し合わせた様子は全くない。一八〇〇年一一月四日付けのヘーゲルからシェリングに宛てた書簡を見るなら、二～三年、交流が途絶えていたことが見て取れるからである（Vgl.Br.I, 58）。従って、ヘーゲルなりに、数年来のシェリングの思想的な展開を把握したうえで、自ら生の思想を展開するとともに、フィヒテの自我を、自然を超えていると論評するに到ったと考えられる。

一八〇〇年四月に刊行された『思弁的物理学雑誌』第一巻第一分冊の巻頭論文として、シュテッフェンス（Henrik Steffens: 1773-1845）による「編集者の最近の自然哲学の著作の批評」が収められていた。そこでは次のような論述がある。「生（Leben）の過程は惹起の過程であるが、個人の活動が惹起されるのは、ただ、外界（有機的な自然の非我）によって反省される限りにおいてである。さて、こうした外界が有機的な活動に対立（それ故に無機的に）していなくてはならないにしても、外界も有機的な産物と共通の起源を持っているに違いない。なぜなら生は、有機的な（積極的な）活動と無機的な（消極的な）活動との交互規定からしか把握されないからである」（ZfsPI,27）。実に、シュテッフェンスの言うように、「編集者」シェリング「の最近の自然哲学の著作」を見ることによってこそ、「生」の淵源を捉えることができるのである。

第四節　シェリングと「生」の思想
――ヤコービの『デヴィッド・ヒューム』から「生」の思想を受容した――

シェリングは、『自然哲学の理念』（一七九七年）、そして『世界霊』（一七九八年）において、ヤコービの『信念をめぐるデヴィッド・ヒュームもしくは観念論と実在論』（一七八七年――以下、『デヴィッド・ヒューム』と略記(6)）への参照指示を、自ら行なっている。『デヴィッド・ヒューム』一四〇頁を参照することが指示されている『自然哲学の理念』の箇所を引く。「さてしかし、私が主張しているのは、存在と生については、**直接**知しか可能ではないということ、また**存在し**かつ**生きる**ものは、それがまず予め、他のあらゆるものに先立って、**自分自身に対して現在して**（*für sich selbst da ist*）自らの生命を自らの生命を通して自覚する限りにおいてのみ、存在し、生きるのだ、ということである」（SHKA.V,104）。当該箇所の『デヴィッド・ヒューム』では、こう述べられている。「現実的なものが、これの直接的な知覚の外部で呈示され得ないのは、**意識が意識の外部で**、**生が生の外部で**、**真理が真理の外部で呈示され得ない**のと同じことです。現実的なものを知覚することと、真理や意識そして生（Leben）の感情（Gefühl）とは、一にして同一の事柄です」（Hume.140：邦訳『知のトポス』Nr.7、八〇頁）。

『世界霊』においては、『デヴィッド・ヒューム』一七一頁[7]から引用されている。当該箇所のヤコービの原文はこうである。「私たちの魂は、一定の規定された生の形式に他なりません。私は、生を諸事物の性質にするというのと逆なことについては、何も知っていません。だって、逆に、諸事物は、生の諸性質に他ならず、ただ生のさまざまな表現であるからです。**それというのも、多様なものは生き生きしたものにおいてのみ、自らを貫徹することができて、一つのものになるからです**」(Vgl.SHKA.VI,189：邦訳『知のトポス』Nr.7、一〇五頁)。『デヴィッド・ヒューム』は、前半こそ、ヒュームの思想を、その論敵であったトマス・リード風の常識的実在論へと解釈する叙述が展開されるが、後半は一転して、後期ライプニッツによる生の有機体論が紹介される。そこには、言わば、ドイツ観念論を彩った、ラインホルト、フィヒテ、シェリングそしてヘーゲルらの思想の「設計図」とも見られるべき発想が散見される。

例えば、次のように表象の、言うなれば自己関係性に論及した箇所がある。「魂は、自らについての表象を持つために、自らを自己自身から区別しなければなりませんでした。**自己自身を外的にすることができなければならなかったのです**」(Hume,175f.：邦訳『知のトポス』Nr.7、一〇四頁以下)。明らかにヤコービは自己意識の構造を語っていた。「はっきりしていることは、私たちが、私たちの意識を意識すること(Bewußtseyn)に、私たち自身の感情(Gefühl)に到達するのに、私たちが自らを、私たちの外部のものから区別することによる以外はあり得ません。この何らかのものは、私たち自身が一緒に包まれている多様な無際限なものです。一つのものや多くのものそして万物の概念は、その根本性質や諸関係とともに、どんな意識においても、どんなに弱い意識においてでさえ、既に与えられているに違いありません」(Hume,175f.：邦訳『知のトポス』Nr.7、一〇八頁)。こうした論述に接するにあたり、ラインホルトがその表象一元論を語るにあたり、何がしかをヤコービの『デヴィッド・ヒューム』から学んだとも想像されるのである。

そしてヤコービ自身は、ライプニッツから「表象」概念を受容したと推察できるのは、次のような叙述があるからである。「多様な表象が**一つの意識に結び付けられて**、ひとたび措定されるなら、これと同時に措定されるのが、これらの表象も、《269》相互に類似するものとして、また相互に異なるものとして（teils als von einander ähnlich, teils als von einander verschieden）、意識を触発するに違いない、ということです。そうでなければ意識は、死んだ鏡（ein todter Spiegel）となって、意識にはならなかったでしょう。自らのうちに集中した生（Leben）とはならなかったでしょう」（Hume, 182：邦訳『知のトポス』Nr. 7　一一二頁）。表象は、ヤコービも知の原理として期待していたことが分かる。

シェリングは、「生ならびに身体と異なった心が私の内にあるとするならば、私がこれらの双方についてもっぱら**直接的な**経験によってしか確信できないのも、同じように明白である」（SHKA. V, 103）としたうえで、直接知の典拠をヤコービに求める。これによって、「生の原理として考えられた**精神**は、**心**だと呼ばれる」（SHKA. V, 103）という一元論の原理を確認しようとしたのである。「一八〇〇年体系断片」でヘーゲルが「無限な生は精神と呼ぶことができる」（SW. I, 421：GW. II, 343）と書きとめた背景には、こうしたシェリングの自然哲学があったことは明らかである。また、ヘーゲルが反省を斥けたように、シェリングは媒介的な知を斥けていた。「存在と生に関しては**直接的な**知しか可能ではない。また**存在し**、**生きる**ものは、それがまずありとあらゆるものに先立って、**自己自身に対してそこに**現在して、自らの生を自らの生を通して意識するようになる限りにおいてのみ、存在し、生きているのである」（SHKA. V, 103）。ヘーゲルによる生の弁証法は、ヘーゲルなりにシェリングの自然哲学を発展させた思想であったと言えよう。

第五節　ヘーゲルと「生」の思想
――ヤコービに触発されて「生」の思想を受容した――

本書の「はじめに」で詳述したように、ヤコービの『スピノザ書簡（増補第二版）』の「付論」に触発されたヘーゲルは、『キリスト教の精神とその運命』にあっては、『ヨハネの福音書』の葡萄の樹の比喩を借りながら、生の思想を語っていた。「私はぶどうの木、あなた方はその枝である」（『ヨハネの福音書』一五・5）というイエスの言葉から、「もろもろの部分において、同じ自然が、全体においてある同じ生がある」（SW.I,384:GW.II,271）とする発想をヘーゲルは得た。「言の内に命があった」（『ヨハネの福音書』一・4）という章句からヘーゲルは、「個々のものや制限されたものが、対立するもの、死せるものとしてあったとしても、同時に無限の生の樹の小枝である。いかなる部分も全体の外にあるとともに、同時に一つの全体であり、一つの生である」（SW.I,374:GW.II,255）という解釈を導き出したのである。

「わたしと父とは一つである」（『ヨハネの福音書』一〇・30）をヘーゲルは、「神の子はまた人の子である」として、次のように解釈する。「無限なものと有限なものとの連関はもちろん、一つの神聖な秘密である。というのもこの連関こそ、生そのものだからである。生を分かつものである反省は、生を無限な生と有限な生とへ区別する」（SW.I, 378:GW.II,260）。その上でヘーゲルは、反省的に思索によって、有限なものだけが考察されるなら、神的なものに対立するものとして人間が把握されることになることを論証する。

「一八〇〇年体系断片」でも、反省的な思索は斥けられた。「有限なものから無限なものへ人間が高まることは純然たる反省の所産でしかない。（……）むしろ、有限な生から無限な生への高揚こそが宗教である」（SW.

I,421:GW.II,343)。さらには、「生は結合と非結合との結合である」(SW.I,422:GW.II,344)という生の構造が語られることをもって、若きヘーゲルの生の哲学だと見るならば、シェリングだけでなく、ヘーゲルにも『デヴィッド・ヒューム』からの影響を見なければならない[8]。

「人間の表象の仕方はさまざまです。誰しもが事物のうちに同じものを見ているわけではないのです。私の考えでは、いかなる場合にも身体と魂とから合成されている本質において、こういう仕方で【188ママ】分離(Trennen)と結合(Binden)とによって無限に増殖してゆく生(Leben)において、すべてを与え給うものの自由な手が、私がその手を握ると言えるまでに、眼に見えるのです。私たちが物質と呼んでいるものは、無際限に分割可能な非本質的なものであることによって、無(Nichts)から限定されています。——物体とは何でしょう? 有機体とは何でしょう? ——もしも形式が実体によって考えられないのなら、すなわち精神の王国がまず最初に考えられないのなら、もしも生の端的に単一の本性から出発されないのなら、いっさいが無、いっさいが〈ないもの(Unding)〉、そして本質的な構成要素の痕跡すらないまま《274》になるでしょう。——ですから、ひとつの蛆虫に百万ものものが含まれているかもしれないどんなに小さな体系でさえもそれぞれが、それを合一して動かし、統御する一つの精神(Geist)を必要とします」(Hume,187f.:邦訳『知のトポス』Nr.7、一一五頁以下)。

さらに、青年ヘーゲルが、ヤコービから、生の思想を受容したことが推測される状況証拠がある。それは、『チュービンゲン学報(Tübingische gelehrte Anzeigen)』一七八七年(一一月八日)九〇号に掲載されたフラット(Johann Friedrich Flatt)による「『デヴィッド・ヒューム』批評("Rezension von : Friedrich Heinrich Jacobi, *David Hume über den Glauben oder Idealismus und Realismus. Ein Grspräch.*")」である。そこでは、『デヴィッド・

ヒューム』から、生を統べる精神について論じられた次の箇所が抜き書きされていた。「ですから、ひとつの蛆虫に百万ものものが含まれているかもしれないどんなに小さな体系でさえもそれぞれが、それを合一して動かし、統御する一つの精神（Geist）を必要とします。——つまり**生の主にして王**を必要とするわけです。そしてあらゆる体系のなかの体系、本質すべての体系であるなら、**何ものにも**動かされたり、統御されたりしないのでしょうか？　それは合一されないのでしょうか？——なぜなら、合一されているのなら、何らかのものによって合一されているに違いありません。そうであるなら、本当に**何らかのもの**であるのは**精神**に他なりません。ところが、すべてのものを一つに【189ママ】して、本質の集積を一つの**全体**へと結合する精神は、**単に魂でしかない精神**ではありえません。生の起源は器（Gefäß）を必要とはしないのです。生の起源は点滴装置とは違って、器が一滴一滴を捉えて溜めておくことを必要とするものではありません。創造主こそ、この精神です。そしてその創造とは、**創造主**が魂を吹き込み、限りある生をお与えになり、不死性をご準備くださることなのです」（Tübingische gelehrte Anzeigen. 717f.: 邦訳『知のトポス』Nr.7, 一一六頁）。

チュービンゲン神学校でシュトールやジュースキントが伝統的な教義学を、カントの道徳神学と矛盾しないことを明らかにしつつ墨守したのに対して、フラットは、比較的新しい思想を学生たちに講義したと伝えられている。以上のような事情を考慮するなら、青年ヘーゲルの「生」の哲学も、ヤコービに触発され、その影響下において育まれたと言えよう。

おわりに　若きヘーゲルによる「実定性」批判の実像

チュービンゲン神学校を卒業した若きヘーゲルが、キリスト教に潜む「実定性」について批判的な考察を繰り返したことについて、頑迷な国民に国家統一のための主体的な自覚を持たせるために、道徳的に教化・啓蒙する必要があると考えたから、というように解釈するのが常であった。しかし、その反面、たかが一介の家庭教師風情で、そんな大それたことを考えるものであろうか、という疑問が拭いきれなかったのも事実である。実際、ひょっとしたら「実定性」批判は、青年ヘーゲルが、神学校の教師に向けた「怨嗟の刃か蟷螂の斧」ではなかったのかという解釈の可能性が出てきた。

ジュースキント（Friedrich Gottlieb Süßkind：1767-1829）とは、ヘーゲルたちが在学した当時の、チュービンゲン神学校の補習教師である。彼による、フィヒテの『あらゆる啓示批判の試み』への注記が、チュービンゲン神学校教授のシュトール（Gottlob Christian Storr：1746-1805）の『カントの哲学的宗教論への所見（Bemeukungen über Kant's Philosoiphische Religionslehre.）』（一七九四年）の付録（二二四～二五三頁）として掲載されている。シュトールの著書の付録の二三五頁でジュースキントは、フィヒテの『あらゆる啓示批判の試み』（初版）から、自らの【削除】と《書き込み》を伴って引用する。その箇所を一七〇頁としているが、これは、誤記か誤植であって、実際は一〇七頁である。「それにより根拠づけられる確信、【与えられた】《キリスト教の》啓示の神性についての確信が個々の啓発《(それゆえ実定的な啓発)》すべてへの信仰を、いかにして基礎づけうるのか」（GA.I-1,81：邦訳一三三頁）。こうしたジュースキントの小論に触発されて、ヘーゲルが、キリスト教の実定性批判に向かったとも考えられるのである。というのも、もとより、ヘーゲルは、カントの道徳神学と、フィヒテの『あらゆる啓示批判の試み』とを教養地盤にしていたうえ、これを、チュービンゲン神学校で支配的な風潮だった「超自然主義」と結びつけることに反対していたからである。であるからして、国民宗教を樹立して、国民の教化・啓蒙に向かおうとした、というよりも、権威宗教を説くチュービンゲン神学校の教師たちに対抗しようとするところから、キリスト教の実定性批判に向かった、という筋の方が、説得力を持つように思われる。

シュトールの先の書物に収められている第二論文、「フィヒテの『あらゆる啓示批判の試み』に関する啓示の可能性と現実性とについて、実践理性の原理から導出された確信の根拠についての所見（Bemerkungen über den aus Principien der praktischen Vernunft hergeleiteten Ueberzeugungsgrund von der Möglichkeit und Wirklichkeit einer Offenbarung, in Beziehung auf Fichte's Versuch einer Kritik aller Offenbarung）」で、フィヒテ『あらゆる啓示批判の試み』（第二版）への反論が行なわれる。フィヒテは、『あらゆる啓示批判の試み』の第四章で、超自然的な権威を引き合いに出さざるを得ない「啓示」を批判していたからである（Vgl.KaO.96 :Vgl.GA.I-1, 40f.: 邦訳六四頁）。この論考でシュトールは、フィヒテの主張する、「権威」に基づかない、内面からの信仰に対して、「実定的な教説（positive Belehrung）」（Storr. 175）の必要性と正当性を説いた。ヘーゲルが、キリスト教の実定性を批判するに到った機縁は、このあたりに求められるべきであろう。

『あらゆる啓示批判の試み』でフィヒテは、次のように述べていた。「神学が最も普遍的な意味で宗教になるのは、理性の法則によって私たちの意志を規定するために想定された諸命題が実践的に私たちに作用する場合である。この作用は、私たちの能力全体のさまざまな機能の調和をもたらすために、能力全体に働きかける。それは、理論理性と実践理性とが調和にもたらされて、実践理性の要請された因果性が私たちの内部で可能になることによって生じる。これによって初めて人間のうちに統一がもたらされて、人間の能力のすべての機能が、唯一の究極目的に向かって導かれる」（KaO. 71f. :GA.I-1,36 : 邦訳五七頁）。ヘーゲルならここから、カントの道徳神学が宗教になることによってこそ、私たちの内部における分裂は統一へともたらされるという発想を学び知ったに違いない。フィヒテに反論するためにシュトールが持ち出したのは、シュミット（Carl Christian Erhard Schmid : 1761-1812）の『道徳哲学の試み（Versuch einer Moralphilosophie（1790 /92 /95 /1802））』であった。これによれば、道徳的な心情と宗教的な確信とから、「合目的的に結びつけられた諸力の体系としての全体における世界に満足すること――その点に、全体における理性の目的が最も完全に達成されている――神の仕組み全体に満足すること」（Moral. 789f. : Vgl.Storr. 131）が生じるという。

フィヒテは神を、道徳性の根拠として捉える。「私たちの内なる道徳律がその内容からいえば、私たちの内なる神の法則だと想定できるということは、既に、理性法則一般を独立的に執行するものとしての神の概念からして明らかである。」（KaO. 73 : GA.I-1,37 : 邦訳五八頁）。フィヒテにとって神は、権威的な超越神ではない。むしろ、私たちの内面にこそ聖性が見定められたのである。「唯一の純粋に道徳的な動因は、正義の内面的な聖性である。この聖性は、純粋な実践理性の要請によって、神の内で**具体的に**なっている。（従って感性（Sinnlichkeit）に受け入れやすいのである。）そして神そのものは、神にその理性によって与えられた法則に従って、あらゆる理性的な実在を裁く道徳的な審判者として、それゆえ理性的実在の立法者として叙述され得る」（KaO. 104 : GA.I-1,47 : 邦訳八四頁以下）。

ここでもフィヒテへの反論としてシュトールは、シュミットの『道徳哲学の試み』から、「私たちが神に捧げる崇拝は本来、人倫的な（sittlich）理性法則に捧げられている。こうした理性法則を私たちは、最高の叡知としての神の内に実体化されているものとして考える」(Moral. 772 : Vgl. Storr. 130) という論述を引用する。超越的な啓示に反論するフィヒテの文脈である。「啓示が私たちに説く超感性的なものについての教えのいずれも、私たちの認識能力に適合しなければならないし、私たちの思考の諸法則のもとに服していなければならない。これらの法則はカテゴリーである。カテゴリーがなかったなら、いかなる規定された表象も私たちにとって可能ではない。啓示が認識能力に適合していなかったのなら、すべての教えは私たちにとっては失われてしまって、私たちにとっては端的に、訳の分からない把握できないものになったことであろう。そうなると、そんな教えなど頂いていない方が断然ましだということになったであろう。啓示が認識能力に適合していたのであったなら、超感性的な対象は感性界に引きずりおろされてしまって、超自然的なものが自然の一部になってしまったであろう」(KaO. 168 : GA. I-1, 80 : 邦訳一三二頁)。フィヒテからこの論述を引用したうえでシュトールは反論する。「私はここでも、こうした構想の最後の部分が(……)フィヒテ氏がそれに基づいて議論している批判哲学の原理から、どのようにして結論づけられるものなのか見通すことができないことを告白しなければならない」(Storr. 199f.)。「**神の権威**」(KaO. 170 : GA. I-1, 80 : 邦訳一三三頁) に基づく信仰を理性に反するとするフィヒテに対してシュミットが論駁する際に利用したのがシュミットであった。

シュミットは、その著『経験的心理学 (Empirische Psychologie (1791))』で、生の有機体論を展開してもいたが、哲学的な議論というより生理学的な説明でしかなかった。「精神的な人間の生は、疑いもなく、**純然たる動物的な生とは違う器官、それらの諸部分の違う関係、それらの働きの修正された違う法則を必要とする。**——どのような法則なのか、なぜこうした法則なのか、という問いには、来たるべき時代の経験が答えることになろう。人間本性においては、**二重の心の器官**が存在していて、そのうちの一つである**精神的なものは**、より高次の精神的なものを、もう一つの**動物的なもの**は、人間の心の下位の動物的な働き方を規定した、ということは、プラトナー氏の（『哲学的アフォリズム』五六三節以下、『医師と哲学者のための新たな人間学』（Neue Anthropologie für Aerzte und Weltweise）二〇八節以下）によって恣意的に想定された純然たる仮説である」（Psychologie. 448）。

とはいえシュミットは、プラトナーを「偉大な人間学者」（Psychologie. 506）と評価して、プラトナーが論じた「事実と現象との真理性と重要性を十分に認める」（Psychologie. 506）とも語っていた。実際にシュミットは、プラトナーばりに次のようにも述べていた。「神経と脊髄そして脳は、経験が教えるように、私たちの身体の諸部分であって、それが棄損されたり損傷を受けたりすると、動物的な生（すなわち精神的な生と有機的な生との連関）を弱めたり傷つけたり、かき乱したりあるいは全面的に廃棄したりすることが避けられない。動物的な生のあり方、種類そして程度は、本質的に神経や脊髄そして脳の状態に依存している」（Psychologie. 484）。

こうした哲学的な背景も論拠もない論述からヘーゲルが学ぶところは少なかったであろう。その後シュミットは、イェーナ大学での同僚のJ・G・フィヒテから、「シュミット教授によって樹立された体系と知識学との比較」（一七九六年）で、壊滅的に罵倒されることになる。その論考でフィヒテは、シュミットに、プラトナーに通じる発想を読み取っていた。プラトナーの「生」の哲学に対して、フィヒテは「自己意識」の哲学をもって対抗したことを、ヘーゲルも知っていたに違いない。プラトナーにおける「生」は生理学的な意味合いしか持っていなかった。ヘーゲルは、「一八〇〇年体系断片」で、宗教の実定性を克服するためにも、フィヒテを初めとする反省哲学を乗り越える理路を模索するためにも、ヤコービから示唆を受けた「生」の一元論を打ち出すことになった。そしてその「生」が、イェーナで「精神」として捉え返された時、自然を超えて漂うのではなく、「自然」を基底として根ざす「精神」の哲学が構築されることになったのは、ヤコービやシェリングから、「生」の概念を受け継いだからこそであったと言えよう。

《出典略号》

本文中の引用については、次の略号で出典を、アラビア数字で頁数を示した。

Anthropologie……Ernst Platner : Neue Anthropologie für Aerzte und Weltweise.Bd.I, (1790) Google books
Aphorismen………Ernst Platner : Philosophische Aphorismen nebst einigen Anleitungen zur philosophischen Geschichte. Google books
Br…………………Briefe von und an Hegel. hrsg.v. Johannes Hoffmeister
GA ………………J.G.Fichte : Gesammtausugabe (Fromman)
GW………………G.W.F.Hegel : Gesammelte Werke. (Felix Meiner)
Hume ……………Friedrich Heinrich Jacobi : David Hume über den Glauben, oder Idealismus und Realismus. Tin Gespräch. (1787)
KaO………………J.G.Fichte : Versuch einer Kritik aller Offenbarung. (Zweite vermehrte, und verberrerte Auflage) (1793)
Moral ……………C.C.E.Schmid : Versuch einer Moralphilosophie. (Zweite, vermehrte Ausgabe) () 1792) Google books
Psychologie ………C.C.E.Schmid : Empirische Psychologie.(1791)Google books
SHKA……………Friedrich Wilhelm Joseph Schelling : Historisch-Kritische Ausgabe. (Frommann)
StA ………………F.Hölderlin : Stuttgarter Hölderlin – Ausgabe. Hrsg. V. F. Beißner (Kohlhammer)
Storr ……………Bemeukungen über Kant, s Philosoiphische Religionslehre.(Aeas Kantiana)
SW ………………G.W.F.Hegel : Werke in zwanzig Bänden. (Suhrkamp)
Theorie …………Karl Leonhard Reinhold:Versuch einer neuen Theorie des menschlichen Vorstellungsvermögens. (1789) Google books
ZfsP………………F.W.J.Schelling : Zeitschrift für speculative Physik. (Felix Meiner)

《註》

(1) ヘーゲルにおける「生の弁証法」については、加藤尚武「青年期ヘーゲルにおける生の弁証法」(『思想』一九七〇年九月)＝加藤尚武『ヘーゲル哲学の形成と原理』(未來社、一九八〇年)第二章「生の存在構造」という先駆的業績が眩い。

(2) 拙論「ドイツ観念論におけるスピノザ主義——ヘーゲルの、失われた『フィッシュハーバー批評』、『ヘルダー批評』に照らして——」(『思想』二〇一四年四月号一〇八〇巻)を参観賜りたい。

(3) プラトナーの『哲学的アフォリズム』は一七七六年の初版以来、一七八二年、一七八四年、一七九三年、そして一八〇〇年まで版を重ねた。フィヒテが用いた版は一七九三年版で、タイトルは他の版と違っていて、次のような書名であった。Ernst Platners Philosophische Aphorismen nebst einigen Anleitungen zur philosophischen Geschichte. Ganz neue Ausarbeitung. Erster Theil. Leipzig, im Schwickertschen Verlag. 1793.(Google Books)

(4) 小田部胤久「美学の生成と無意識——三つの系譜に即して——」(『思想』二〇一三年第四号)八一頁参照。

(5) 栗原隆『ドイツ観念論の歴史意識とヘーゲル』(知泉書館、二〇〇六年)第四章「関係と超出——ヘーゲルの思想形成とラインホルト」を参観賜りたい。

(6) 『知のトポス』Nr.6およびNr.7に発表された、栗原隆・阿部ふく子による邦訳ならびに解題を参照願いたい。

(7) この頁付けは、『デヴィッド・ヒューム』初版では誤って二回登場する。二回目の一七一頁からの引用である。

(8) 若きヘーゲルにおける「愛」の弁証法の先駆型も、ヤコービの『デヴィッド・ヒューム』に見出すこともできるかもしれない。「人は、ア・プリオリと呼ばれる認識についてだけでなく、およそすべての認識について、認識は感覚によって与えられるのではなく、ひとえに魂の生き生きとした活動的な能力によって引き起こされ得る、と言わなければなりません。感性(Sinnlichkeit)と言ったところで、同時に分離(Trennung)したり合一(Vereinigung)したりする媒介(Mitte)とは違うものが理解されているというのであるなら、そして分離や合一の際には、解かれ、かつ結びつけられるべき実体的なもの(das zu scheidende und zu verbindende Substanzielle)が既に前提されているはずなのに、そうした媒介とは違うものが理解されているというのであるなら、空疎な言葉でしかありません。しかしながら、そうした媒介としては、感性は全能の愛(Liebe)の道具でして、言い換えるなら(思い切った表現をお許しください)創造主の**秘密のハンドル**なのです。ところがこうした媒介によって、生の恵みが与えられる、つまり、【187ママ】無数に群れをなしている本質に、〈自らを切り離し〉そしてそれによって〈自己自身を享受する〉現存在の恵みが与えられ、世界が無(Nichts)から呼び起こされる(hervorrufen)、そうしたことができたのです」(Hume,186f.)。ここに、ヘーゲルが「愛」に想到した淵源があるのなら、ヘーゲルは、親友ヘルダーリンの悲劇を目の当たりにして「愛」について思索を巡らせたというより、ヤコービの『デヴィッド・ヒューム』での愛についての発想を展開した、ということだったのかもしれない。また、「信と知」の掉尾における謎めいた論述、「真理は、有限性が自己自身を否定する無や無限性の純粋な夜闇から、まるで真理の誕生する土地である秘密の深淵から立ち上るかのように現われる」(GW.IV,413) という叙述は、ヤコービへの揶揄だったのかもしれない。

さらにヤコービは、「自我」についても論及していた。「人間において**〈自我(*Ich*)〉を判明に言表する**のは、理性と**呼ばれます**。そして自我こそが、人間の理性なのです。さて自我が、その活動において自己自身と合致する(übereinstimmen)のなら、自我はその理性とも合致します。——ですから、**合致する**自我が、自分自身の衝動や衝動に合致しうる法則に従って行為するなら、自我は自己自身を統御(regieren)する、もしくはひとえに自分の理性によってのみ統御されることになります。そうした自己統御が可能であったり可能でなかったりというのは、【196ママ】魂が手に入れようとする対象次第です。魂の努力といっても、魂が、その理性を介してこそ、すなわち判明な概念を持つ限りでの自分自身を介してこそ、あらゆる目的に到達できる状態になるほどまでに、制約されているのです」(Hume, 195f.)。

このようにヤコービの『デヴィッド・ヒューム』は、ドイツ観念論に大きな触発を与えたまま、ヤコービ自身はまとまった思索を組み立てることなく、論争の中に生きることになる。とはいえ、自らの発想やアイデアが利用され、練り上げられたことに対する複雑な感情にこそ、ヤコービの論争癖の根があったと考えるなら、理解できないこともない気がする。ともあれ、ドイツ観念論において展開されることになる思想の萌芽が『デヴィッド・ヒューム』のうちに散見されるのは紛れもない事実なのである。

9　共通感覚と共通知の哲学

阿部ふく子

はじめに

あらゆる学問が既知のものから未知のものへと向かう思考から成り立っているのは確かなことだが、哲学の場合はこうした知的探究が、そもそも知っているとはどういうことか、私たちは何を知りうるのか、という知そのものの探究、つまり反省的な問いの領域にまで及んで展開される。そのさい既知のものや既存の知の枠組みは、ソクラテスの〈無知の知〉の弁証法に明らかなように、哲学的思考によってしばしば臆見《ドクサ》と見なされ、新たな知に向かうための否定的契機として扱われることになる。こうした哲学固有の方法が、私たちの思考をさまざまな誤謬から解放し、囚われのない新たな視野へと導く役割を果たしうることは確かである。しかし翻って、イデア論におけるように通常の思考と哲学とのあいだの隔たりが二元論へと還元され、私たちが外的・内的世界に生きるなかで疑うことなく抱いている諸々の心情や確信は非本質的なものであり、哲学的思考とその対象にこそ本質的なものがあると見なされるとき、哲学はその現実性を自ら失ってしまうだろう。自然的思考の臆見《ドクサ》が哲学的推論をいかに阻むものであるにせよ、そうした思考を担う主体が実際に経験する確信や自明性それ自体を否定することはできない。哲学的思考がこの確信の領域にアプローチし、何らかのかたちで自らに有機的に関連づけることがなければ、知そのものの探究という哲学の課題は、知全体のアクチュアリティを保つことができないという点で意味をなさなくなるように思われる。

では、そのような関連づけはいかにして可能となるのだろうか。本稿ではこの根本的な問いを多少なりとも解き明かすために、近代ヨーロッパの哲学者T・リード、F・H・ヤコービ、G・W・F・ヘーゲルの思想から、彼らがそれぞれ問題にした共通感覚・信念・共通知といった確信について取り上げ、哲学的理性と、理性以前の次元で（あるいは理性と同時に）私たちがもっている一定の確信とが関連しあうことのできるいわば中間的な領域において、それらの確信が単なる臆見《ドクサ》という位置づけ以上に果たしうる役割の可能性について考察することにしたい。

第一節　トマス・リードと共通感覚《コモン・センス》の哲学

スコットランド学派は、シャフツベリ、ハチソン、ケイムズ卿の思想を淵源とし、近世・近代のイギリス哲学界において強い存在感を示していたヒュームの認識論的懐疑主義やホッブズ、マンデヴィルの道徳的懐疑主義に対抗して、「共通感覚《コモン・センス》／常識」を基本原理とする哲学をうち立てようとした思想家たちである。本節では、スコットランド学派の創始者とされるトマス・リードの哲学を取り上げ、彼の主張する共通感覚の基本概念と、この概念を哲学の中心的原理に据えることの意味について考察する。

リードの共通感覚概念は、『共通感覚の原理にもとづく人間精神の研究』（一七六四年、以下『人間精神の研究』と略記）、『人間の知的能力論』（一七八五年）の二つの著作を通じて明瞭に説かれている。前者では五感に焦点をあてた認識論、後者では判断論の文脈から、哲学における共通感覚の位置づけがそれぞれ論じられており、また書かれた年代も異なるので、ここでは順を追ってそれぞれの著作に即してリードの共通感覚概念を素描してゆくことにしよう。

『人間精神の研究』の目的は、冒頭の献辞によれば、「この時代にあって共通感覚と理性を当惑させることをたくらんだ懐疑的にさまつな議論に対し、人類の共通感覚と理性を正当化すること、神がお造りになったものの中でも最も高等な部分に新たな光を投じること」(HM.96) だと言われる。(1) リードはこの著作で、デカルト、マルブランシュ、ロック、バークリー、ヒュームによって築かれてきた認識論の体系が最終的にたどり着いた懐疑主義という帰結に異を唱え、従来およそ否定的な位置づけしか与えられてこなかった共通感覚の哲学的意義を新たに問い直し、共通感覚に定位した人間知性の原理を独自の認識論としてうち立てようと試みた。この試みは、ヒュームの懐疑主義がもとづく原理、すなわち「知覚する心のなかにあるもの以外は何も知覚されない、私たちは外的な事物を本当は知覚せず、そうした事物が心に刻印した像や映像〔印象や観念〕しか知覚しない」(ebd.) とする「観念学説／観念論 (theory of ideas)」を批判した上で、共通感覚の次元で語られる「オリジナルな知覚の原理」を新たに提示するというかたちでおこなわれた。

リードをこのような動機へと駆り立てたのはヒュームの『人間本性論』(一七三九年) である。周知のように、ヒュームは『人間本性論』において、原因と結果の必然的結合にアプリオリな合理的根拠を見いだすことはできず、因果性の観念はすべて、観念の形成以前に経験される「印象」に強く依存する蓋然的なものでしかないと結論づけた。私たちは経験のなかで、ある印象とそれに引き続いて恒常的に伴ってくる印象の関係を観察し、両者の結びつきを、そのつど新たに推論するのではなく、両者のあいだの移行が過去に何度も習慣的に繰り返されたことから生じる「信念（belief）」によって確証する。同様にして人間の精神もまた、ヒュームの懐疑主義的帰結によれば、従来当然存在するものと考えられてきた思考実体を伴うものとはいえず、それは「思いもよらない速さで相互に継起し、たえず変化し、運動しつづけるさまざまな知覚の束あるいは集合にほかならない」とされる。(2)

『人間精神の研究』におけるリードのヒューム批判の主な論点は、信念の由来が単に習慣によるものとしか説明されていないということ、ひいてはこうした帰結が人間知性における知覚的営為の拡がりを矮小化させ、哲学知を人間の共通感覚からかけ離れたものにしてしまうということにある。因果性の観念や精神の観念がある信念によって成り立つことについてはリードも同意するところであるが、この信念のありかが、思考のあらゆる対象を印象と観念へと還元し思考主体の存在すら疑う観念論の原理によって導きだされるとき、リードはそこに不合理かつ非現実な思弁へと傾いた哲学の「危機」を見てとるのである。リードは「徐々に事物に取ってかわるようになった」（HM.109）観念の歴史を振り返った上で、ヒュームにいたってたどり着いた懐疑主義的観念論の異様さを次のように揶揄する。

思考や観念が思考的存在者なしに存在するというのはたしかに非常に驚くべき発見だろう。その発見は、普通の仕方で考え推理するあわれな人びとには容易にたどれないほど途方もない帰結を伴う。私たちはいつも、思考は思考する人を、愛情は愛情を抱く人を、反逆は反逆する人を想定すると思いがちだったが、これらはどうやら間違いらしい。（中略）『人間本性論』にはひとりの著者、それもきわめて独創的な著者が必要だと考えるのはごく自然と思われる。しかし、私たちは、それが連合と誘引によって互いに結合、配置された一群の観念であることを知らされるのである。結局この不思議な体系は、人間本性の現状にあてはまらないように思われる。共通感覚というつまらないものから清められた選りすぐりの人士の意にどれほどかなうのか、私にはよくわからない（HM. 109-110）。

リードはこのように素朴な観点からヒュームの哲学に無効宣言を下し、そこでは十分に注意の払われることがなかった共通感覚の原理に立ち還る必要があると説く。「もし私たちが本性上信じ、とくに日常生活では理由も挙げられずに当然視しなければならない諸々の原理があるとすれば、それらはいわゆる『共通感覚の原理』である。そしてそれらに明らかに反するのはいわゆる『不合理』である」（HM. 108）。リードが最も重要と見なすのは、人間精神の本性に関する観念論的体系を築く以前に私たちが自明のものとしてもっている共通感覚に立脚し、そうした推論以前に確かに生じている知の内実に信念のよりどころを求めることにほかならない。

さて、ここで言われる共通感覚とは、理性推論によって形成されるのではなく、知覚的経験の場面において私たちに理屈抜きで本能的に生じるもので、それは感覚と感覚されたものの存在とを結びつける自然的な判断および信念にもとづいているとされる。『人間精神の研究』においてリードは、人間の五感が経験するさまざまな知覚現象を具体的に考察するなかで、そうした結びつきを可能にする「オリジナルな知覚」の領域に独自の方法で迫ってゆく。そこでリードがとった方法とはすなわち、「知覚において対象を提示する記号は、自然が人間に語りかける言語である」（HM. 185）とした上で、「オリジナルな知覚」における感覚とその対象の存在の結びつきを、人間の自然言語とその指示内容がなす関係との類比によって説明しようとするものである。ごく簡潔に述べると、人間がさまざまな内容を伝達するための記号として用いる言語には、人為言語と自然言語の二種類があり、前者は使用者のあいだの契約と合意にもとづいた一定のルールによって表現される記号、後者は「あらゆる契約や合意に先立って、万人が本性的原理によって理解することを意味する記号」（HM.117）である。自然言語は、声の抑揚や身振りや顔の表情等からなり、これらを通じて人は自ら感じた内容、ひいては感じている心の状態を、人為言語以上に直接的かつリアルに表現し伝達することができる。リードはこの自然言語の機能と「オリジナルな知覚」のあいだに次のようなかたちで類比を見いだす。

オリジナルな知覚の記号は感覚であり、自然は意味表示される事物の多様性に応じてさまざまな感覚を私たちに与えた。自然は、記号と意味表示された事物のあいだに真の結びつきを確立した。自然は私たちに記号の解釈を教え、記号は経験以前に意味表示された事物を示唆し、この事物についての信念をもたらす。

自然言語の記号は顔の表情、身体の動作、声の抑揚であり、それらの多様性は意味表示される事物の多様性に対応する。自然は、これらの記号と意味表示された思考および気質のあいだに真の結びつきを確立した。自然は私たちにこれらの記号の解釈を教え、記号は意味表示された事物を経験に先立って示唆し、それについての信念をもたらす。（HM.195）

以上のような類比的説明によって明らかになるのは文字通り常識的な帰結である。つまり、私が身体のどこかに痛みを感じるとき、私は単に痛みの思念を抱くだけではなく、痛みの事実と痛みの原因となる存在についての信念をもつ。私が眼の前の物を見るとき、私の視覚能力は単にこの物についての思念や単純把握だけではなく、その存在や形や距離や大きさについての信念をもたらす（HM.209）。リードによれば感覚とその対象の存在との結びつきについての信念は、観念論の理性推論による諸々の観念の比較や操作によってはじめて明らかにされるものではなく、感覚の本性そのものに含まれているのである。

『人間精神の研究』では以上のように、「共通感覚の原理」が知覚的営為の文脈から説明されたが、後の『人間の知的能力論』ではさらに共通感覚概念のより一般的な考察、ひいては共通感覚と理性ないし哲学との関係性についての考察がおこなわれている。興味深いのは、リードがまず「感覚」という語について、従来哲学において使われてきた意味とごく一般的な意味との違いを指摘し、後者の観点から共通感覚の意味を再定義しようと試みている点である。リードによれば、とりわけ近代の哲学者たちは、対象から印象や観念を受け取る能力である「感覚」と、これら観念を比較してそれらに必然的な一致・不一致を認める能力である「判断」とを区別してきた。たとえばハチソンの定義によれば感覚とは、「ある対象の存在から、私たちの意志とは独立に、諸々の観念を受け取る精神の規定[3]」である。しかしリードは、このように論争の歴史のなかで判断や意志と切り離された哲学的な感覚概念からは共通感覚の意味するところを十全に理解することはできないとし、はっきりと次のように述べる。「一般的な意味では『感覚』はつねに判断を含んでいる。感覚《センス》のそなわった人とは判断のそなわった人である。よい感覚《センス》とはよい判断のことである。無感覚《ナンセンス》とは正しい判断に明らかに反することである。共通感覚とは、私たちが一緒に話し合ったり仕事の取引をしたりできる人びとと共通にもつ判断の度合いである[4]」。『人間精神の研究』における懐疑主義的観念論への批判にもすでに見られたように、現実と乖離した哲学の語法や思考に対してリードはつねに共通感覚に定位する哲学の意義を唱えるが、それは共通感覚という概念の捉え方それ自体に関しても同様である。こうした態度には、共通感覚を語る哲学がそれ自身共通感覚を欠いてはならない、というリード哲学の流儀を見てとることもできよう。

とはいえ、リードによる共通感覚の哲学は、哲学的理性に背を向け、非理性的な知の素朴な営みを称賛することを目的とするものではない。むしろ人間知性において共通感覚と理性は本性上不可分であり、共通感覚は、理性がある自明な前提にもとづいていまだ自明でない結論を導きだそうと試みるとき、最初の契機となる自明な事柄に関して判断をおこなう役割を担うのだという。同様にまた、理性の導く結論が共通感覚に矛盾するものであってもならない。両者のこうした関係についてリードは次のように述べる。

（前略）共通感覚の仕事は確証よりも反証においてなすべきことの方が多い。諸々の真なる原理にもとづく妥当な推論によって引きだされた結論ならば共通感覚の決定に矛盾することは到底ありえない。なぜなら真理はつねに自己自身と一致しているからである。そしてこのような結論が共通感覚によって確証されることはありえない。なぜならそれは共通感覚の権能ではないからである。(5)

哲学史のなかでしばしば下位の認識区分や臆見《ドクサ》という位置づけを与えられてきた共通感覚は、リードのこうした結論においてその意義を覆されたことになるだろう。

ところで、共通感覚という既存の自明な確信が哲学的理性の推論の反証として機能するさい、観念論的理性が懐疑主義に偏向したのと同程度に、共通感覚の哲学が一種の独断論に陥る可能性は否定できないのではないか。また否定できないとすれば、そのような観念論批判はどこまで妥当性をもちうるのだろうか。次節ではこうした問題を念頭におきつつ、リードよりもさらにラディカルなかたちで既存の自明な確信を原理として掲げる〈信念の哲学〉によって観念論に決別を告げたヤコービの立場について考察する。

第二節 ヤコービと信念の哲学

一八世紀後半のドイツ近代哲学におけるスコットランド学派の影響作用史について論じたM・キューンの研究によれば、ヤコービの認識論においてリードの共通感覚の哲学が与えた影響は大きい。リードの著作へのアプローチと評価に関してはすでにヤコービの書簡のなかで言及されており[6]、対話篇『デヴィッド・ヒュームの信念について、あるいは観念論と実在論』(一七八七年、以下『デヴィッド・ヒューム』と略記)では——リードへの直接的な言及が意外なほど少ないにもかかわらず——実質的にはヒュームの懐疑主義的観念論を、前節で見たようなリードの観念論批判に近い仕方でおこなっている。しかしながらヤコービがリードと決定的に異なるのは、後者を強く特徴づけていた共通感覚と哲学的理性の協働関係への積極的な論及があまり見受けられない点である。〈共通感覚の哲学〉の代わりにヤコービが向かったのは、観念論批判から導かれうるもうひとつの帰結としてのニヒリズムだった。以下、『デヴィッド・ヒューム』を中心に、ヤコービのリード受容とその行方について見てゆくことにしたい。

ヤコービの『デヴィッド・ヒューム』の目的は、初版の序文で明確に述べられているように、確実性を旨とする理性認識ではなく不確実な「感覚による単一な認識」(DH.v)[7]を自らの哲学の領分として展開すること、そして実在論者である自身の立場から観念論者に抗して、外界の諸事物の存在に対する確信がただひとえに、諸事物が与えられているという事実への「信念」にのみもとづいており、あらゆる認識はこの信念に由来するという主張を展開することにある。ヤコービによるGlaubeの哲学はすでに『スピノザ書簡』（一七八五年）でも表明されており、そこでは必然性や因果性といった論弁的な原理にのみ支えられたスピノザの汎神論の体系に抗して、そうした体系の根源的な出発点にもなっているはずである、神という超感性的なものの存在を直接的に感得する能力、すなわち「信仰」の次元を探究することが課題とされていた。ヤコービはGlaubeという根源的な認識の内実を明らかにするために、この概念をメインとなる宗教的な文脈のみならず認識論的な文脈からも論じてみせた（Glaubeの訳語は、前者の文脈では「信仰」、後者では「信念」とするのが適しているように思われる）[8]。他方で『デヴィッド・ヒューム』では、もっぱら認識論的文脈における信念の哲学が問題となる。

さて、ヤコービは自らの信念の哲学をあらためて説明するために、主として『人間知性研究』（一七四八年）から多くの紙数を割いて信念をめぐるヒュームの見解を援用しているが、彼のヒューム哲学に対する見方は両義的である。つまり彼は一方で、対象や出来事の習慣的な継起を根拠とする信念があらゆる認識の起源となっているという点についてはは基本的にヒュームの考えに同意するが、他方では、あらかじめ序文で宣言されていた実在論者としての立場から、「果たして私たちは、諸事物を自らの外部に実際に知覚するのか、それとも単に自らの外部のものとして知覚するだけなのか」（DH.50）という問いにヒュームが十分に応答しなかったことについて批判している。ヒュームが外的対象について、「実在」ではなく単に「実在的なもの、もしくは実在的だと見なされるもの」（DH.45）としか表現していない点も考え合わせ、ヤコービは最終的にヒュームを実在論者ではなく懐疑主義的観念論者と見なすにいたる。
　こうした批判的な論点はリードのヒューム批判の観点と重なるところがある。先に見たように、リードは、信念があらゆる認識の根源となっているという点についてはヒュームの見解を受け入れたが、この信念が単に習慣という印象レベルで形成されたものに由来し、「オリジナルな知覚」とその対象の領域にまで踏み込んだ考察がなされていないことに難点を認めていた。ヤコービによるヒューム批判の文脈で直接リードの名が挙げられているわけではない。しかし、ヤコービがそのさい導入する「啓示（Offenbarung）」という概念にリードの言う「オリジナルな知覚」との類似性を認めないわけにはいかないだろう。ヤコービは対話者である「彼」の口を通じて、ヒューム哲学の議論に従うならば外部の諸事物を知覚するさいに「啓示」という言葉を使うこともできそうだが、あなたはなぜそうしないのか、という問いを投げかける。そしてこれに答えてヤコービ自身である「私」は、この「啓示」にあたる言葉をヒュームに見いだすことはできないとした上で、次のように述べる。

（前略）決然たる実在論者なら、それによって彼に、物自体としての外的対象の確実性が与えられる手段をどのように名づけるべきでしょうか。彼が自らの判断を支えることのできたものについてもっているのは、事柄そのものでしかありません。諸事物が実際に彼の眼前にあるという事実以外に何もないのです。彼は、これについては啓示という言葉以上に適切な言葉で表現することができるでしょうか（DH.51）。

観念論では、外的諸事物の実在性は保証されず、眼の前にある諸事物が単なる印象や観念の形成物とされ、信念が思考実体の存在さえも確証されない知覚の束のレベルで語られていた。これに対して実在論者と称するヤコービは、事物と認識主体とのあいだにいわばより強固で直接的な関係があると想定する。すなわちそれは、端的に外的諸事物が実在し、それが私たちに知覚されているという事実である。この確信された直接的事実をヤコービは啓示と呼び、信念の真の根拠とするのである。こうした啓示についての考えがリードの「オリジナルな知覚」の原理と次元を共有していることは明らかであろう。また、ヤコービの言う啓示は、あくまでも端的に直接的に感得されるものであり、その根拠について論弁的な証明をおこなうことは不可能であるとされているが、こうした側面を見る限りでも、リードが依拠した共通感覚がもつ自明性との共通点を——たとえヤコービが共通感覚について立ち入った考察をおこなっていないとしても——読みとることができるかもしれない。

とはいえ、ヤコービの信念の哲学にはこのようにリードの共通感覚の哲学との共通点がかなりの程度認められるにもかかわらず、両者が向かった方向には微妙だが決して無視できない違いがあるようにも思われる。さしあたりヤコービは、啓示の直接性との関連で、観念論を次のような仕方で批判していた。

（前略）私たちは、啓示から本来的な媒介されたものを認識することなどありません。しかしながら、それゆえにこそ、自然的な媒介によって啓示が出来するということを拒むこと、あるいは観念論者のように、事実そのものを理性に反するものとして拒絶すること、こうしたことをいずれも私は、本当の哲学的精神にそぐうものではないと思います。私たちはしばしば、きわめて内面的な経験に、かけ離れた極度に不完全な経験からの推論を対置して、わけのわからないままその推論に立脚するのです。ライプニッツが次のように言ったのはまったく正当なことでした。つまり、人間はすでに知っているものを探究しているのであって、自分の探究しているものを知っているわけではない、と（DH.53f.）。

現実から乖離した懐疑主義的観念論の帰結についてはリードも批判していた。しかし、ここで言われる「本当の哲学的精神」とは何だろうか。そしてライプニッツの言葉はどのような含意で引き合いに出されているのだろうか。この箇所からさしあたり判断できるのは、哲学が事実を無視したり逸脱したりするものであってはならないということ、また同様に、既存の知から出発しない哲学が何かを知ることなどありえないという否定的規定のみである。こうした見解がヤコービ哲学の立場としてより明確にされるのは、その後の『フィヒテ宛公開書簡』（一七九九年）においてである。この書簡においてヤコービは、絶対的自我から一切を導出しようと試みるフィヒテの主観的観念論を批判し、「自然のメカニズム」を度外視して自我および非我の本性を探究することは「純然たる無」を探究することに等しく、こうした観念論は無を知ろうとするという意味で「ニヒリズム」の名に値すると述べている。(9) そしてこの「哲学的な無の知」としてのニヒリズムとの対比で、ヤコービは自らの立場を、無知を知によって示す「無知の哲学（Philosophie des Nicht-Wissens）」と称する。(10) そこで念頭に置かれているのは言うまでもなく、自分自身はつねに無知を装って、何かを知っていると称する対話者を無知の知にいたらしめるというソクラテスの態度である。観念論の取り組みへの全面的な無効宣言とソクラテス的な知の態度を考え合わせると、ヤコービが自らの哲学において担おうとしたのは、何らかの積極的な哲学体系を構築するというよりも、外的諸事物の存在とその知覚の事実ないしそれについての信念を既知のものという名の試金石として、いまだ知られていないものを観念的に知の領域へ引き込もうとする哲学のニヒリズムを暴く、という批判的立場だったと言えるのではないだろうか。こうした態度は、観念論の全面的な否定を旨とせず共通感覚原理の導入によって哲学の新たな可能性を築こうとしたリードの方向性とは異なる。先に援用されたライプニッツの言葉は、以上のようにヤコービの「無知の哲学」の内実も考慮に入れて理解されなければならないだろう。

『デヴィッド・ヒューム』第二版（一八一五年）の序文においてヤコービはあらためて、観念論に傾いてきた哲学の歴史を次のように総括する。

（前略）アリストテレス以来、哲学のさまざまな学派においてとめどない努力が傾けられてきたのは、直接的な認識一般を媒介的な認識に、一切を根源的に根拠づける知覚能力を抽象によって条件づけられた反省能力に、原像を模像に、実在を言葉に、理性を悟性に従属させること、後者のうちに前者をすっかり沈み込ませ消滅させることだった。(11)

ヤコービの信念の哲学の試みが本来、ここに述べられている内容をすべて転倒させること――つまり、媒介的認識を直接的認識に、反省能力を知覚能力に、模像を原像に、言葉を実在に、悟性を理性に従属させること――にあったとすれば、そのような試みは当然ながら、観念論的哲学を「無化」することによっては果たされない。それは右のように理解された観念論の結末と同様に、実在論と直接知の単なる一元論に陥ることを意味し、もはや二つの諸契機の関係性は問題とならないからである。ヤコービがとった方向性は結局のところ、本節で見てきたように、直接知と媒介知の関係性の構築とは言い難く、終始、論争的な視点に支配されている印象さえある。そのような関係性を見据えた探究はむしろ、共通感覚と哲学の関係について論及していたリードが試みていたものであろう。

観念論が直接知を媒介知に従属させてきたことは、ヤコービの指摘どおり間違いないと言えるだろう。しかし、本稿の冒頭にも述べたように、哲学は、そもそも知についての知という反省的視点と切り離せない以上、たとえ直接知がもたらすものに最大限の敬意を払ったとしても、哲学自身が媒介知の次元を脱却することは、哲学が哲学であることをやめないかぎりほとんど不可能であるように思われる。問題となるのは、観念論の帰結が直接知の捉える事実の領域に矛盾する場合のみであるが、それはしかし媒介知の捉える真理に対して直接知がいわば独断論的にまったくの無効宣言を下すさいにも言えることであろう。それならば、媒介知としての哲学は直接知の声をどこまで聴取し、本質的な契機として自らに有機化することができるのだろうか。本稿では最後にヘーゲル哲学の「良心＝共通知（Gewissen）」概念の考察を通じてこうした問題に取り組むことにしたい。なぜならヘーゲルは『精神現象学』（一八〇七年）において、絶対知＝哲学知へと自己形成をおこなう精神の歩みのなかでも、この直接的かつ純粋な知である共通知の境地を（宗教を除けば）精神の自己確信として最も高次の段階においているからである。

第三節　ヘーゲル哲学における共通知

ヘーゲルの絶対的観念論は、共通感覚や信念に定位する哲学において批判対象とされた観念論とは明らかに異なる。ヘーゲルは一八世紀後半ドイツの後期啓蒙の流れのなかで興隆した通俗哲学、すなわち共通感覚としての健全な人間悟性（der gesunde Menschenverstand）に定位した哲学の方法を、イェーナ時代の思索を通じて批判的に摂取した。「哲学的批判論文」（一八〇二年）で「非哲学」の特徴のひとつとして批判の的となった通俗哲学の「わかりやすさ／悟性性（Verständlichkeit）」の要求は、『精神現象学』にいたって、学へと高まる一般的な意識に不可欠の契機として積極的に捉え直されるようになる。

学のわかりやすい（verständig）形式は、万人に提供され、万人にとって等しくつくられた学への道である。悟性を通って理性的知に達するということは、学に向かってゆく意識の正当な要求である。というのも、悟性は思考であり、純粋自我一般だからである。そして悟性的なもの（das Verständige）はすでに周知のもの（das schon Bekannte）であり、学と学的でない意識とに共通のものであり、この共通のものを通り抜けることで、学的でない意識は直接学のなかに歩み入ることができるからである（Phän. 15f.）[12]。

『精神現象学』では絶対知へといたる人間精神の自己展開の行程が叙述されるが、それは知的直観や論弁的な形式主義にもとづいて考察されるものではなく、自然的意識を、「純粋自我一般」ないし「悟性的なもの」と呼ばれるさまざまな既存の知の形態から新たな哲学的知へと導くことによって果たされる探究である。さて、〈すでに知られたもの〉のなかでも、精神の自己確信の最後の契機として登場するのが共通知である。ただし、こうした位置づけはもちろん、共通知がそれだけで哲学的な思考として妥当するという意味ではなく、それが知と無知の弁証法的運動のなかで〈知られたもの〉としての当初の確実性を内部から揺さぶられた後にいたる帰結が、高次の段階における哲学的知となりうる、という意味で理解されなければならない。以下では、

『精神現象学』の共通知の概念に注目し、人間精神のこの直接的な自己確信がいかにして哲学的に意義づけられるのかを見てゆく。

共通知とはさしあたり、道徳的義務や善なるものを、主体から独立の客観的な法則としてではなく、自己の内面と自然的かつ純粋に調和したものとして確信する精神である。

共通知は、自己自身の直接的な確信に即して、自己自身で自らの真理をもっている。自己自身についてのこのような直接的かつ具体的な確信が本質である。この確信を意識の対立に従って考察してみると、自身の直接的な個別性が道徳的行為の内容となり、道徳的行為の形式はまさしく純粋な運動としてのこの自己、つまり知あるいは自身の信念(Überzeugung)としてのこの自己となる(Phän. 344)。

すなわち共通知においては、道徳的義務と自らの信念、普遍性と個別性とが直接的に一致している。したがって、すでに共通知という名称が表しているとおり、この精神をもつ各個人はみな普遍性に通じているという点で「他者によって承認されている」(ebd.)という契機をもっている。しかしながら共通知は、そのように普遍的な要素をそなえているとはいえ、「美しき魂」の例で知られるように、自らの純粋さをもっぱら自己の内面性において保ち、純粋義務を現実的に遂行することでそれが損なわれることを恐れる。それにもかかわらず、共通知は内面的に自己完結したままでいることはできず、義務を果たすために現実世界のなかで道徳的行為をおこなわざるをえない。ヘーゲルによればこのとき共通知は、内面にとどまる「評価する意識」と、現実のなかで「行動する意識」とに分裂し、それぞれ普遍性と個別性の傾向をそなえた両者のあいだには葛藤が生じることになる。「評価する意識」は、個別的傾向を免れないにもかかわらず自らを普遍的法則だと称する「行動する意識」を偽善だと見なす。これに対して「行動する意識」のほうでは、たとえばある道徳的行為の内面を単なる名誉欲だと評価するなど、自らは行為を伴わずに高みの見物をおこない高潔さを保とうとする「評価する意識」の非現実的な態度に偽善を見る。しかし「行動する意識」は、それでも悪をなしてしまう自らの限界について、同じ共通知である「評価する意識」が何か言葉をかけてくれることを期待して自ら罪の告白をする。そこで「評価する意識」は、「自らの現実を投げ捨てて」(Phän.361) 普遍性の側へと迫ってくる「行動する意識」の罪の告白に応えて、自らも自己自身を普遍性へと一歩高め、悪の意識に対して「赦し」を与える。この「赦し」の内実についてヘーゲルは次のように説明している。

> 普遍的意識が最初のもの〔行動する意識〕に与える赦しとは、普遍的な意識が自らを断念すること、すなわち自らの非現実的な本質を断念することである。そのさい普遍的意識は、現実的な行動であったあの他者を、自らの非現実的な本質に等しいものとして定立し、行動が思想において保持していた規定によって悪と呼ばれたものを善であると承認する。(中略) それは他方〔行動する意識〕が行動という対自的な規定を棄て去るのと同様である。――和解の言葉は定在する精神である。この精神は、自己自身が普遍的な本質であるという純粋な知を、普遍的な本質の反対のもののうちに、すなわち自らが自らのうちで絶対的に存在する個別性であるという純粋な知のうちに直観する。――それは相互に承認しあうことであり、この承認の働きこそが絶対知である (ebd.)。

ヤコービが引いていたライプニッツの言葉とは反対に、ヘーゲルは『精神現象学』において一貫して、「すでに知られたものというのはそもそも、それがすでに知られているからといって、認識されているとはかぎらない」（Phän. 26）という立場をとる。これは共通知のような自己確信についても言えることである。共通知は当初、義務と信念という普遍的なものと個別的なものとが自らのうちで直接一致した善の確信であったが、この自己確信は行動を伴う現実のなかで分裂し、非現実的な普遍的自己と、個別性にとらわれ悪に傾く自己とのあいだの葛藤へと導かれてゆく。そして最終的に共通知は自らが普遍性と個別性との葛藤そのものの上に成り立っているのだということを、より高次の自己確信としての和解の言葉によって認識するにいたる。このように自己確信を知と無知の弁証法的な運動のなかで捉えることによって、共通知を担う主体のアクチュアリティと哲学的知（絶対知）とのあいだの接点と理路は保たれるのである。

結びにかえて

以上、リード、ヤコービ、ヘーゲルに即して、哲学的思考以前に私たちがすでにもっている原初的な確信である共通感覚、信念、共通知が観念論的哲学において担いうる意味について考察をおこなってきた。これまでの考察を踏まえて、リードが『人間の知的能力論』で説いていた共通感覚と理性の一体性、そして共通感覚が哲学的帰結の確証ではなく反証という役割を担うことについて最後にあらためて考えてみるならば、次のように言えるだろう。

第一に、ヤコービの信念の立場のように、実在論と既存の知に定位し、観念論を最終的にニヒリズムとして全面的に斥けることは、観念的理性の思弁に対する反証ではあるとしても、理性の観念的性格を無化する点において共通感覚と理性とのあいだに存するはずの理路を狭めることになる。なぜならそれは、理性が事象を観念的に捉える活動そのものを否定することにつながるからである。リード自身はちなみに、観念が事物にとって代わる限りでの観念論を否定したのであって、自己と事物のあいだに何らかの媒介を想定する観念論の捉え方にはむしろ必然的なものを認めていた。[13] ヤコービは、観念論的理性の臆見《ドクサ》を暴きつづけるとともに、信念が理性推論によって媒介されることを拒むため、それがいかに「無知の哲学」の立場を貫くとしても、信念による観念論的哲学の反証はかぎりなく独断論的性格を帯びてしまう。

第二に、共通感覚と理性とが人間精神の営みとして不可分であるとすれば、ヘーゲルにおける共通知と哲学の関係のように、既存の直接的な確信が観念論的理性によって弁証法的運動へと導かれる理路が認められなければならない。共通感覚や共通知という確信の自明性は、その相対的な内容よりも、そのつど抱かれる肯定的な確信のアクチュアリティにあると思われる。したがって、理性の弁証法によって共通知の確信の内容がどれほど否定にさらされてゆくとしても、それは共通知そのものを臆見《ドクサ》として限界づけることにはならない。むしろ弁証法的理性の導きによって共通知は、確信する主体としての性質を保ったまま現実における内容の変化や矛盾を経験し、最終的に哲学知となりうるところまで自己確信の水準を高めてゆくことができるのである。

《註》

（1） Thomas Reid, An Inquiry into the Human Mind on the Principles of the Common Sense, in: *The Works of Thomas Reid* vol. 1, ed. by Sir William Hamilton, Thoemmes Press, Bristol 1944（略号 HM）. 当該テクストからの引用は基本的に邦訳（トマス・リード『心の哲学』朝広

謙次郎訳、知泉書館、二〇〇四年）に従わせていただいた。ただし、本稿全体で用語を統一するために訳文を変更させていただいた箇所があることをあらかじめお断りしたい。以下、引用に際しては原典テクストの略号と頁数を表記する。なお、引用文中の傍点は原文でのイタリックおよびゲシュペルトを、〔 〕内は引用者による補足を表す。

（2）David Hume, A Treatise of Human Nature, in : *David Hume, Philosophical Works* vol. 1, ed. by Thomas Hill Green and Thomas Hodge Grose, Scientia Verlag Aalen, London 1992, p. 534.

（3）Thomas Reid, Essays on the intellectual Powers of Man, in: *The Works of Thomas Reid* vol. 1, ed. by William Hamilton, Thoemmes Press, Bristol1994, p. 421.

（4）Thomas Reid, *a.a.O.*, ebd.

（5）Thomas Reid, *a.a.O.*, p. 425.

（6）Manfred Kuehn, *Scottish Common Sense in Germany*, 1768-1800, McGill Queen's University Press, 1987, p. 144.

（7）Friedrich Heinrich Jacobi, *David Hume über den Glauben oder Idealismus und Realismus. Ein Gespräch*, Breslau 1787.（略号 DH）

（8）「諸々の理性根拠からは生じることのない〈真だとみなすこと〉（*Fürwahrhalten*）が何であれ信念であるとすれば、理性根拠そのものの確信は信念に由来し、自らの力をただ信念からのみ受け取るのでなければなりません。信念によって私たちは、自らが身体をもっていること、また自らの外部に他の身体や他の思考する存在者が現前していることを知ります。正真正銘の見事な啓示です！」(Friedrich Heinrich Jacobi, *Über die Lehre des Spinoza in Briefen an Herrn Moses Mendelssohn*, Auf der Grundlage der Ausg. von Klaus Hammacher und Irmgard-MariaPiske bearb. von Marion Lauschke, Meiner, Hamburg 2000, S. 113f.)

（9）Friedrich Heinrich Jacobi, Sendschreiben an Fichte, in : *J.G.Fichte-Gesamtausgabe der Byerischen Akademie der Wissenschaften*, Bd. III-3, Hrsg. von Reinhard Lauth und Hans Gliwitzky, Friedrich Frommann, Stuttgart 1972, S. 245.

（10）*a.a.O.*, ebd.

（11）Friedrich Heinrich Jacobi, *Werke*, Bd. 2. 1, hrsg.v.Walter Jaeschke und Irmgard-Maria Piske, Meiner, Fromman-Holzboog 2004, S. 378.

（12）Georg Wilhelm Friedrich Hegel, *Gesammelte Werkein* Verbindung mit der Deutschen Forschungsgemeinschaft, Bd. 9, hrsg. v.Wolfgang Bonsiepen und Reinhard Heede, Meiner, Hamburg 1968 ff.（略号 Phän.）

（13）「本性上観念には他の存在に対してどこかよそよそしいところがある。観念は最初、事物の像または代表というつつましい性格で哲学に導入された。この点で観念は無害だっただけでなく、人間知性の働きを説明するのによく役立った」(HM. 109)。また以下も参照。Manfred Kuehn, *a.a.O.*, S. 160.

III　応用倫理学の可能性

10　医療倫理における倫理原則と徳

松　田　純

はじめに

医療倫理の分野で近年、医療倫理の四原則を用いた検討がケースカンファレンスや研修会などで用いられるようになってきた。医療倫理の四原則とは、ビーチャム・チルドレスが『生物医学倫理の諸原則』のなかで定式化した原則、自律、無危害、善行、正義のことである。具体的なケースをこれに照らして、四分割表や臨床検討シートなどに書き込みながら検討する試みが広がりつつある。米国初の四原則アプローチには批判もある。米国の医療社会学者レネー・フォックスは、四原則を、米国的な個人主義の権利主張があまりにも強調され自己決定の原則が圧倒的な重要性を持っていると批判した。個人の自己決定権を絶対視し、社会的・文化的文脈を無視または軽視するのが、米国流生命倫理学の特徴だととらえ、これに批判的な態度をとった（レネー・フォックス『生命倫理学をみつめて』みすず書房、二〇〇三年）。ドイツでは、四原則が優劣なく並列され、ケースごとに比較衡量されるならば、人権や尊厳への重大な侵害に対して歯止めがなくなるのではないか、という懸念が強い。ナチスの医師たちによる残虐な人権侵害や障がい者安楽死作戦（Ｔ４計画）を経験したドイツでは、とりわけ、それへの警戒心が強い。四原則を並置して、選択肢を比較衡量する前に、人間の尊厳と基本的な諸権利の保障が優位に置かれるべきではないかと考えられている（ドイツ連邦議会審議会答申『人間の尊厳と遺伝子情報――現代医療の法と倫理（上）』松田純監訳、知泉書館、二〇〇三年、第1章）。

欧州では、「バルセロナ宣言　生命倫理と生命法における基礎的な倫理的原則」（一九九八年）のなかで、自律尊重、人間の尊厳、心身統合性（integrity 不可侵性）、傷つきやすさ（vulnerability）が欧州版生命倫理学の四原則として定式化された（「バルセロナ宣言」村松聡訳、『医療と倫理』日本医学哲学・倫理学会巻頭支部、第7号、二〇〇七年一二月、八二―八六頁）。しかし近年では、米国版の四原則も普及してきている。

このように、「基本原則」を上記四つに絞ったこと、並べ方の順番、そもそも四つの並置などに対して、さまざまな批判がなされてきた。しかし、自律、無危害、善行、正義のそれぞれに対しては、誰も反対できないはずである。**自律**は、とりわけ近代以降に確立された、個々人ひとりひとりの思いを尊重するという道徳規範であり、現代民主主義国家の憲法で保障された権利でもある。**他者に危害を加えてはならない**というのは古くからある倫理規範である。**善行**は、例えば医療者は患者の生命・健康のために最善を尽くすという古くからある義務であり、**正義**は、例えば患者を差別せず、公正に扱うという古くからある規範であり、近年ますます徹底を求められつつある規範であるからだ。

あるべき行為や行為の是非を原則に照らして判断するという立場は「規則主義」と呼ばれる。この規則主義に対して、行為者の心情や動機という内面は問われなくてもよいのかということが「徳倫理学」の立場から提起される。徳倫理学をめぐる議論は近年盛んになりつつある。加藤尚武氏は、『貢献する気持ち HOMO CONTRIBUENS』の著者、滝久雄氏が代表理事を務めるホモコントリビューエンス研究所の所長として、近年、徳の倫理学について取り組み、精力的に研究成果を発表してきている（ホモコントリビューエンス叢書一

〜三巻、コントリビューエンス研究所討論資料など)。本稿では、こうした研究成果に学びながら、医療専門職の実践的な倫理教育の視点から、臨床現場で、規則主義倫理学と徳倫理学をどのように活用できるかについて考察する。

まず、動機―行為そのもの―結果という行為の三局面の区別から、行為の評価の重点や、行為者の資質、倫理学のタイプを明らかにする(一)。次に。行為中心の倫理原則論と、行為者中心の徳倫理学をめぐる近年の議論を検討する(二)。さらに、規則主義倫理学の代表格であるビーチャムとチルドレスの『生物医学倫理の諸原則』において、倫理原則と徳がともに位置づけられていることを確認し(三)、倫理原則と徳の教育をどのように展開できるかを検討する(四)、最後に、両者を思慮(プロネーシス)のなかに統合していくことが教育目標となることを確認したい(五)。

第一節　動機―行為―結果

倫理はひとの行為の善悪や是非を問う。自分のなそうとする行為が「正しく、善い」行為なのかを自身に問いかけ、あるいは、他者の行為の善悪・是非を評価する。その際、行為には三つの局面があり、そのどれに焦点を当てるかによって、行為に対する評価も異なる。すなわち、行為は、動機―行為そのもの―結果という局面を持つ。この三つの関係をどう考えたらよいだろうか。まず、医療者に向かって、こう問うてみる。

表1　みなさんは、次のどの立場に共鳴しますか？

医療者として患者さんに接するときに最も大切なもの、
1　それは、なんと言っても、患者さんへの思いやりです。
2　医療者の**行為**が倫理原則や倫理規定にかなっていて、ガイドラインや関連法規に反していないことです。
3　行為（治療等）の**結果**が、患者さんの治癒や状態改善につながり、患者さんに喜ばれることです。

1は、行為する人の心のありよう、動機、心情、気持ちに注目し、内面的心情の「よさ」を重視している。

2は、行為そのものの「正しさ」を追求している。

3は、結果がよければよい、患者さんが治ればよいという立場で、行為の結果・アウトカムの「よさ」を評価のポイントと考えている。

動機がよく、行為が正しく、結果もよければ、文句はない。けれども、実際には、そうなるとはかぎらない。例えば、患者への思いやりから発した行為が、倫理規定や法規に反したり、逆に患者を傷つける結果になったりすることもある。あるいは、いじわるな気持ちで行ったことが、結果として、相手から感謝されるかも知れない（例えば、底意地の悪い動機から、患者にショックを与えたのに、結果的には、患者を奮起させ、患者の人生をまっとうさせたという例が、ミヒャエル・フックス編著『科学技術研究の倫理入門』松田純監訳、知泉書館、二〇一三年、二二一―二二三頁にあがっている）。動機―行為―結果はつながっているが、三つの局面は区別可能で、それぞれに評価の対象となりうる。行為のどの局面に着目するかで、評価の重点が変わ

表2

	行為の局面	重　点	行為者の資質	倫理教育の目標	倫理学のタイプ
1	動　機	思いやり 共感信頼	性格、徳	人間性と徳の涵養	徳倫理学
2	行　為	倫理原則 規則法規	義務感	倫理原則、倫理綱領、関係法規を学ぶ	義務論 規則主義
3	結　果	アウトカム	知識、技能、判断力	専門的知識・技能に習熟する	目的論 帰結主義

る。行為者の資質や倫理教育の目標、倫理学のタイプもそれぞれ異なり、表2のような対応関係になる。

1は、行為する人の心のありよう、すなわち医療職の内面的心情の「善さ」を重視する徳倫理学の立場である。医療職の徳として、思いやり（compassion）や慈愛（benevolence）、ケアの態度（caring）、信頼に値すること（trustworthiness）、誠実（integrity）、良心的であること（conscientiousness）などがあげられる。倫理教育の目標は、人との共感的態度を身につけ、信頼関係を醸成し、さらに生涯にわたってそれらを向上させる習慣を身につけることとなる。例えば、日本医師会の医の倫理綱領には、「医師は、……教養を深め、人格を高めるように心掛ける。……医療を受ける人びとの人格を尊重し、**やさしい心で接する**とともに、医療内容についてよく説明し、**信頼を得る**ように努める」とある。また、国際看護師協会（ICN）の看護師の倫理綱領では、「看護師は、尊敬の念をもって人々に応え、**思いやりや信頼性**、**誠実さ**を示し、専門職としての価値を自ら体現する」と謳われている。

この立場に対して、ときに厳しい決断が求められる臨床現場で、このような「情操教育で足りるのか?」といった疑問や批判が予想される。

そこで、患者や患者家族への同情とか共感に流されるのではなく、「医療倫理の原則などにそって行動すべし」という2の立場が現れる。これは、行為が規則や法規にそっているかという視点から、行為の「正しさ」を追求する規則主義（例えば、義務論）の立場である。医療倫理の四原則（自律尊重、無危害、善行、正義）やプライバシー保護などの諸規則や、職種に関するガイドラインや法規の遵守などが重視される。

3は、結果がよければよい、患者さんが治ればよいと考え、行為の結果を重視する帰結主義（例えば、功利主義）の立場である。よい結果を出すには、専門的知識や技能、判断力などが重要と考えられる。

1と2との関係をまず考察してみる。規則や法律を忠実に守っていれば問題ないという「極端な規則主義」に対しては、患者さんへの「思いやり」とかは、どうでもよいのかという思いから、心情重視派は納得いかないだろう。例えば、A看護師が「同僚Bさんの仕事は非の打ちどころがない。倫理原則にもかない、法規や規則を遵守している。でも、あの人、どこか気持ちがこもっていない感じがする」と思っていたという光景を思い浮かべてみよう。病者は病苦を背負い、大きな不安やさまざまな悩みをかかえている。医療者には、これに寄りそうケアの精神が求められる。病者はその「温かい心」に癒され、それによって心身状態が好転することもしばしばありうる。医療職の性格の良さ、人柄、徳が重視される所以である。

3は、結果が良ければよいという立場だ。例えば、「結果が良ければよい。プロセスは問わない。説明すると患者が嫌がるので、だまって、あるいは、だまして治療する。それでも、患者の病気が治れば、よいじゃないか」と考えている主治医を想定してみよう。患者ははたして結果だけを喜ぶのだろうか？　病気が治ったことについては、たしかに主治医に感謝しているが、そのプロセスでちゃんとした説明がなされなかったことに不信感がめばえ、わだかまりを持ったまま退院するということもありうるだろう。実際にそうした事例を聞いたことがある。

このように、動機、行為、結果のどこに焦点を置くかで、行為の選択や、行為に対する評価は異なってくる。この点に無自覚な次のような光景を思いうかべてみよう。

ある病院のケースカンファレンスで、例えば次のようにやりとりがなされた。

主治医は「患者の状態が良くなったから、よかったじゃないか！」と、成果重視で結果を評価する。

薬剤師は、「ちゃんと服薬指導もしないうちに薬を飲ませてしまい、規則に反することをしてしまった」と悔いている。

看護師は、心のなかで、「主治医は病状の好転という結果だけを、薬剤師は規則のことだけを考えているようで、患者自身への思いやりがまったく感じられない」と批判的につぶやいている。

医療チームのカンファレンスで検討しているとき、ある人は医療者の動機（思いやりなど）を重視し、ある人は医療者として原則にかなった行為をとろうとする。またある人は結果の良さを追求し、患者に喜ばれることをしようとする。三者がそれぞれに、動機、行為、結果という異なる構成要素に着目して、自らの評価の論拠にしている。このことを自覚しないまま議論を続けると、話はかみ合わない。同じ事柄を議論していないのに、それに気づかないまま、全体の評価をめぐって争っているからだ（これはミヒャエル・フックス編著『科学技術研究の倫理入門』前掲、三二頁で指摘されている）。議論はすれ違い、対立が深まり、スタッフ間に亀裂が走る。職場の雰囲気も悪くなり、バーンアウトや離職の原因にもなりかねない。医療チームで検討するとき、自分たちの判断が3つの局面のどれに焦点を当てているのかを自覚した上で議論することが必要である。それぞれの医療職は、担当分野を異にすることから、評価の視点が異なることがありうる。そのため、多職種の医療チームで協力し連携を促進する上でも、このことはとても重要である。（ただし、上記のケースカンファレンスは筆者による想定であって、各職種の特徴というわけではない。）

第二節　倫理原則と徳

ここでは、第一章で述べた内容を徳倫理学をめぐる近年の議論の文脈のなかで検討してみる。徳倫理学は、行為の正しさをではなく、行為する者の善さを追求する立場である。ロザリンド・ハーストハウス（Rosalind Hursthouse）は、徳倫理学の理念を次のように定式化している。

> 行為は、もし有徳の行為者が当該状況にあるならなすであろう、有徳な人らしい（つまり、その人柄にふさわしい）行為である時、またその場合に限り、正しい（Hursthouse, *On Virtue Ethics*, Oxford, 1999, p.28　R・ハーストハウス『徳倫理学について』土橋茂樹訳、知泉書館、二〇一四年、四二頁）。

これに対して、「このような状況下で、有徳な人、つまり正しく正直で慈悲深い性格の人がなすであろうことをなせ」と言われても、わたし自身が有徳な行為者でなければ、何の指針にもならない（前掲書、五二頁）という不満が義務論や功利主義の陣営からなされてきた。こうした批判に対して、ハーストハウスは『徳倫理学について』などで詳細に反論し、徳倫理学を擁護している（この反論と、そこに秘められたハーストハウスの戦略について、河谷淳「徳倫理と規範性——ハーストハウスによる徳倫理擁護論の検討」（ホモコントリビューエンス研究所討論資料、二〇一三年一〇月掲載）がきわめて明快にまとめている）。

ハーストハウスは詳細な反論のまとめのなかで、「徳倫理学は一方で自ら規則を作り出しながら、他方で、義務論者が用いるよく知られた規則をけっして除外したりもしない」と述べている（前掲書、五八頁）。徳倫理学は義務論者の規則を否定するどころか、その有用性を認めている。ただし、その正当化の論拠が義務論とはまったく異なることを彼女は強調する。義務論者は、「嘘をつく」ことが道徳規則に反するから「嘘をついてはいけない」という。（カントであれば、「嘘をつく」という行動方針を普遍化した場合どうなるかという普遍化可能性に照らして、「嘘をつく」は道徳規則になりえず、「誠実であれ」が道徳命法でなければならないと説明するだろう）。これに対して、ハーストハウスは、「嘘をつく」ことは「不正直なこと」であり、例えば友人を裏切る「悪徳」だから不正だという（前掲書、五八頁）。

このような説明を受け、「有徳の行為者がなすであろうように行為しなさい」と言われても、「具体的に何をどうしてよいのか、さっぱりわからない」という状況は変らない。ただし、ハーストハウスも指摘しているように、義務論が示す倫理原則や規則も、具体的な行動を示しえていない。規則ないしは原則は、いかなる具体的な場面においても、何が正しい行為であるかをそのつど特定できる決定手続きだとする「強いコード化可能テーゼ」は不可能だと彼女はいう（前掲書、五九頁）。

例えば、自律、無危害、善行、正義という四原則から直ちに医療者の具体的な行動が導かれるわけではない。倫理原則から行動を導くには、具体的な事態と原則・規則をすり合せた解釈を必要とする。その解釈は、臨床では、しばしば緊張感に満ちたプロセスであり、ときに患者の生死にも直結する。それゆえ、こうしたプロセスに習熟することが倫理トレーニングの要諦となる。

「規則にそって行動していれば間違いない」というのは甘い幻想であることをハーストハウスは鮮明にした。こうした徳倫理学の問題提起の意義について加藤尚武氏は明快に解説し、徳倫理学復権の歴史的意義を次のように鮮明にしている。

〈アリストテレス的な徳の倫理学〉に代って登場したのが、アンスコムが「法律もどきの倫理」と呼んで嫌悪感をたたきつけたカント主義と功利主義である。最終的に法律だけが拘束力をもつ文化では、徳は不必要である。現代の応用倫理学は、法律にしてもいい行為規範を、立法とは独立に審議・共有化する営みである（加藤尚武「私の同時代人アリストテレス」『アリストテレス全集　月報3』岩波書店、二〇一四年）。

規則主義は道徳を「適法主義」のレベルに還元した。その結果、個人の徳性は不要とされた。困難な選択に直面したら「徳のある人に尋ねてみよ」という〈人の支配〉から、実定法による支配への移行である。「人の支配から法による支配へ」は今日の法治国家の基本ではあるが、それは同時に、倫理のマニュアル化をもたらした、という洞察である（加藤尚武「倫理」、『シリーズ生命倫理学　第2巻　生命倫理学の基本概念』丸善出版、二〇一二年、一一-一八頁）。

職能団体の倫理綱領やガイドラインは法そのものではないが、「ソフトロー」と称され、実定法と連動して柔軟な規制メカニズムを構成するものと評価されている。倫理規定への背反に対しては、ときに懲戒規定も定められていて、倫理はきわめて法に近いものとなっている。倫理が「法律もどき」になっていると言われるゆえんである。

たしかに、倫理がマニュアル化し徳が不要とされる時代の弊害は理解できるが、「有徳の行為者がなすであろうように行為しなさい」ということのわかりにくさはなかなか解消しない。ハーストハウスも義務論の規則の有用性を認めていたことを念頭において、次に、規則主義の側での徳のとらえ直しを見てみよう。

第三節　『生物医学倫理の諸原則』における徳の位置

ここでは、医療倫理学の四原則を定式化し規則主義倫理学の代表格とみなされるビーチャムとチルドレスの『生物医学倫理の諸原則』（邦訳『生命医学倫理』立木教夫・足立智孝監訳、麗澤大学出版会、二〇〇九年）において、倫理原則と徳がどのように位置づけられているかを見てみる。

まず本書において、初版（一九七九年）から徳は無視されていなかったことを確認したい。初版では、四つの倫理原則と、医療専門職の規則（正直、機密保持）をすっかり論じつくしたのちに、最終の第8章で「〈道徳的〉理想、徳、誠実（integrity）」が論じられる。章の題目が、第2版で「〈道徳的〉理想、徳、良心的行動」、第3版で〈道徳的〉理想、徳、良心的であること」、第4版で「専門職の生活における徳と理想」と微妙に変化していくが、最終章で「徳」を論じるという構成は第4版まで変わらない。ところが、第5版（二〇〇一年）で、第8章の内容が突然、第2章へ繰り上げられ、本書の中核をなす倫理原則論よりも先に、「道徳的性格」という題目で、徳と道徳的理想が論じられる。これは編集上の大幅な変更である。この背景には、徳倫理学者からの批判があったと考えられる。一例として、スタンリー・ハワーワス（Stanley Hauerwas, 1940-）の批判を取り上げてみる。ハワーワスは *Encyclopedia of Bioethics*（生命倫理学百科事典）第2版（一九九五年）の「徳と性格」という項目で（『生命倫理学百科事典』丸善出版、Ⅳ巻二二三〇―二二三七頁）、『生物医学倫理の諸原則』第2版（一九八三年）をこう批判した。

生物医学倫理に関するビーチャムとチルドレスの説明は、規範としては、……自律、無危害、善行、正義の原則を中軸としている。これらの基本諸原則のおのおのには、自律の尊重、悪意のなさ、慈愛、正義といった主要な徳が対応するが、これらの諸徳はなんら中心的な役割を果たさない。かれらは「行為についての判断から独立して人格についての判断をすること、あるいは、徳を道徳的生活にとって主要で十分なものにすること」のための十分な論拠は存在しないと述べることによって、徳の説明を最終章に置き去りにしたことを正当化している（Ⅳ巻二二三一頁。強調は引用者）。

ハワーワスは、ビーチャムらが徳論を最終章に配置したことを徳の軽視の表れとみなして、非難している。ところが、この批判の後に刊行された第5版（二〇〇一年）で、徳論は「第二章　道徳的性格」へ移動する（表3参照）。ビーチャムとチルドレスの『生物医学倫理学の諸原則』は幾度も版を重ね、現在は第7版（二〇一二年）にまで達している。彼らはさまざまな批判に精力的に対応し、批判的な論点や問題提起をどんどん取り込み、大幅な改訂を重ねてきた（香川千晶「バイオエシックスにおける原則主義の帰趨」、小松美彦・香川知晶編『メタバイオエシックスの構築へ――生命倫理を問いなおす』NTT出版、二〇一〇年、一六三―一八三頁）。批判者は次の版では、もう標的（批判対象）を見失うという状況である。ハワーワスによる批判と、それへのビーチャムらの対応がまさにそのことを示している。第5版の第1章が全般的な序論に該当するとすれば、第2章は実質的に最初の章にあたる。ここでまっ先に「道徳的人格」・徳を論じたのだから、「徳の説明を最終章に置き去りにした」という批判は無効だと言わんばかりの変更である。

　しかし、これを表面をとりつくろった修正とみなすことは必ずしもできない。徳論は初版からすでにあり、第3版（一九八九年）から、徳についての記述がいっそう充実してきているからだ。第3版の第8章のなかで米国医師会（AMA）の倫理綱領が一九五七年から一九八〇年まで維持してきた下記を改め、徳に関する痕跡をほぼ全面的に削除したことが批判的に言及されている（Tom L. Beauchamp & James F. Childress, *Principles of Biomedical Ethics*, 3th ed. 1989, p.382『生命医学倫理』第3版、永安幸正ほか訳、成文堂、一九九七年、四五九頁）。

　医療専門職の第一の目標は、人類への**奉仕**（service to humanity）を提供することである。医師はそれぞれの患者に対して、全力で**奉仕と貢献**（a full measure of service and devotion）を提供することにより、みずからのケアに委ねられた患者の**信頼**に値しなければならない」。

奉仕、貢献、信頼という徳に関わる語は、一九八〇年の改定で、米国医師会の倫理綱領から削除され、徳についての記述は消えた。ビーチャムらはこれを批判し、医療職には「共感（compassion）とともに距離をおくこと（detachment）」の教育が求められ、「道徳的判断は原則、規則、**理想**を必要とする」と述べている

表3　『生物医学倫理学の諸原則』における徳論の位置変化

1版 1979 → 2班 1983	3版 1989	4版　1994	5版 2001	6版 2009　→ 7版 2012
第8章　理想、徳、正直	第8章　理想、徳、良心	第8章　専門職の生活における徳と理想	第2章　道徳的性格	第2章　道徳的性格
1理想	1道徳的理想 1)卓越し称賛に値する行為 2)聖者と英雄 3)義務と義務以上のもの 4)その他の理想			
2徳と性格	徳と性格 1)徳の概念 2)徳の特別な位置 3)徳と原則との両立可能性		1道徳的な徳 1)徳の概念 2)徳の特別な位置	1道徳的な徳 1)徳の概念 2)徳の特別な位置
	4)専門職倫理における徳の役割 5)道徳的熟慮における徳	1専門職の役割における諸徳 1)もろもろの役割と実践における諸徳 2)さまざまな専門職モデルにおける諸徳	2専門職の役割における諸徳 1)役割と実践における徳 2)さまざまな専門職モデルにおける諸徳	2専門職の役割における諸徳 1)役割と実践における徳 2)さまざまな専門職モデルにおける諸徳
				3ケアの徳 1)ケアの倫理の起源 2)伝統的理論への批判 公平への挑戦／関係と感情
		2　焦点になる4つの徳	3　焦点になる5つの徳	4　焦点になる5つの徳
		1)思いやり 2)識別力 3)信頼に値すること	1)思いやり 2)識別力 3)信頼に値すること	1)思いやり 2)識別力 3)信頼に値すること
3誠実と良心		4)誠実	4)誠実	4)誠実
↓ 2版 3良心的行動	3良心的な人格と行動 1)良心の本性 2)道徳的正当化における良心の役割 3)良心的反対	3良心 1)良心の本性 2)道徳的正当化において良心に訴えること 3)良心的反対	5)良心的であること	5)良心的であること 1)良心と良心的であること 2)良心的拒否
			4道徳的な徳と道徳原則との関係	5道徳的徳と行動指針（7版欠*） 1)道徳的な徳と道徳原則との関係 2)徳のある道徳的行為者は何をするか？
		4道徳的理想 1)義務以上の行動 2)通常の基準から義務以上への連続性	5道徳的理想 ・義務以上の行動 1)義務から義務以上への連続性 ・厳格な義務から最高の理想への連続性 ・生物医学倫理における理想の位置	6道徳的理想 1)義務以上の行為 2)義務から義務以上への連続性 3)生物医学倫理における理想の位置
		5道徳的卓越性 1)道徳的卓越性の価値と位置 2)アリストテレス的な諸理想 3)高められた道徳的卓越性：聖人と英雄 4)臓器提供の英雄的申し出	6道徳的卓越性 1)道徳的卓越性の位置 2)アリストテレス的な諸理想 3)例外的な道徳的卓越性：聖人、英雄、その他 4)生体臓器提供と組織提供	7道徳的卓越性 1)道徳的卓越性の位置 2)アリストテレス的な諸理想 3)例外的な道徳的卓越性：聖人、英雄、その他 4)生体臓器提供と組織提供
	4結論	6結論	7結論	8結論

＊7版では、5道徳的徳と行動指針の内容が第9章道徳理論のなかに移され、この章に「徳の理論」という節が新たに設けられ、ハーストハウスの批判に対しても応えている（p.380）。徳倫理学からの批判を一貫して重視していたことがうかがわれる。

(ibid. p.383 前掲訳書、四六〇－四六一頁)。それゆえ、単に原則のみで足りるというのは、かれらの立場ではない。最初は徳の位置づけは弱かったが、〈原則とともに徳が必要であり、かつ、徳や性格は重要だが、それだけでは不十分だ〉というのが、彼らの立場だった。徳を扱った章の第1版から第7版までの変遷を表3で眺めてみると、たえず新しい内容が加わり、編成はたえず変化しているが、主要項目は意外と安定していることがわかる。伝統的な医の倫理で強調されてきた「医療専門職の徳、性格」(第4版までの第8章と、第5版以降の第2章の主題)は、現代の生物医学倫理の諸原則・諸規則を「支持し豊かにする」という点で一貫している。

医療者に求められる徳として、第3版では、「善意(benevolence)、ケア、思いやり(compassion)の徳が重要」(ibid. p.381 前掲訳書、四五九頁)とされたが、第4版以降、「焦点となる徳」として、思いやり、識別力(discernment)、信頼に値すること(trustworthiness)、誠実(integrity)、良心的であること(conscientiousness)の「五つの中心的な徳」があげられ、最新版に継承されている(ibid. 7th ed. 2012, p.37-44)。

第5版の第2章「道徳的性格」の冒頭では、こう述べられている。

> 道徳生活で最も重要なことは、原則や規則に忠実なことではなく、**信頼**される性格とか、**善き道徳的なセンスとか感情的な敏感さ**であることが多い。特定化された原則や規則でさえ、……医師や看護師が患者や家族との出会いのなかで共感したり、耐え忍んだり、敏感になったりするときに生じることを伝えられない。われわれの感情や他者への関心は、規則追随的な手続きに還元しえない行動へとわれわれを導く。そして、原則や規則を超えて手を差し伸べるさまざまな**感情的反応や心に響く理想**なしには、道徳は冷た

く退屈な実践となってしまう（ibid. 5th ed., p.26『生命医学倫理』第5版、足立智孝ほか訳、麗澤大学出版会、二〇〇九年、三三頁）。

原則や規則よりも大事なもの、それは信頼される性格であり、善き道徳的な感受性である。規則追随的な手続きではなく、感情的反応や心に響く理想こそが重要だと述べている。これは、まさしく徳倫理学の言説にほかならない。

徳倫理学が主張する内容は、医療倫理では、とくに伝統的な医の倫理とよく整合する。伝統的な医の倫理では、ヒポクラテスの誓いや日本の「大慈惻隠《だいじそくいん》の心」や「医は仁術《じんじゅつ》」という言葉に見られるように、患者を治療するために可能なかぎり努力し貢献するという徳のみでよかった。ところが、患者の自律の尊重という新しい要素が加わった現代の医療では、複雑なモラルディレンマに直面することがしばしばある（松田純ほか編著『薬剤師のモラルディレンマ』南山堂、二〇一〇年、第I部三参照）。そこで、四原則のようなわかりやすい基準が重宝されるという面がある。

例えば、米国の看護倫理では、初めのころは、徳の倫理が原則の倫理を包含していたという。一九六〇年代から生命倫理学の影響を受け、一九六八年版の倫理綱領は、「原則の倫理を基盤とし、それまで看護倫理を支配していた徳の倫理の伝統から離れた」。その後も生命倫理学の影響が強まり、一九七六年の綱領は「技術的に倫理的」なまでになった。二〇〇一年の綱領改定から、「看護師の自己への義務に特化した条文」も入り、原則主義にとらわれずに他の倫理的アプローチも取り入れられるようになったという（Marsha Fowler & Verena Tschudin「看護における倫理　歴史的展望」、アン・J・デービス編『看護倫理を教える・学ぶ』小西恵

美子監訳、日本看護協会出版、二〇〇九年、一四－一九頁）。

日本看護協会はホームページ上に、看護倫理の「自己学習テキスト」を掲載しているが、そこでは、原則に基づく倫理と看護師の徳を重視した看護倫理との関係をこう述べている。

看護倫理の理論であり実践法でもあるケアリングの倫理は、原則に基づく倫理に対抗するものとして発展したが、近年では、原則に基づく倫理に反するものではなく、むしろ相補うものであり、看護実践においてはこの両方が必要であると考えられている（日本看護協会「ケアリングの倫理　看護における倫理の特性」http://www.nurse.or.jp/rinri/basis/carering/index.html　二〇一五年一月閲覧）。

このように、近年の看護倫理学では、原則の倫理学と徳の倫理学が相互補完的な関係でとらえられている（堀井泰明「看護倫理とケアリング――看護倫理の基底をめぐる一考察」、『天使大学紀要』一〇巻、二〇一〇年、五七－六五頁、アン・J・デービスほか『看護倫理』医学映像教育センター、二〇〇七年、八－四三頁）。看護におけるケアリングの倫理は、「患者の身近にいる看護者が患者に関心を寄せ、気遣いをもってかかわること、このかかわることに伴う責任を引き受けること」と定義される（日本看護協会「患者‐看護師関係を重視するケアリングの倫理」前掲ＵＲＬ）。これは看護師の義務であると同時に「徳」でもある。さらに、ケアリングの倫理と原則の倫理の統合が必要だと認識されている。身近な人への関心や気遣いを中心とするだけだと、時に視野が狭くなり、公平性にかける判断になりかねない。原則に基づく倫理に照らしてバランスをとる必要がある（同上）。倫理原則にそった行動と「思いやり」という徳を兼ね備えた看護師像がめざされている。

規則を守っていれば心情や動機はどうでもよいという規則主義が、倫理を「法律もどきのもの」にしたという徳倫理学の指摘はもっともである。しかし、徳倫理学は単独で可能だとするアンスコムなどの「過激」で「急進的な」徳倫理学（ジェームズ・レイチェルズ『現実をみつめる道徳哲学――安楽死からフェミニズムまで』古牧徳生ほか訳、晃洋書房、二〇一〇年、一七六、一八九頁）も不可能だ。行為の指針を示すなんらかの基準（原則や規則）は必要である。行為者の「善さ」と行為の「正しさ」が「人格」の「思慮（プロネーシス）」のなかに統合されたあり方をめざすべきであろう。それが専門職の倫理教育の目標となる。

第四節　倫理教育の目標

そもそも徳（性格、人柄）は教育できるのかというソクラテスの問いをここでは問わない。もう少し限定して、専門職の資格を取得しすでに一定のキャリアを持つ医療者にいまさら「徳の教育」は可能なのかを考えてみたい。病者は病苦をかかえ、さまざまな不安や悩みを抱いている。医療者として、これに寄りそうケアのこころが求められる。病める人を思いやり、その苦しみから目をそらさず、一人の人間としてその存在を理解し尊重しようとする態度は医療者には不可欠である。思いやりや共感的態度の形成は幼児期からの家庭教育の影響なども大きいと考えられる。その時期に重大な欠落があった場合には、成人後にその修正は困難をきわめるかもしれない。しかし一定の素地を前提とした場合、専門職としての教育・研修・訓練のなかで、道徳的感受性や、道徳的知覚の敏感さを高める教育は可能なはずである。

医療分野での徳の涵養には三つのアプローチがあげられる（Louise de Raeve「徳の倫理の教育」、アン・J・

デービス編『看護倫理を教える・学ぶ』前掲書、一一九－一三二頁、Ann Gallagher「看護倫理の教育　倫理的能力の促進」、同書、一八八－二〇六頁参照)。

1　範例《モデル》によって学ぶ

これは、立派な先輩を見倣うことであり、先輩から後進への指導である。「子は親の背中を見て育つ」と言われるように、「医師は先輩医師の背中を見て育つ」「看護学生は看護教員の背中を見て育つ」ということが言えるであろう。指導者自身がモデルになる必要がある。ハーストハウスも「私が正しいことをしたいと思ってはいるが見通しがつかない場合には、自分が尊敬し賞賛する人たち、すなわち、私自身よりも親切で正直で正しく知恵があると私がみなす人たちのところへ行って、私の状況で彼らなら何をするだろうかと尋ねてみること」を推奨している(ハーストハウス「規範的な徳倫理」(Normative Virtue Ethics)、河谷淳訳、ホモコントリビューエンス研究所討論資料)。

2　人間性について理解を深め、道徳的感受性を高める学習

一般的な共感力だけではなく、専門職として遭遇する事態を想定した訓練が求められる。例えば、ロールプレーイングなどは有効である。医療者を対象としたある研修会で、神経内科医が主治医役と患者役を割り振られ、ALS(筋萎縮性側索硬化症)患者に「ALSである」との診断結果を伝える場面に同席したことがある。ロールプレーイング後に、患者役をやった医師に「どうでしたか?」とファシリテーターが尋ねたところ、その神経内科医は「これまで何回もALSの告知を行ってきたが、その時の患者さんの気持

ちが初めてはっきりわかった気がする」と答えていた。こうした学習と訓練は道徳的感受性を高める上で有効だと言える。

3　臨床スーパーヴィジョン（観察、指導、助言）を通して振り返り、ケアの態度を高める教育

看護実習などでは、実習であった実際のケースを、看護学生にプロセスレコードなどの用紙に記入させながら、振り返りを促す教育が行われている。教員が「あなたはあのとき患者さんにこうゆうことを言ったけれども、患者さんはそのときどう思ったでしょうね?」などと問いかけ、自分の行動と相手の反応を振り返らせるのである。こうした振り返りと、管理的ではない支持的なスーパーヴィジョン（先輩の観察、指導、助言）によって、相手の心に敏感になり、患者に対する観察能力が向上する。

これらの手法を用いて、専門職に必要な「徳の涵養」は可能だという展望を持って、専門職の資質の向上に努めることが必要であろう。専門職の生涯研修には、単に専門的知識や技術の修得だけではなく、倫理的な対応力についての学習と訓練も含まれる。

第五節　思慮——実践知

ハーストハウスは、「有徳の行為者がなすであろう、有徳な人らしい行為」と言っても、そこからは何の指針も出てこないとの批判に反論するなかで、義務論が提示する規則についても同様だと切り返した。まったく

その通りである。医療倫理の四原則は万能の基準どころか、それだけでは、何の指示も与えない。それは医療において配慮すべきチェック項目にすぎない。これに照らして実際の事例を検討するなかで、適切な方向性を見いだしていくことが求められる。さまざまな具体的な事例のなかで経験を積みながら、識別力・判断力を鍛えて行くしかない。その積み重ねが、参照されるべき「有徳な人」を形成するであろう。それはアリストテレスの言う思慮（プロネーシス）の徳を身につけることであろう。アリストテレスは思慮について、次のように述べていた。

たとえば健康に向けて、あるいは壮健に向けてどのようなことが善いかを思案するのではなく、全般にわたってよく生きることに向けて、どのようなことがよいかを思案することができる。これが思慮ある人の特徴である（アリストテレス『ニコマコス倫理学』第6巻第5章、神崎繁訳、岩波書店、二〇一四年、1140a）。

思慮は個別的な事柄にも関わり、その個別的な事柄は経験によって知られることになる（前掲書、第6巻第8章、1142a）。

われわれの人としての働きは、思慮と性格における徳とに基づいて成し遂げられるのである。なぜなら、徳が目標を正しいものにするのであり、思慮はその目標に至る事柄を正しいものにするからである（前掲書、第6巻第12章、1144a）。

規則主義の倫理学と徳の倫理学の関係は、「規則があれば、徳はいらない」とか、「徳があれば、規則はいらない」というように極端化すれば、対立するが、倫理原則も徳もともに必要なのではないだろうか。行為者と行為は不可分であるはずだ。表2の「行為者の資質」欄の、1、2、3をすべて包括したものが本来の「職能」と言えよう。そのようにとらえると、医療職の教育目標、とりわけ倫理教育の目標が明確になるであろう。それをまとめるとこうなる。

1　医療倫理の原則と規則に照らした検討に習熟する

多職種チームで検討し、熟慮判断力を鍛える。マニュアルではなく、倫理的思考力を鍛えることが肝要。実臨床では多職種でのケースカンファレンス、研修では、模擬事例を用いたグループディスカッションが有効である。

2　専門職としての徳の形成に努める

スーパーヴィジョン（先輩の指導）、ロールプレーイング、プロセスレコードを活用した振り返りなどで、道徳的感受性を高める。

3　具体的なケースにおいて、徳にかない倫理原則にも適合した適切な対応を見いだすことのできる思慮（プロネーシス）を身につけること。

養成機関や臨床現場では、そのために、倫理教育・倫理研修はどうあるべきかという観点からの工夫が求められるであろう。

11　応用倫理学は（どのように）幸福を扱いうるか(1)

奥田太郎

はじめに

幸福への関心が昨今高まっている。世界各国の幸福度が研究成果として報告され、そのランキングに各国政府が注視するようになり始め、また、幸福度の算定にあたっては、主に心理学者や経済学者などの実証系の社会科学者がその任を果たしている。そうした状況の中で、倫理学者はどのような応答をしているのだろうか。倫理学は、長らく幸福とは何かという問いを核として幸福について考察を試みてきたはずだが、こうした現代社会の動向に対して何らかの応答を試みているだろうか。あるいは、そのような応答は果たして可能なのか。

倫理学がとりうる一つの方向としては、「幸福とは何か」を原理的に問い直し、現在進行中の幸福研究に対して批判的かつ建設的な提言を発する、という路線が考えられる。実際、倫理学の領域では、デレク・パーフィットが提出した「よき生」に関する三分類（快楽説、欲求充足説、客観的リスト説）(Parfit [1984]) を基軸として、幸福をめぐる概念的な整理作業が積み重ねられてきた。しかしながら、そうした研究成果が、上述の幸福研究に何らかの仕方で貢献し得たのかどうかと問われれば、どうにも心許ないと言わざるを得ない。「幸福」の問われ方を問い直す作業は、専ら哲学としての倫理学が得意とするものだと思われるが、果たして、幸福を哲学的に論ずる者たちの間で自身の問い方がどの程度真摯に問い直されていると言えるのだろうか。[2]もっとも、現状はどうであれ、今後、この方向での貢献（現状に棹さすにせよ、水を差すにせよ）それ自体は期待されてよいだろう。だが、少なからぬ倫理学者が関心を寄せるこの路線については、今回は扱わないでおく。

本稿が取り扱うのはむしろ、もう一つの方向、すなわち、現代社会における喫緊の倫理問題に応答しようとしてきた応用倫理学が、改めて幸福の問題を自身の取り組むべき課題として認定し研究を進める、という路線である。先の路線に比べ、こちらについてはこれまで注目を集めることはなかったように思われる。しかし、昨今の幸福への社会的な注目度の高さを考慮すれば、応用倫理学がこの問題系に何ら手をつけないまま避けて通ることは難しいだろう。そこで、本稿は、応用倫理学がこれまでどのように幸福という問題を扱ってきたのか、あるいは、扱ってこなかったのかについて、生命倫理や環境倫理などの主要領域での議論を中心に検討したうえで、[3]応用倫理学は今後どのように幸福を扱いうるかについて考察してみたい。

第一節　近年の幸福研究への社会的注目と応用倫理学

近年社会的な注目を集めるようになった幸福に関する専門的な研究は、主として、心理学の方法を用いる研究者たちの手によって推進されてきた。二〇〇〇年以降、*Journal of Happiness Studies* などの関連する専門学術誌が刊行されるようになり、心理学領域における幸福研究が実質的なテーマとして確立されていったと考えられる。国際的な動きとしては、二〇一一年の決議に基づき、国連による『世界幸福度報告』（*World Happiness*

Report）が二〇一二年四月に発表され、翌二〇一三年、国連が三月二〇日を「国際幸福デー」と定めるに至った。[4] なお、*World Happiness Report2013* における国民総幸福量（Gross National Happiness: GNH）を指標とした幸福度ランキングで、日本は第四三位であり、その順位をめぐって様々な言説が各種メディアを賑わすこととなった。

実際日本において、理論と政策を架橋する目的で二〇〇一年に設立された内閣府のシンクタンク、内閣府経済社会総合研究所も、幸福度研究を明示的に開始しており、たとえば、以下のような知見が主観的幸福感（幸福度）研究の既存の成果としてウェブページ上で紹介されている。[5]

・所得の上昇が人びとの幸福度を改善するには限界がある。
・失業が個人にもたらす負の影響は、所得の減少以上に非常に大きい。
・正規雇用、非正規雇用の違いがもたらす影響は国ごとに異なる。賃金を考慮しない場合には、非正規雇用が日本でも男性・女性別では幸福度を有意に引き下げるわけではない。
・年齢別に見ると欧米では四〇代が一番低い。日本では年齢とともに幸福度が低下するとする研究もある。結婚や配偶者の存在は幸福度を引き上げる。
・労働者にとって、雇用主による経営への信頼は、生活全般の幸福度に大きく影響する。
・政治体制への信頼感や Social Capital の質が幸福度に大きく影響する。
・東アジアでは社会的な調和から幸福感を得る一方、欧米では個人的な達成感から幸福感を得る傾向にある。

こういった知見や、それを踏まえて今後次々と得られると思われる実証的な知見は、社会的な課題に関する意思決定について、その外枠を決めるものとなりうる。そうした課題の中には、科学技術の進展に伴われる喫緊の倫理的課題も含まれるだろう。それゆえ、そうした倫理的課題に取り組む応用倫理学にとっても、実証的な幸福研究の動向は無関係ではない。

応用倫理学は、そうした課題に関して、社会的な合意形成の基礎となる思考の枠組みと問題理解の枠組みとを準備し、併せて、当該の課題に潜む哲学的問いを掘り起こし倫理学を豊かにすることをその任とする。こうした応用倫理学の取り組みは、社会的規範に関わる事柄について広く哲学的に考察するという倫理学それ自体に内在する学術的目的に即したものであると同時に、歴史的経緯としても実践上の役割としても、社会的な要請に応じて成立していることは明らかである。(6) それゆえ、応用倫理学とは、科学技術の急速な進展にともなって変動すると予想される社会状況の中で、人びとが幸福に過ごせる方途を探る、あるいは、そうした中で幸福に過ごすとはいかなることかを問い直す学術的営みである、と考えることもできよう。そうであれば、応用倫理学における幸福の問題について改めて論ずることには、応用倫理学内在的にも意味のある作業のはずである。

また、このように捉えて、「幸福」というキーワードを端緒に応用倫理学の議論を検討することは、これまで多数多様に蓄積されてきた応用倫理学の関連文献を「幸福」を軸に読み直すことを意味する。それぞれに異なる文脈で書かれてきた研究文献群を新たな視点から統一的に読み直すことは、それぞれのテーマについて深まりを見せてきた既存の個別研究を横断する形で議論を再編することにも繋がり、学術領域としての応用倫理学をより豊かなものにするかもしれない。

他方で、倫理学において理論的に検討され続けてきた「幸福」概念が、具体的な文脈をもつ倫理問題の検討の中で果たしてどの程度使いものになるのか、ということが、応用倫理学の文献の中で直接的・間接的に試されていることになる。そもそも「幸福」概念を倫理学的に探究することが何らかの意味をもつ営為として開始されうるその端緒は、様々な人たちが、日々送る様々な文脈ある暮らしの中で「幸福」に関わり、それについて感じ、語り、思い悩む、まさにそうした問題が立ち上がっているという事態に存するはずである。このことを踏まえれば、倫理学における「幸福」の理論的探究は、その成否を判定する試金石の一つとして、自生の文脈に置かれた問題に取り組む応用倫理学的な探究においてその成果がどのような位置づけをもちうるかを問われる必要があろう。(7) 応用倫理学における幸福の問題について論ずる本稿の試みは、そうした問いかけの手がかりにもなりうる。

次節より、応用倫理学の各領域で行なわれてきた既存の探究の中で、「幸福」がどのように扱われてきたのかを、生命倫理領域と環境倫理領域について順に見ていくことにしよう。

第二節　生命倫理領域における「幸福」

まずは、生命倫理領域における「幸福」の扱われ方について見ておこう。

たとえば、この領域で古典的なテキストの位置づけをもち、定期的に改訂を重ね続けているビーチャムとチルドレス『生命医学倫理の諸原則』（Beauchamp & Childress [2009]）において、「幸福（happiness）」という語はどのような文脈で登場するだろうか。一つ目は、生命倫理に関する道徳原則の一つ、「自律尊重」を扱う節に現れる。いわゆる「最善の利益（best interest）」について説明する中で、患者（とりわけ、自律を失うと考えられる認知症の患者）の「幸福」について手短な言及がある（ibid., p. 139）。もう一つは、道徳理論としての功利主義を説明するための「功利の概念」を扱う節において、「行為者中立的あるいは内在的な善：すなわち、幸福、自由、健康といった合理的な人びとであれば誰でもその価値を認めるような善」（ibid., p. 337）という仕方で、ある種の善に関する理論的な説明の一部分として言及されている。

この傾向は、たとえば、ラーナン・ジロンの著書においても見られる。この著書でも、功利主義の考え方に関する説明の中で「幸福」について理論的な言及がなされている（Gillon [1985], p. 22-24）のに加えて、医師が患者の「幸福」を最もよく判断できる者であると考えることの危うさについて論じられている（ibid., p. 70-71）。日本における医療倫理の定評ある教科書の中でも、「幸福」に明示的な言及があるのは、倫理学理論を説明する箇所（赤林［二〇〇五］、三三―三五頁）のみである。要するに、生命倫理領域の概説的な著作において「幸福」は、既存の倫理学理論の説明という文脈か、「最善の利益」基準の説明という文脈かのいずれかで、それ自体の内実の掘り下げはないまま、一般的な語彙としてのみ使用されている、ということである。

ただし、内容的に考えたときに現代の幸福研究との関係が深いと思われるのは、ビーチャムとチルドレスの提案する四原則の中で言えば、「善行原則」である。そこで論じられる利他性の問題、生活の価値づけ（valuing lives）、さらに、QALYs（Quality-Adjusted Life-Years）などは、現代的な幸福研究が扱っている類いの「幸福」と密接に関わっていると思われる。とはいえ、それらは、生命倫理における「幸福」の問題として、古代ギリシアにおけるエウダイモニアにまで遡りつつ積極的な形で取り扱われているわけではない。そこで問題となっているのは、医師が配慮すべき患者の福利であり、とりわけ、患者の福利を無視して不利益や危害を与えることが倫理に反するため、そうしないようにする（＝患者の福利を無視しないようにする）にはどうしたらよいかということであり、一種の義務論的な再構成が可能な限りでの「福利」だと言ってよかろう。

そうした中、哲学的な幸福論に最も親和的なものとしては、QALYsへの言及箇所が挙げられる。QALYsとは、生活の質（QOL）について、完全に健康である状態を1、死んだ状態を0と定め、完全に健康な状態で一年間過ごせる場合の余命を1QALYとして、特定の医療的介入が行われた場合のQOLの数値に基づいて介入後のQALYを便宜上算出する、という定量化の方法である。そして、どのような医療措置を施すかを決めたり、どのように医療資源を配分するかを決めたりするために、1QALY当たりの費用を算出して、それが低いほど優先度が高いと考えることになる。こうした思考法は、（もちろん、基本的には両者は別物であるという留保付きであるが）功利主義をその哲学的始祖としているとも考えられている（Beauchamp & Childress [2009], p. 232）ため、一見すると「幸福」を取り扱ったもののようにも思われる。

しかしながら、QALYsも基本的には、医療行為の倫理性を高めるために便宜上医療行為がもたらす効果を定量化するための技術的な装置にすぎず、「幸福」について正面から扱うためのものとは言い難い。それに関わる記述もやはり、医師が患者と向き合ったときにどうすればより倫理に悖らないか、ということが主たる関心事であり、どのようにすれば医師と患者が「幸福」だと言えるのかといったことはまったく扱われていないのである。あえて言えば、QALYsが安易に用いられることの倫理的問題を指摘するという仕方で、きわめて間接的に患者の「幸福」のようなものに触れているとも考えられるが、それはやや穿ち過ぎであろう。

続いて、生命倫理領域における特定のトピックについて、「幸福」の扱われ方を見てみることにしよう。たとえば、安楽死についてダニエル・カラハンが、「安楽死を求められる局面に接した医師が自分自身の判断を下すとすれば、それは、その患者の人生が生きるに値するか否かの判断を（そうした問題に関する素人である）医師が下すことに他ならない」（Kuhse & Singer [2006], p. 385）と述べていることから窺われるように、安楽死が論じられる際の焦点は、よき生や幸福の問題との関連性は示唆されながらも、結局のところ自己決定の問題に定まりがちである。

安楽死問題において扱われてきた主たる問いは、自分の死を自分で決定することは許されるか、自分の死についての自己決定を他人が引き止めることはできるか、自分の死を他人が代理決定できるか、といった自己決定をめぐるものに他ならない。自己決定をどう捉えるかという問題意識の中で、医師と患者の暴走にどのように歯止めをかけるかが論じられている。そこでは、「安楽死は人を幸福にするか」といった角度からの議論は展開されないままである。しかしながら、安楽死をめぐる議論の背景には、明示的に示されることはなかったとはいえ、「よき生」や幸福は主観的なものか客観的なものかという古典的な問いや、幸福の内実はどのように決まるかといった根本的な哲学的問いが横たわっているはずである。

これまで、とりわけ大陸系の哲学研究者からは、安楽死などの生命倫理領域の研究の中で自己決定なるものに議論が集約されるのは英米圏特有の個人主義の価値文化ゆえであるといったレッテルが貼られがちであった[8]。しかし実際には、本稿冒頭で指摘したように、当の英米圏でこそ、幸福をめぐる様々な問いはより明晰な仕方で提起され取り組まれてきていたのである。そうした事情を踏まえれば、そうしたレッテル貼りを招いたのは、幸福の理論的研究の担い手と生命倫理領域の研究の担い手との相互無関心にあったと言えるのかもしれない。

また、生命倫理領域における中心的な問題であった中絶についてもまた、その倫理学的議論[9]は、幸福よりも、胎児や母親をめぐる権利や責任、道徳的地位などをめぐって交わされる傾向がある。確かに、丹念に議論を追ってみれば、間接的に幸福に言及しているとみなしうるものは少なくないようにも思われる。しかし、明示的かつ実質的に幸福に言及しているものとして挙げるとすれば、ハーストハウスの徳理論アプローチを置いて他にないだろう。彼女は、中絶の問題を規制の対象としてではなく、人生の問題（幸福の問題）として捉えようとする視座をもって生命倫理領域に切り込んでいる。ハーストハウスは「徳倫理と妊娠中絶」（一九九〇年）において、次のように論ずる。

（…）中絶が髪を切ることや盲腸の手術と同じようなものだと本気で信じているような人は皆、間違っているのである。妊娠を初期段階で終わらせることは、ある意味で新たに生まれる人間の生命の切り捨てであり、このことによって中絶は、新たな人間の生命を生み出すことと同じように、人間の生と死、親であること、そして家族関係といった諸々の事柄についての私たちの考え方全体と結びつく。このために中絶は重大な問題となるのである。中絶に関するこの事実を無視すること、すなわち中絶をたいして重要でない何かを殺すことにすぎないと考えたり、人がもっている権利の行使にすぎないと考えたり、ある望ましい事態のための付随的な手段であると考えたりすることは、冷淡で軽薄なことなのであり、有徳で賢明な人物であれば決してしないことなのである。それは胎児に対してだけでなく、より広く、人間の生と死、親であること、そして家族関係に対して、不正な態度をとることなのである。」（江口［二〇一一］、二三五頁）

私の中絶の議論には必然的に、生きるとはどのようなことかということについての主張（たとえば、仲間が常に自分たちの権利を言い張ると愛や友情などは生き残らないという私の主張や、完璧な人生を求めることは幸せを完全に失う危険があるという私の主張）が含まれることになる。（江口［二〇一二］、二四五頁）

ハーストハウスはここで、先行する哲学的な中絶論は、人びとの人生の中で生じうる中絶という事柄それ自体を誠実に捉えない「冷淡で軽薄な」営みであると痛烈に批判している。こうしたハーストハウスの主張は、応用倫理学の議論が、胎児や母親をめぐる権利や責任、道徳的地位などを扱う法モデルの議論や規制の論理に尽きるものではなく、エウダイモニア的な「幸福」を扱いうる可能性[10]を示唆していると言えよう。

なお、比較的最近活発に論じられるようになったエンハンスメントに関する議論は、徐々にその蓄積を重ねてきている。エンハンスメントというテーマは、「幸福」とは最も関係の深いものであり、それを論じた論考も少なからず存在するが[11]、それに関しては機会を改めて取り組みたい。

第三節　環境倫理領域における「幸福」

環境倫理領域では、「幸福」はどのように扱われているのだろうか。最も目立つものとしては、動物倫理における功利主義的アプローチの中で、動物の幸福や福利が扱われている。[12] 人間と同様の道徳的地位をもちうるということが俄に首肯されない傾向のある動物を対象にして、その幸福や福利を観念し考察するこの種の研究は、人間の幸福や福利に関して従来述べられてきた事柄を再度批判の俎上に載せる効果をもつ。それゆえ、応用倫理学の中では動物倫理の探究においてこそ、最も真っ当に「幸福」が扱われていると言えるかもしれない。

しかしながら、動物倫理の他に、環境倫理領域での探究において、「幸福」が明示的に扱われることはほとんどないように思われる。環境倫理領域の議論に通底する基本的な枠組みが、人間中心主義と人間非中心主義との対比の中で構成されてきた、という学説史的な要因ゆえに、「幸福」の扱いが避けられてきたのかもしれない。というのも、通常「幸福」を享受する主体は人間に限定され、その主体としての人間との対比で語られる環境に「幸福」という概念を導入するのは奇妙なことだと考えられるからである。

逆に言えば、人間中心主義の議論領域に属すると思われる「持続可能な発展」というテーマには、次のような「幸福」に関する実質的な問いが潜んでいる。すなわち、自然環境を破壊して自然資源を可能な限り利用し尽くす経済発展至上主義のライフスタイルは私たちを「幸福」にするのか、あるいは、経済発展を目指さずに定常社会を選ぶライフスタイルは私たちを「幸福」にするのか、という問いである。

実際、京都大学の関連部局のスタッフが世話人を務め、分野横断的な情報共有や意見交換の促進を目指して自発的に運営されている「持続可能性と幸福研究」ネットワークに見られるように、持続可能な発展と「幸福」との間には浅からぬ関わりがあるように思われる。やや長くなるが、このネットワークの趣意文に相当する文言を以下に引用しておこう。

近年、日本を含む先進諸国では、経済的な豊かさが人々の幸福感につながらない現象が共通して生じ、心理学や社会学を中心に、様々な学問分野で研究の蓄積が進んでいます。また、政策的な観点からも、国民の幸福の度合いを測る尺度についての関心が高まっており、最近では、経済開発協力機構（OECD）やフランス政府の有識者会議（スティグリッツ委員会）が個人の幸福感を柱とする新たな指標づくりの提案を行ったほか、日本でも、内閣府の「幸福度に関する研究会」が幸福度指標試案を提示しました。

一方、環境や開発の分野では、一九八〇年代以降の〝持続可能な発展〟の概念構築に伴い、世代間や世代内の衡平性を伴う発展のあり方が議論され、これを測る指標の検討がなされてきました。特に最近では、経済学を中心に、幸福の観点から持続可能性にアプローチする研究が始まっています。

本ネットワークでは、持続可能性と幸福の関係性と、これを測る尺度のあり方などについての議論の発展に資するため、研究者や政策担当者などの緩やかな連携を通じ、分野横断的な情報共有や意見交換の促進を図ります。[13]

こうした領域で取り組まれる研究の成果は、環境政策を方向づける基本的な指標を提示するものである。では、ここで指摘されているような「個人の幸福感を柱とする新たな指標」や「世代間や世代内の衡平性を伴う発展のあり方…を測る指標」が要請されるのはなぜなのか。それは、ある特定の倫理的な観点から現状認識を構成しているからであろう。そうした指標作成の要請を支える論理的な観点について、ある時期までの環境倫理学は検討を重ねてきた。その際に、「幸福」そのものが主題化されることはなかったようだが、生命倫理領域の場合と比べて、環境倫理領域での「幸福」という軸での捉え直しは比較的容易であるように思われる。そこで、K．S．シュレーダー＝フレチェットの二つの論文、「「フロンティア（カウボーイ）倫理」と「救命ボート倫理」」および「宇宙船倫理」（シュレーダー＝フレチェット［一九九三］）で提示された、環境政策を方向づける三つの倫理モデルについて、「幸福」との関連性を見てみよう。

シュレーダー＝フレチェットが示す三つの倫理モデルとは、（1）フロンティア倫理、（2）救命ボート倫理、（3）宇宙船倫理である。これらの中で「幸福」が問われているとすれば、それはいずれの倫理モデルにおいても「人類の生き残り」との関連で語られていることになる。

まず、フロンティア倫理を一言で言い表すなら、人間は自然を支配すべきである、と考える倫理モデルである。この倫理モデルは、著名な中世ヨーロッパ技術史研究者であったリン・ホワイト・ジュニアが指摘して大きな影響力をもつことになった考え方に由来している。すなわち、現代の環境危機の主たる要因は、人間が自分の目的のために自然を搾取・開発することは神の意志だとするキリスト教思想にある、という考え方(14)である（パルマー［二〇〇四］、八二―八九頁）。シュレーダー＝フレチェットは、それを、環境政策を支えてきた有力なモデルとして「フロンティア倫理」と整理するわけである。彼女が挙げるのは、バイソンをほぼ絶滅させた米国カウボーイや、発見した土地を略奪したスペイン系植民者といった事例であり、それらに見られるように、「野性的で野蛮なもの」を支配するための聖戦の担い手として自己同定を行うこと、および、そこから得られる経済的拡張や物質的豊かさという帰結が、フロンティア倫理モデルを駆動していた、ということになる（シュレーダー＝フレチェット［一九九三］、五六頁）。このモデルに見られるのは、豊富な資源と際限なきフロンティアの存在を前提とした場合、自然を支配することで人間の幸福がもたらされる、という幸福観であると思われる。

こうしたフロンティア倫理は、やがて「共有地の悲劇」に陥る、すなわち、共有物に関わる個々の自己利益追求行動が全体としての破滅を帰結するという事態を招来する、とギャレット・ハーディンは考えた。ハーディンは、世界各国を収容能力の限られた救命ボートに喩え、遭難者が溢れる海原において、すでに乗船している者の生存を保護し、豊かなボートへのそれ以上の乗船を認めるべきではない、と主張する。この主張の背景には、フロンティア倫理が推奨してきたような個々の人間の福利に先立って、環境の福利のために尽くすべきである、とする救命ボート倫理モデルの考え方がある。ここには、自然を支配できるという思い上がりは結局人間を幸福にしなかったのだから、その事実を受けとめて、生き残るというミニマムな幸福を追求するべきだ、という幸福観があると思われる。

際立った両極端を成すこれら二つの倫理モデルに対して、第三の枠組みと位置づけられるのが宇宙船倫理である。この倫理モデルでは、「人間が自然に対して優位にあることも、裕福な救命ボートの乗組員が貧乏な救命ボートの乗組員に対して優位にあることも認めはしない」(前掲書、八二頁)。地球環境を宇宙船になぞらえ、閉じたシステムである有限な宇宙船の中で生き残るためには、誰もが保存節約を実行しなければならない、と考えるのが宇宙船倫理である。換言すれば、人類と自然の本来的な福利は密接に結びついていて不可分であるため、適切でバランスのとれた消費と成長を目指すべきだ、という考え方である。その背景には、自然と共生できるように自らのライフスタイルを変革することが人間を幸福にする、という幸福観があると思われる。

このように、環境倫理領域における古典的な三つの倫理モデルを「幸福」という軸で見直してみると、環境政策を支える倫理モデルの変遷が、それに相即する幸福観の変遷としても捉えることができる。仮に宇宙船倫理モデルが現在の持続可能性をめぐる議論の背後にあるのだとすれば、持続可能性と「幸福」との関係を探る「持続可能性と幸福研究」ネットワークにおける試みにおいても、そこで扱われる「幸福」が主観的な幸福度であることの限界をより明確に意識する必要があるかもしれない。というのも、宇宙船倫理に相即する幸福観が、現行のライフスタイルの変革こそが「幸福」につながるというものであるとすれば、現在の人びとがどのように幸福を感じているのかに目をやるだけでは適切に方針を見出すことはできないと思われるからである。

第四節　分析と考察

ここまで（不十分ながらも）見てきた生命倫理領域と環境倫理領域における「幸福」の扱われ方を踏まえて、分析と考察を行い、今後応用倫理学において幸福はどのように扱われるべきかという問いに応えてみよう。

まず、生命倫理領域では、「患者の利益」や「患者の福利」に言及されることはしばしばあるが、エウダイモニア的なものを含むような「幸福」にはあまり言及されてこなかったようである。主観的か客観的かとは別に、「利益」「福利」は本人のものという意味合いが強いが、「幸福」は、本人のものと同時に本人の埒外のものも含んでいるように思われる。[15] そして、それぞれの語が用いられる会話の文脈の相違は、その語の意味合いを反映してか、大きい。たとえば、求婚時には「あなたを（この人を）幸せにします」といった発言が十分真面目になされうるが、医師が診察時に「あなたを（この人を）幸せにします」と言ったとしたら、発言の受け手である患者は大いに戸惑ってしまうことだろう。医師患者関係に焦点が絞られがちな生命倫理領域では、「幸福」という語とは相性がよくないのかもしれない。[16] もう少し広く捉えれば、生命科学研究の担い手が「私は、この研究がすべての人びとを幸せにすると信じています」といった発言をすることはよくあることである。だが、そのような場合には、生命倫理学的な眼差しは、そこで語られた「幸福」に疑いの余地がないかという仕方で、規制的な色合いを帯びることが多いと思われる。

他方、環境倫理領域では、対象となる問題の性質上、生命倫理領域に比べて、個々の人間の人生そのものに分け入る度合いが低く、人びと一般のライフスタイルや社会のあり方に焦点が当たる傾向がある。それゆえに、環境倫理領域の諸問題は、人びとの一般的な傾向を統計学的に解明する実証的な幸福研究の成果と比較的容易に接続されうる。さらに、自分にとっての利益や福利ではなく、人として幸せに生きるとはいかなることか、という大文字の「幸福」を考えることにも親和的であると言えるだろう。ただし、実際の環境倫理領域での議論が「幸福」を積極的に主題としているかと言えば、そうではない。たとえば、加藤尚武の言う一九九一年時点での環境倫理学の三つの主張（1）［自然の生存権の問題］人間だけでなく、生物の種、生態系、景観などにも生存の権利があるので、勝手にそれを否定してはならない。（2）［世代間倫理の問題］現在世代は、未来世代の生存可能性に対して責任がある。（3）［地球全体主義］地球の生態系は開いた宇宙ではなく閉じた世界である。）がもたらす倫理学的示唆の中にも、「幸福」の問い直しそれ自体は明示的には含まれていない（加藤［一九九一］、一—六頁）。

生命倫理領域と環境倫理領域を含む応用倫理学において、「幸福」について正面からまともに扱ってきたのは、間違いなく功利主義系の議論である。それを除くと、「幸福」に言及するものは驚くほど少ない。これは、おそらく、「幸福」概念の扱いの難しさに由来していると思われる。功利主義系の議論が多くそうするように、主観的幸福感やそれに類するものに「幸福」の内実を切り詰めるならば、扱いやすさは格段に上がる。しかし、「幸福」は、そうしたことに限られず、人生の意味や「よき生」に密接に連関しており、また、個別的かつ一般的という厄介な性質をもつものである。さらに、「幸福」を考える上では、人生にまつわる物語的なものとの連関も切り落とし難い。

およそすべての応用倫理学的探究が、人びとの「よき生」に関わる以上、「幸福」と無縁であるわけではもちろんない。しかしながら、応用倫理学、とりわけ、生命倫理領域や環境倫理領域に課された社会的使命は、まずもって、合意形成可能な規制の論理の提示であった、とも言える。そもそも「幸福」なるものは、その外延を確定し難いものであり、社会政策の策定に直接的に用いるには適していない。むしろ「幸福」は、生命や環境をめぐる制度や政策に対する批判的な言説の側の語彙であったのではないか。というのも、「幸福」という語には、個々人の個別的な生が問題になる場面において、政策や意思決定が、過度の一般化によりその個別性を消去してしまうような事態に対して歯止めをかける批判的な力が備わっているように思われるからである[17]。

それゆえ、応用倫理学の探究が主として制度側の言説として通用してきたのだとすれば、「幸福」との結びつきが希薄であることはむしろ賢明であったと言えるかもしれない。というのも、そうした批判的な力を有するはずの「幸福」が逆に規制の論理の中で用いられてしまうと、「幸福」という語が有していたその批判力を実質上無効化してしまう可能性が高いからである。このことは、現代の幸福研究が政策決定に結びつく際にも留意しておくべき重要な点であろう。

「幸福」は、ある側面をとれば、事後的に同定される類いのものであり、事前に内実が明白でそれを目標として何かを進めていけるような概念ではない。そこを転倒させると、舵取りを間違える虞がある。「幸福」を政策的な事柄に関連させて扱う際には、私たちが常にすでにそのうちに埋め込まれている概念のネットワークの中で、幸福と緩やかにつながった様々な事柄のうちから目標とすべきものを選び出して考えていくのが穏当であろう。現代の幸福研究の成果との関わりで何らかの倫理問題を応用倫理学として論じる際には、こうした点について目配りをしておく必要がある。これまでの応用倫理学研究の中に「幸福」が明示的に登場してこなかったということから得られる積極的な教訓とは、このようなものであろう。

《文献》

Beauchamp, T. L. and Childress, J. F. [2009] *Principles of Biomedical Ethics*, 6th edition, Oxford University Press.

Callahan, D. [1992] "When Self-Determination Runs Amok," *Hastings Center Report* 22: 2, pp. 52-5. Reprinted in Kuhse & Singer [2006].

Gillon, R. [1985] *Philosophical Medical Ethics*, John Wiley & Sons.

Kuczewski, M. G. and Polansky, R. [2002] *Bioethics: Ancient Themes in Contemporary Issues*, MIT Press.

Kuhse, H. and Singer, P. [2006] *Bioethics: An Anthology*, 2nd edition, Blackwell Publishing.

Parfit, D. [1984] *Reasons and Persons*, Oxford University Press.（森村進訳『理由と人格――非人格性の倫理へ』勁草書房、一九九八年。）

Savulescu, J., Meulen, R. ter and Kahane, G. (eds.) [2011] *Enhancing Human Capacities*, Wiley-Blackwell.

Statman, Daniel (ed.) [1993] *Moral Luck*, State University of New York Press.

赤林朗編［二〇〇五］『入門・医療倫理Ⅰ』勁草書房。

伊勢田哲治［二〇〇八］『動物からの倫理学入門』名古屋大学出版会。

ウィギンズ、デイヴィッド（大庭健・奥田太郎監訳）［二〇一四］『ニーズ・価値・真理―ウィギンズ倫理学論文集』勁草書房。

江口聡編・監訳［二〇一一］『妊娠中絶の倫理』勁草書房。

江口聡［二〇一四］「幸福の心理学研究に対して倫理学者はどう反応するべきか」『現代社会研究科論集』第八号、七五―八九頁。

奥田太郎［二〇〇八］「特集「人間の尊厳と生命倫理」へのコメント――あるいは、印籠としての人間の尊厳」『法の理論27』成文堂、一二七―一四四頁。

奥田太郎［二〇一二］『倫理学という構え―応用倫理学原論』ナカニシヤ出版。

加藤尚武［一九九一］『環境倫理学のすすめ』丸善ライブラリー。

加藤尚武［一九九四］『応用倫理学のすすめ』丸善ライブラリー。

加藤尚武［一九九六］『現代を読み解く倫理学―応用倫理学のすすめⅡ』丸善ライブラリー。

加藤尚武［一九九九］『脳死・クローン・遺伝子治療―バイオエシックスの練習問題』ＰＨＰ新書。

加藤尚武［二〇〇二］『合意形成とルールの倫理学―応用倫理学のすすめⅢ』丸善ライブラリー。

加藤尚武［二〇〇五］『新・環境倫理学のすすめ』丸善ライブラリー。

シュレーダー＝フレチェット編（京都生命倫理研究会訳）［一九九三］『環境の倫理（上）』晃洋書房。

パルマー、ジョイ・Ａ編（須藤自由児訳）［二〇〇四］『環境の思想家たち（下）現代編』みすず書房。

《註》

（1）本稿は、二〇一四年一一月六日に京都大学にて行なった研究科横断型授業リレー講義「応用倫理学入門」で取り扱った内容に基づき執筆されたものである。有益な質疑応答に加わった受講者諸氏に感謝申し上げる。また、本研究はＪＳＰＳ科研費25370026の助成を受けたものである。

（2）これまでの幸福についての倫理学的研究、および、そうした研究それ自体の問い直しへの心理学的研究の含意について示唆的な論考として、江口［二〇一四］がある。

（3）もちろん、生命倫理や環境倫理に限ってもその研究蓄積は膨大であり、本稿のみで扱い切れるものではない。本稿はあくまでも、「幸福」から応用倫理学を見る試みのささやかな一歩に過ぎない。

（4）http://unsdsn.org/resources/publications/world-happiness-report-2013/［二〇一五年一月一六日確認］

（5）内閣府経済社会総合研究所ウェブサイト http://www.esri.go.jp/jp/prj/current_research/shakai_shihyo/about/about.html［二〇一五年一月一六日確認］

（6）応用倫理学のこうした位置づけについては、奥田［二〇一二］を参照されたい。

（7）「幸福」をめぐるものではないが、加藤尚武の応用倫理学領域における一連の仕事、とりわけ、一般の読者が想定されたもの（加藤［一九九一］；加藤［一九九四］；加藤［一九九六］；加藤［一九九九］；加藤［二〇〇二］、加藤［二〇〇五］）は、ここで述べたような作業を独自のスタイルで遂行している好例である。

（8）奥田［二〇〇八］において、生命倫理領域におけるそういったレッテル貼りについて、ささやかながら応答したことがある。

（9）読まれるべき重要論文集を選定し編まれた日本語で読める中絶問題の哲学的アンソロジーとして、江口［二〇一一］がある。

（10）生命倫理領域で扱われているトピックを古代的な視点から論じ直してみようとする挑戦的な試みとして、Kuczewski & Polansky [2002] がある。

（11）たとえば、Savulescu, Meulen & Kahane [2011] にも、「幸福」や「福利」がエンハンスメントによってどのように変容するのか、その是非を問う論考が収録されている。

（12）これについては、倫理学入門書の皮を被った、動物倫理についての野心的な応用倫理学の試みとも位置づけられうる伊勢田［二〇〇八］を参照されたい。

（13）「持続可能性と幸福研究」ネットワークウェブサイト http://www.jizoku-kofuku.kier.kyoto-u.ac.jp/index.html［二〇一五年一月一五日確認］

（14）ホワイト自身はスチュワードシップというもう一つのキリスト教思想を対置してそれに応えた。

（15）こうした見方については、おそらく、道徳的運（moral luck）をめぐってバーナード・ウィリアムズが提起し、トマス・ネイゲルが一部継承した、行為者性をめぐる内と外の問題とも密接に関連していると思われる。Statman [1993] を参照。

（16）ただし、医師が患者家族に対して、あるいは患者家族が医師に対して「あの人は本当の病状を知らない方が幸せかもしれません」といった発言はあり得る。医療倫理における発話・コミュニケーション論からの「幸福」の哲学的分析の可能性について、水谷雅彦氏から鋭い示唆を受けた。

（17）こうした「幸福」概念の把握は、ウィギンズのニーズ論から着想を得ている。（ウィギンズ［二〇一四］）

12　技術倫理の根柢にあるもの

野家伸也

第一節　人間、この「もっとも恐るべきもの」

ユルゲン・ハーバーマスは「認識と関心」と題するフラソクフルト大学就任公開講義（一九六八年六月二八日）において、伝統的な理論概念が「宇宙（コスモス）の直観」という原義をもっていたことを示すために、プラトンの『ティマイオス』の宇宙論を引用している。

「それによれば、不安定と不確定の域を脱した存在はロゴスに、過ぎ去りゆくものの領域はドクサにゆだねられる。ところで、哲学者が不滅の秩序を直観するものであるとすれば、彼は自らを宇宙の尺度に同化させ、自己の内にそれを模造しなければならない。彼は自然の運動や音楽の調和的な進行の中に直観される均衡を自己の内に現出せしめる。こうして彼は、模倣（ミーメーシス）によって自己を形成するのである。理論は、魂が宇宙の秩序だった運動に同化する過程で生活実践の中へ入り込み、生活に自らの形式を刻印する。そして理論はその規律に従う者の振る舞い、すなわちエートスの内に反映するのである。[1]」

古代ギリシア人が宇宙の中に直観したという「均衡」が、彼らにとっての至高の徳目としていかに尊重されたかを示す一つの事実を挙げておこう。それは、学問と芸術の歴史の上で未曽有の黄金時代を現出せしめた古代ギリシアが、こと生産技術という点に関しては、ほとんど特筆すべきものをもたない「不毛の時代」だったということである。このことは、従来しばしば指摘されてきたように、ギリシア人が手を用いて行なう技術活動を奴隷の仕事として蔑視したという理由のみによるものではない。むしろ、ジャック・エリュールが指摘しているように、彼らが技術の中に節度を欠いた猛々しい衝動が内在していることを見抜いていたからである。ギリシア人にとって技術とは「恐るべきもの」であった。悲劇詩人ソフォクレスは『アンティゴネー』において次のように歌っている（第一スタシモンの合唱歌）。

恐るべきものは沢山あるが、人間よりも恐るべきものは
なにもない。
この恐るべきものは、冬に吹く南からの疾風に身を曝しつつ、
大波の谷間を通り抜け、灰色の海を超えて進む。
また、神々のうちでも、いと高き「ガイア」、朽ちることなく
疲れを知らぬ女神大地を、年毎に、馬に鋤を引かせて、
苦しめる。

また、心の軽い鳥たちの種族、

野獣の種族、海に住む生きものを、
網で取り囲んで捕まえる。
人間とはなんと賢い者なのか。
山をさまよう獣を狡知によって征服し、
たてがみの豊かな馬や、山に住む疲れを知らぬ牡牛を、
首の周りに軛をかけて飼い馴らす。[2]

「恐るべき」と訳されている「デイノン」というギリシア語は「恐れる」（デイドー）という動詞から派生したもので、「巧みなもの」「驚くべきもの」という賛辞を意味すると同時に、「不可解なもの」「不気味なもの」という禍々しい響きをも持っている。ここでは他の動物に勝る知性をもち、その知性をもとに技術を駆使する人間の素晴らしさと同時に底知れぬ恐ろしさも歌われている。

ハイデガーの『形而上学入門』（一九五三）におけるソフォクレス解釈によれば、「デイノン」には二つの意味がある。すなわち「圧倒的に支配する」という意味と「力を振るう」という意味である。全体としての存在者は、支配する働きとして、圧倒するものであり、第一の意味での「デイノン」である。人間は一方では、存在者に属しているがゆえに「デイノン」であるが、他方で、この圧倒するものに対して力を用いるという意味で「力を振るう者」でもある。ハイデガーによれば、人間はこの二重の意味で「デイノン」であるから、「もっとも恐るべきもの」なのである。[3]

ハイデガーは、この「もっとも恐るべきもの」を「もっとも不気味なもの」と解釈する。不気味なものとは

「《居心地のよいもの》、言い換えれば、故郷的なもの、慣れたもの……から、われわれを投げ出すもの」である。人間は「力を振るう者として、故郷的なものの限界を踏み越える。」そして人間が「もっとも不気味なもの」となるのは、「人間が、いまや、あらゆる道において逃げ道のないものとして、故郷的なものへのあらゆる関係から投げ出されている」からである。(4)

ついでハイデガーは、人間の海や大地や動物たちに対する征服について語る。冬の海波を横切り、鋭い鋤の刃で大地を切り裂き、空の鳥たちを網で捕え、獣たちを家畜化する、これらは人間の「根本特徴」としての根源的な暴力性の表れに他ならない。自らの故郷を離れた放浪者たる人間は、つねに「逆上」（アテー）、すなわち狂った過誤の危険にさらされているのである。(5)知性の「倨傲」（ヒュブリス）――それは無意識のうちに犯される罪であるという点で、単なる傲慢とは異なる――によって時に神の秩序に背き、宇宙（コスモス）の美しい諧調を乱してしまう人間の危うさについて、ソフォクレスは次のように歌っている。

期待を超えて技術を考案する賢さ、
そのような賢さを持つ者は、
ある時には災いへ、別の時には幸いへと進む。(6)

ハイデガーは、こうした人間の「根本特徴」をソフォクレス解釈として語っていて、それは「ただ詩人的-思索家的企てに対してのみ」明らかになると述べている。(7)それゆえハイデガー自身は以下のようなことを認めないであろうが、彼がソフォクレス解釈として語っていることは、同時代人であったヘルムート・プレスナーの主著『有機的なものの諸段階と人間』（一九二八）の所論、すなわち人間存在の「脱中心性」に関する理論を下敷きにしていると思われる。

プレスナーによれば、動物は環境の〈中心〉に位置していて、空間的には〈ここ〉、時間的には〈今〉に埋没し、これらと事物とを真に対象化することができない。これに対して人間は、〈ここ―今〉に対して距離を取り、「意識とイニシアティブの主体」として、これらを対象化し、これらから離脱することができる。プレスナーはこう述べている。

「動物の生命が中心的（zentrisch）だとすれば、人間の生命は、中心化（Zentrierung）を突破することはできないが、それと同時にこの中心化を超え出ているから、脱中心的（exzentrisch）である。脱中心性（Exzentrizität）とは、おのれの周辺領野に対して正対的に置かれているということを表す、人間にとって特徴的な形式である。」(8)

プレスナーはこうした人間の「脱中心的」な位置形式から生じる、人間存在の独自な様相を「破砕性」（Gebrochenheit）「故郷喪失性」（Heimatlosigkeit）「被置性」（Gestelltheit）として描き出している。(9)「破砕性」とは、人間が世界のうちで世界との距離を自覚し、おのれのうちでおのれとの距離を認めざるを得ないということであり、世界とおのれに対するこの距離が「裂け目」であり「断絶」である。人間は「脱中心的」な位置形式をもつことで自然による束縛を免れるが、その代償として、中心的に生き、環境世界の中でおのれに安んじている動物のような自然的な場所と安定性を失うことになる。これが人間の本質としての「故郷喪失性」であり、人間は故郷的なものと平安への結びつきをあらかじめ断たれている。人間は世界のうちにおのれの本来の場所を持たない者として世界のただなかに「置かれ」、無場所的・無時間的に「無」の中へ投げ出されているのである。

こうして人間は環境世界との間のバランスをあらかじめ喪失しているために、「技巧的な事物を経由する回り道をして生きなければならない」[10]。すなわち「自然的技巧性」を発揮して、技術を用いて自然物へ働きかけ、これを人工物へと転化することによって、人工的な世界の中でおのれと世界とのバランスをつくりださなければならない。ここに技術と文化の起源があり、人間が自然に対して「力を振るう者」となることの必然性があるのである。

以上のようなプレスナーの所論とハイデガーのソフォクレス解釈との対応は明らかであろう（プレスナーの『有機的なものの諸段階と人間』が出版されたのが一九二八年、ハイデガーが『形而上学入門』のもとになる講義を行なったのが一九三五年である）。しかしここでは、ハイデガーのソフォクレス解釈の「舞台裏」を明かすことが目的ではない。ここで明らかにしたいことは、「力を振るう者」としての人間が持つ根源的な暴力性に対する古代人の恐れの感情が「自制」（エンクラテイア）を美徳とする文化を生み出したこと、そしてそうした文化が近代において崩壊してしまったということである。

第二節　「自制」を美徳とする文化とその崩壊

注目すべきことは、ソフォクレスが、人間が生存を維持するために行なわざるを得ない最小限の素朴な仕事

（農耕）ですら、すでに自然に対して加えられる暴力とみなしていることである。これはソフォクレスだけの特異な考えではない。万物ことごとくに生命が宿ると考えられていた古代ギリシアにおいて、農耕の仕事には必ず祭儀が伴っていた。それは自然の実りを増進し災いを忌避するための呪術的儀式であり、実りをもたらす自然に対する感謝の念とともに、傷つけられてしまう自然に対する「済まない」という贖罪の念が込められていた。こうしたことが古代ギリシアに限らずどの民族でも見られたことは、たとえば日本で今日でも行なわれている食用の動物に対する「供養」のことなどを考えてみれば明らかであろう。そうした自然に対する贖罪の念が技術活動を抑制する機能を持っていたのである。

古代文化をアニミズム的文化として特徴づけ、それが結果として環境破壊を抑制するような機能を果たしていたことを指摘したのはリン・ホワイトの『機械と神』（一九六八）である。ホワイトによれば「古代にあっては、すべての木、すべての泉、すべての流れ、すべての丘はそれ自身の〈地霊〉（genius loci）をもっていた。」それゆえ「木を伐り、山を掘り、小川をせき止める前に、その場所を特に守っている神をなだめたままにしておくことが重要であった。」[11]たとえば日本で今日でも行なわれている地鎮祭などは、その種の地霊の怒りを鎮めるための儀式の典型的なものであろう。いずれにしても、ホワイトによれば、そうした自然の中の地霊に対する信仰（アニミズム）が人間による過度の破壊から自然を守ってきたのである。

たしかに、ホワイトが言うように、古代文化は多かれ少なかれアニミズム的な世界観（人間社会に本来的に存在するもの）にもとづいて形成されていた。古代文化は自然の中に神を見、自然を畏れることを基調とするものであるが、そこには「力を振るう者」としての人間が持つ根源的な暴力性に対する恐れが、アニミズムという集団的な思考の深層に隠されている、自覚されないという意味で「無意識的」な思考（レヴィ＝ストロースの言う「野生の思考」）として働いていたのではないであろうか。それがおのずと「自制」を至高の美徳とするような文化（古代ギリシア文化はその最も洗練された例であろう）を生み出したのだと言えないであろうか。

自然に対する贖罪の念は自然と人間との一体感と言うこともできるのであるが、そうした一体感が薄れたり失われたりすると、技術活動に対する抑制は外され、人間は技術の中に内在する「無限追求」という猛々しい衝動に身を委ねることになり、技術が人間を超える運命として人間を支配してしまうことになる。それこそギリシア人が最も恐れたことであった。エリュールによれば、ギリシア人が物質的必要を軽蔑し、技術研究を知性を使うに値しないものとして拒否したのは「熟慮の上の積極的行動」であり「完璧に支配され、完璧に調整されたある生活信条の結果」であった。[12] つまり彼らは技術活動を生活上必要な最小限度に抑制することによって、「均衡」という至高の価値を破壊から守ろうとしたのである。

ギリシア人にとっての最大の関心事は、宇宙の「均衡」を内面化することによって実現される魂の「浄化」（カタルシス）ということであって、学問はその究極目的へ至る一つの道であった。したがって、それを技術的に応用しようとする方向に対しては本質的に忌避の態度がとられたのであって、むしろ「ギリシアでは、手段を節約し、技術の影響の及ぶ範囲を縮小するために、意識的な努力がなされた」のである。[13]

ホワイトによれば、こうしたアニミズム的文化に対する蔑視の姿勢は「ユダヤ・キリスト教的な思想伝統」に由来するものである。彼は『機械と神』の中で「現代の生態学的危機をもたらした歴史的責任は、キリスト教の人間中心主義が負うべきである」というテーゼを提出している。ユダヤ・キリスト教の創造神話によれば、人間は「神の似姿」（imago Dei）として特別に神によって造り出され、神は「大地の支配」を人間に委ねたことになっている。旧約聖書には「ふえ、かつ増して地に満ちよ。また、地を従えよ。海の魚と、空の鳥と、地に動くすべての生き物を支配せよ」（創世記第一章二八節）というくだりがある。このような「人間の自然に対する超越、自然に対する正当な支配というキリスト教のドグマ」こそ環境破壊をもたらした元凶であるというのである。(14)

たしかにキリスト教では神は自然の創造者として自然の「外に」位置づけられていて、このような自然に対する超越性は「神の似姿」としての人間にも受け継がれている。一方、自然はあくまでも神の被造物にすぎないのであるから、自然の「中に」神が宿っていると考えるアニミズムはキリスト教の立場では厳しく斥けられることになる（同じ理由から、神を自然そのものと同一視する汎神論の思想もキリスト教の正統的立場からは常に異端として排斥されてきた）。キリスト教はアニミズム的信仰を異教的なものとして圧殺し、その結果「自然の搾取に対する古い抑制」は外され、人間は「自然物の感情を気にしないで自然を搾取することができるように」なったのである。(15)

ユダヤ・キリスト教の特異な自然観は、たとえば旧約聖書の次のような詩句の中に示されている。

荒野に呼ばわるものの声きこゆ。
なんじら主の道をととのえ、
砂漠にわれらの神の大路を直くせよ、と。
もろもろの谷は高く、
もろもろの山と丘は低くされ、

曲がれるものは直く、けわしき所は平らかになさるべし。
かくて主の栄光はあらわれ、
人みなともにこれをみん。
（イザヤ書第四〇章一～五節）

ここには、自然そのものへの畏れの感情はない。畏れるべきはただ神のみであるとされている。それに対して、自然は神の前では何物でもないものとして、あるいは神の栄光を表すためならばどのようにでも作りかえることができる素材のようなものとして表象されている。このようなキリスト教的発想と、人間以外の自然物を魂なき「もの」としてとらえる近代科学の発想とは「反アニミズム」という点で共通している。したがって近代科学技術に見られる自然に対する攻撃性の少なくとも一部分はキリスト教によって説明されるであろう。ホワイトはここから「近代科学技術文明はキリスト教を直接の祖先として、そこから誕生した」という結論を引き出している。

以上がホワイト説の概要であるが、これには留保が必要であろう。というのも、もしホワイトが言うように、現代の生態学的危機をもたらした「自然の飽くなき征服と搾取」の姿勢がユダヤ・キリスト教的自然観から直接に由来するものであるとするならば、その姿勢はキリスト教受容以後のヨーロッパの歴史全体を通じて常に見られなければならなかったはずである。ところが、たとえばヨーロッパの中世の技術のあり方は基本的に自然と調和したものであり、その点ではヨーロッパ以外の地域の中世の技術との間に本質的な違いは見られない。「自然の搾取」の姿勢があらわになってくるのは、やはり近代において技術が科学の知と一体化して以来のことである。

それでは、なぜヨーロッパにおいても、近代以前の技術には「自然の搾取」という特徴があからさまに表れていなかったのであろうか。その理由は実はキリスト教そのものの中にある。キリスト教によれば、自然は神の手によって支配され制御されるべきものである。そこに書き込まれた神のメッセージを読み取り、神の計画を理解することが、少なくとも一七世紀までの科学の知の目標であった。人間には神の計画を理解した上で、その御業に「協力」することは許されるとしても、人間が神をさしおいて自然を支配したり制御したり、ましてや搾取することなどは、まさにキリスト教的な理由からありうべからざることだったのである。

しかるに一八世紀のヨーロッパでは、啓蒙思想の影響のもとに人間が神の支配から離脱し、それとともに人間と自然との関係にも大きな変化が生じた。人間は自らの上に君臨していた神を追放し、神の代わりに人間が自然を支配し制御することになり、科学の知もそのために利用されることになった。こうした「啓蒙」ないし「非宗教化」の過程こそが生態学的危機をもたらした直接の原因である。ただしヨーロッパにおいては、神がその座を人間に明け渡したあとも、支配するものと支配されるものとしての「神・自然」というヒエラルキーの構造がそのまま残存していたことが、一八世紀以後の「啓蒙」の過程を加速する役割を果たしたのである。近代以後、特にヨーロッパの技術において「自然の搾取」という特徴があからさまになった理由はそこにあるであろう。

近代の「啓蒙された」人間がアニミズム的文化を迷信や因習として蔑視したときに、彼らはアニミズム的文化の根柢にあった人間の暴力的本性に対する恐れの感情を喪失してしまった。そしてギリシア的「自制」に代わって「無限追求」をむしろ美徳とみなすことによって、技術に内在する無拘束な徹底性ないし自己運動性に身を委ねることになった。人間が本来もっている根源的な暴力性が解き放たれてしまったのである。たとえば兵器の殺傷効率の増大という技術的目標の追求が、ついには原爆という究極兵器を生み出すに至ったことは、そのことの最も恐るべき証左であろう。一九四五年七月一六日、アメリカ・ニューメキシコ州のアラモコードで世界初の原爆実験が成功したとき、原爆開発計画（マンハッタン計画）の責任者であったロバート・オッペンハイマーの脳裏をよぎった言葉がある。「我は死神、世界の破壊者なり」（古代インドの聖典『バガヴァッド・ギーター』の一節、ヴィシュヌ神の化身クリシュナが語った言葉）。このときオッペンハイマーの胸中にあったものは、アニミズム的文化の根柢にあったのと同じ、人間本性そのものに対する恐れの感情であった。

さて、いささか前置きが長くなってしまったのであるが、現代における技術倫理の課題とは（もはや手遅れかもしれないという暗い予感に怯えながらも）ギリシア的な「均衡」の感覚にもとづいて科学技術を社会的に制御すること、そのことによって技術に対する人間の支配権を少しでも回復することである。

第三節　現代の科学技術の特質

現代社会を規定している諸条件のうちで、科学技術の占める位置がますます大きなものになっているということについては、たやすく同意が得られるであろう。今日では科学技術の発展は単に社会変革の大きな要因となっているだけではない。それは地球環境のみならず人間存在の諸条件をも直接的に——時には暴力的に——改変することもある。

いったい科学技術の発展はわれわれをどういう世界に連れていこうとしているのか。実のところ、人間はそれを知らない。科学技術の専門家に訊いても、彼らはそれぞれの専門分野のことを語るだけである。科学技術がわれわれをどういう世界に連れていくのかを知っているのは科学技術そのものだけである。専門家はただ科学技術の自己運動に身を委ねているに過ぎない。この意味において、科学技術はほとんど「神」のような存在になってしまった。人々は科学技術の自由な発展は必ず社会に恩恵をもたらしてくれると信じて、これまで科学技術に関する意志決定の権限を全面的に専門家に委譲してきたが、このことが誤りであったことに気付き始めた。専門家だけに任せていたのでは、この「解き放たれたプロメテウス」を抑えることはできない。「科学から未曾有の諸力を手にし、経済から倦むことのない駆動力を手にし、ついに解き放たれたプロメテウス」は今や、一つの倫理を呼び求めて、「人間の禍いとならないように私の力を抑えてくれ」と叫んでいる[16]。

今求められているのは「科学技術の中の社会」、すなわち社会がよい意味でも悪い意味でも科学技術から一方的に影響を受け翻弄されるというあり方から「社会の中の科学技術」というあり方へ転換することである。そのためには科学技術を「公共圏」（市民による理性的な討議の場）の中に位置づけて制御する必要がある。すなわち科学技術を「専門家支配」から解き放って、「市民参加」を通じた社会的意志決定の中に取り戻さなければならない。すでにアメリカでは一九六〇年代に、医療技術の発達にともなって医療をめぐる人権侵害訴訟が急速に増加してきたことを背景に、医療に関する意思決定の過程の中に非専門家＝市民としての患者が参加するようになり、そうした動きの中から「患者の自己決定権」とか「納得同意」（インフオームド・コンセント）といった考え方が生まれてきた。最近の試みで言えば、脳死・臓器移植や遺伝子組換え作物などの問題をめぐって「関心があり憂慮する」人々と専門家の間で公共的討議を行う場として「コンセンサス会議」というものが開催されるようになっている。こうした公共的討議の場に専門家の立場で参加すること、あるいはもっと積極的に、そうした場を自ら組織していくことが科学技術者に期待されるのである。以下では「科学技術の社会的制御」という考え方の基礎となる倫理についての原理的な考察を試みることにする。まず、現代の科学技術の特質から見ていこう。

一九九五年にオウム真理教の事件が起こった時に、オウムの幹部たちが「ハルマゲドン」に備えていたとか、それどころか「ハルマゲドン」を実際に起こそうとしていたのだといった話を聞かされたときに、多くの人々はそれを一笑に付しただけであった。世界を破滅に導くような攻撃などは、国家の正規軍が国家意志の発動として行う場合しかありえないと考えていたからである。しかし二〇〇一年九月一一日にアメリカで起こった「同時多発テロ事件」以後、オウム的発想が決して笑いごとではなくなってしまった。二一世紀はオウムやアルカイダや「イスラム国」のようなマイノリティ集団であっても、高度な科学知識や技術を駆使すれば、それまでは国家の正規軍にのみ可能であったような規模の攻撃を社会に対して加えることができるような時代になったのである。アメリカの国際政治学者ジョゼフ・ナイは、このことに触れて「テクノロジーの民主化が進んだ結果、国家が独占していた兵器が個人や集団の手に渡った。テロとは戦争の私有化なのだ」と語っている。さらに自衛隊でサイバー戦の専門家だった伊東寛によれば「サイバー戦の時代は、誰もが自分の意思で勝手に戦争に参加できる。……個人であっても国家に戦いを挑める時代がやってきた」のである。[17]

またこれだけ科学技術が高度に発達してくると、マイノリティ集団や個人によって科学技術が社会に対する明らかな敵意をもって使われる場合だけでなく、地震・津波などの自然災害や人為的な原因によって引き起こされる大事故が、結果として敵意をもった攻撃と同じような結果を社会にもたらすこともある。二〇一一年三月一一日に起きた福島第一原発事故はその典型的な例であろう。いずれにしても、今や科学技術は制御できないリスクと不確実性を抱え込んでしまっている。このことが、現代の科学技術の第一の特質である。

第二の特質は、科学技術がいやおうなしに「政治性」を帯びてくるということである。ドイツの社会学者ウルリッヒ・ベックによれば、現代社会の特徴は、社会のあり方が議会での話し合いや行政府の決定といった「政治」によってではなく、原子力工学、通信工学、遺伝子工学のような科学技術の発展によって決められるようになった点にある。その結果、科学技術の発展が、政治のカテゴリーにも非政治のカテゴリーにも属さない、第三の形の政治になることを彼は「サブ・ポリティクス」（「準政治」と訳すべきか）と呼んでいる。現代社会においては技術者の決定が人々の運命を（いい意味でも悪い意味でも）大きく変えるだけの力を持っている。しかも技術者の決定は政治権力者の決定と違って、国民による（選挙などを通じての）審判の対象にはならない。だからこそ技術についての決定を技術者だけに任せてしまってよいのかという問題が提起されるのである。

政治権力者による決定、すなわち本来の意味での「政治」の領域では、議会制民主主義というシステムを機能させることで「専制」を防ぐことができる。しかし今や本来の意味での「政治」以上に社会形成の主導権を握るようになっている科学技術、すなわち「サブ・ポリティクス」の領域には民主主義のシステムは存在していない。もちろんこのことには理由がある。これまで科学技術による変革過程は「進歩」と呼ばれ、無条件的に「善いこと」とされてきたので、それについての「多様な意見」は存在しなかった（白黒テレビがカラーテレビに変わったときに、そのことに反対した人がいただろうか）。それゆえ「多様な意見」を調整して合意を形成するためのシステムとしての民主主義も必要なかったのである。

しかし今やわれわれは、科学技術による変革過程が「多様な意見」を誘発するような社会の中に生きている。たとえば遺伝子操作技術を使って不治の病とされていた遺伝病を治療することに反対する人はいないであろう。しかし同じ技術を使って、親が望むような容貌・才能・性格等を備えた子供（いわゆる「デザイナー・ベイビー」）を誕生させるということに対しては、人間存在の基本的条件を改変する逸脱行為（「神の領域」の侵犯）になるとして反対する人もいる。このときに社会的な合意形成を経ないで、そのような技術の導入を技術者だけで一方的に決めてしまえば、それは「技術者による専制」となるであろう。それゆえ今や「多様な意見」を調整して合意を形成するためのシステムとしての民主主義を技術の領域に導入する必要があるのである。

社会のために役に立つと思って開発した技術に反対する人がいるということを知ったとき、技術者は最初「理解できない」と思うだろう。しかしやがてこう考えるに至るだろう。「そうか、反対する人たちは安全性のことを心配しているのか。それなら彼らに技術に関する正確な知識を与えてやればよい」と。「そうすれば、専門家と同じように、技術が操作可能なものであり、危険といっても本来は危険でないと考えるようになるだろう。大衆による反対、不安、批判、抵抗は純粋に情報の問題なのである。技術者の知識と考えを理解しさえすれば、人々は落ち着くはずである。もしそうでないとしたら、人々は救いようもなく非合理な存在である。」[18]

しかし問題は安全性だけなのだろうか。たとえばイギリスでも一九九〇年代に遺伝子組換え技術をめぐって大きな社会的対立が生じた。二〇〇〇年にイギリスの上院が出した報告書では、この論争の本質は遺伝子組換え技術の安全性ではなく、むしろこの技術がもたらす社会的影響、たとえば小規模農家が多国籍企業の戦略に巻き込まれるといった事態をどう考えるか、つまりわれわれがどのような社会に生きることを欲するかが争点だったのではないかと述べられている。

このときの論争の中で多くの市民が示した懸念はその後現実となった。遺伝子組換え農作物に知的財産権が認められるようになったため（いわゆる「生物特許」の認可）、新たな品種（たとえば除草剤をかけても枯れない大豆やトウモロコシなど）を作り出すことによって巨額の収益を生み出す可能性が生まれ、巨大な農薬・バイオテクノロジー企業が戦略的にこの技術開発に取り組んだ。その結果、アメリカを本拠地とするモンサント社（ベトナム戦争で使われた「枯葉剤」を製造した会社）、デュポン社などの一握りの多国籍企業が農家に特許のかかった種子、農薬、肥料などを買わせ、技術料を取り、収穫物の販売額からも特許使用料を取るという方式（「モンサント方式」と呼ばれる）で利益を上げて農業のグローバリゼーションの「勝ち組」となったのである。

このように遺伝子組換え農作物開発の技術そのものが今や、経済力によって世界の農業を支配する多国籍企業を後押しする「サブ・ポリティクス」となっている。もちろん遺伝子組換え農作物の安全性の問題は重要であるが、そこだけに問題を限局することは、社会的問題から目をそらすことになるだろう。いずれにしても、科学技術は安全でさえあればよいのではなく、われわれがどのような社会に生きることを欲するかが問題なのである。

現代の科学技術の第三の特質は、最先端の科学技術知識を特許として商品化し、企業の国際競争力や国家の覇権維持のための武器として利用しようとする傾向が強まっていることである。最近では大学にさえも知的所有権を管理する機関（大学内で特許の対象となるような知識が生産されたときに、研究者個人と大学とが適正な配分比で特許を取得できるようにしたり、特許化した知識を大学外の企業に有償で提供したりするための機関）が設けられるようになっている。今や大学での研究開発も含めて、あらゆる研究開発が特許戦略をもとに進められるという状況になりつつある（「ＳＴＡＰ細胞」をめぐる論文不正問題の背景にあるのも特許戦略である）。しかし本来「社会のための公共財」であるべき科学技術知識を特許という形で私有財産化することは、さまざまな社会的問題を引き起こすことになる。

たとえばエイズ治療薬をめぐる南アフリカ政府とアメリカの製薬会社との対立などがその典型である。二〇〇〇年頃に南アフリカでエイズ危機が起きたとき、アメリカの製薬会社はエイズ治療薬を売り出していた。しかしそれを利用すると、患者一人あたり年間一〇〇万円以上の費用が必要だった。この治療薬の成分に関しては、開発した製薬会社の特許が成立していたため、薬の値段に特許料が上乗せされていたのである。当然、それを買えるエイズ患者はほとんどいなかった。このとき南アフリカ政府は、インドの製薬会社が特許をもつ製薬会社に特許料を払わずに同じ成分のエイズ治療薬を製造していることを知って、その「コピー薬」（値段もアメリカのものの一〇分の一以下）を輸入しようとした。このとき特許権をもつアメリカの製薬会社は南アフリカ政府を特許権侵害で裁判に訴え、輸入差し止めを求めたのである。この一件は、最終的にアメリカの製薬会社が提訴を取り下げたことで一応解決したのであるが、対立は今でも残っている。

この例に見られるように、知的所有権が強化されると、技術の恩恵を最も必要とする人々（薬を真に必要とする人々）に恩恵が行き渡らない（薬が手に入らない）ということも起こり得るのである。知的所有権の保護と人命救済のどちらを優先すべきかということは、どちらの方がより公共性が高いかということを考えれば、自ずと明らかであろう。はじめから特許料を稼ぐことを目標にして研究開発を進めていくと、高い利潤を挙げるような技術だけが生き残るということになり、それは技術の社会的な評価と必ずしも一致しなくなる。こうした矛盾を解決するためには、経済的な利潤ではなく公共性を基準とする技術評価の考え方や仕組みを確立しなければならないのである。

第四節　倫理的対処と技術的対処

今われわれは化石燃料を消費することによって快適な生活を享受している。しかし言うまでもなく化石燃料は有限なので、このまま消費を続けていけば、いつか必ず枯渇する日がやってくる。そのとき未来世代の人々は化石燃料を使って快適な生活を享受する権利を奪われてしまう。この問題を解決するためには、どのような方法があるであろうか。まず考えられるのは、未来世代に化石燃料を残しておくために、現在の化石燃料の消費を制限することである。そのためには国際的な協議機関を作って世界全体の化石燃料の総消費量を制限し、さらに各国ごとに消費率を定めなければならない。そのときにどのような基準によって消費率を決めるかが大きな問題となる。現在、地球温暖化防止のための二酸化炭素排出の規制をめぐって各国間に深刻な対立・葛藤が生じているが、それを上回るような激しく複雑な争いが起こることが予想される。しかし最終的に誰も反対できないような普遍的な基準を作ることは（非常に難しいことではあるが）不可能ではないはずである。規制のための普遍的な基準（ガイドライン）を作ることを加藤尚武は「倫理的対処」と呼んでいる。[19]

これに対して技術者はどのような対処をするであろうか。彼らは核融合反応制御技術、太陽熱利用技術、バイオマス開発技術など、あらゆる技術を総動員して、化石燃料に頼らないでエネルギー需要をまかなうような方策を立てるであろう。それがうまくいけば、現在世代に我慢を強いることなく未来世代の権利を保障することができる。現在世代の人々というのは身勝手なもので、未来世代の人々の権利を保障しなければならないということは誰もが認めるが、現在の快適な生活を手放すことには誰もが反対するので、これはどこからも文句が出ないという意味で、まさに理想的な解決法だということになるであろう。もちろんその際にも放射性廃棄物の残存とか、希少物質の枯渇とか、さまざまな問題が残るであろうが、技術者はそれもまた技術的ブレイクスルーによって解決が可能であると確信しているし、また実際に解決を図っていこうとするであろう。

以上に述べたことから「倫理的対処」と「技術的対処」（加藤は「ガイドライン方式」と「ブレイクスルー方式」という言い方もしている）の本質的な違いが明らかになったと思う。倫理的対処は、人間にとって可能なことの中から「善」（すべきこと）を選択し「悪」（すべきでないこと）を排除するための、誰もが納得できるような普遍的な基準を作ることによって、さまざまな問題を解決しようとするものである。その際「できること」の幅を基本的に固定したものと考え、それを前提にして価値判断を下していくことになる。また人間にとって不可能なことは、そもそもそれについての選択が成り立たないので、倫理的な問いの対象からは除外されることになる。

これに対して技術的対処は、人間にとって可能なことの幅を拡げることによって、さまざまな問題を解決しようとするものである。技術が発達するにつれて、それまでは不可能であったことが可能なことの領域の中に入ってくる。技術が「飢餓と貧困の恐怖から人間を解放する」ことを目的としていた時代（日本で言えば一九六〇年代の高度経済成長期までの時代）においては、そのようにして可能となったことは無条件的に善であったと言っていいであろう。「飢餓と貧困の克服」という目的のもつ倫理性は疑いようのないものであるし、技術によって可能となったことは、その目的の実現のために役立つものであるからである。この時代には「技術によって可能となったこと＝善」という等式がほぼ自明のものとして成り立っていたので、技術をめぐって深刻な倫理的ジレンマが生ずることはほとんどなかった。言い換えれば、倫理的対処にともなって起こってくるジレンマが技術的対処によって解消されていくことが期待できたのである。たとえば貧困をなくすために富を平等に分配するという課題は、科学技術を発達させることで経済規模が拡大していけば、自ずと解決の方向に向かっていくと考えられていた。

しかし先進諸国において曲がりなりにも「豊かな社会」が実現して、人々が飢餓と貧困の恐怖から解放されてから後の時代（日本で言えば一九七〇年代以降の時代）になって、技術が「飢餓と貧困の克服」という目的をはるかに超えるような目的（たとえば国際的な経済競争において覇権を握るというような目的）を追求するようになると「技術によって可能となったこと＝善」という等式はもはや自明なものではなくなってきた。技術によって可能となったことの中には、従来の倫理観から見て明らかに善であるもの（たとえば遺伝子治療によって不治の病とされていた遺伝病が治療可能となることなど）と、明らかに悪であるもの（たとえば新種のコンピュータ・ウィルスを開発して社会を混乱させることなど）がある。しかしそれと同時に、それまでは不可能であったために倫理的判断の対象とはならなかったようなものもある。脳死者からの臓器移植を行なうこと、クローン人間を作ること、男女の産み分けをすることなどがその例である。「できること」の中にあるこうした事柄が「すべきでないこと」なのか「すべきこと」なのかをめぐって、技術者や、社会の側の判断と選択が問われるようになってきた。技術的対処によって倫理的対処にともなうジレンマが解消されること（たとえば人工臓器を開発することによって脳死の問題が解消されるというようなこと）がいつも期待できるわけではない。むしろ新たな技術的対処が導入されることによって新たな倫理的ジレンマが起こってくるような場面が多くなってくる。そこで技術的対処によって拡張された可能性の中で、改めて誰もが納得できるような普遍的な価値判断の基準を作っていかなければならないのである。

第五節　リスクに対する責任

前節において、技術によって可能となったことの中に「善」（すべきこと）と「悪」（すべきでないこと）があるということを述べたが、これを別の言葉で言い換えると「恩恵」と「リスク」ということになる。科学技術の発展は人類のさまざまな課題を解決するのに貢献する一方で、新たな未知の問題を持ち込む要因ともなるので、人類の福祉の増進に寄与するという「恩恵」の面と、健康、安全、そして環境の面での負の影響、すなわち「リスク」の面を同時に備えている。科学技術のもつこうした二面性は、特に一九七〇年代以降、人々に強く意識されるようになってきた。

ベックによれば、現代社会の特徴は、原子力発電所にせよ、食品添加物にせよ、医薬品や医療技術にせよ、各種の科学技術に依存した産物から生じる制御困難で複雑な影響、すなわち「リスク」を管理することが重要な課題となっているという点にある。階級闘争のような「富の分配」をめぐる紛争が規定する「産業社会」から、「リスクの分配」すなわちリスク回避をめぐる紛争によって規定される「リスク社会」へと転換しつつあるとベックは述べている。先程使った言葉で言えば、科学技術が「飢餓と貧困の克服」という目的を追求していた時代――科学技術の「恩恵」の面が前面に出ていた時代――の社会が「産業社会」、科学技術が「飢餓と貧困の克服」という目的をはるかに超えるような目的を追求するようになった時代――科学技術における「恩恵」と「リスク」の二面性が前面に出てきた時代――の社会が「リスク社会」ということになる。

リスクとは生活基盤への脅威であり、その破壊をもたらす可能性である。「富の分配」の時代においては、リスクは「飢餓と貧困」という、誰にとっても理解できる、そして科学技術にとっては外的なものであり、科学技術はそうした「外敵」から人間を守ってくれるものであった。しかし「飢餓と貧困の克服」という課題をほぼ実現したあとの「リスクの分配」の時代においては、リスクは科学技術そのものに由来するものであり、何がリスクであるかを正確に理解するためには高度な科学的、技術的知識が必要とされる。またリスクにどのように対処すべきかということについても、多くを専門家の判断に委ねなければならない。ベックはこのことに触れて、リスクを被る「当事者は自分にふりかかった事柄に何の権限も持ち合わせていない。知る主権の重要な部分を失っている」と述べている。[20]

科学技術の専門家の判断の誤りは破滅的な結果を引き起こしかねない。しかるに同じリスクに関して専門家どうしの意見が一致しないことはしばしばである。また今まで「無害」とされていたものが突然「有害」なものとして規制の対象になったりすることもある。科学技術の発達によってわれわれは飢餓と貧困の恐怖から解放され豊かさを手にしたが、その豊かさと引き換えに屈託のない笑いを失い、リスクへの不安に怯える社会に生きている、というのがベックの基本的な時代認識である。

いずれにしても、科学技術は社会と自然を危機に陥れることができるほどの巨大な力をすでに持ってしまっている。「力を振るう者」はその力が及ぼされる対象に対して責任を持たなければならない。この「責任」という概念こそ「リスク社会」における技術倫理の中核であり、価値判断の基準をなすものである。

これまで技術者はさまざまな夢を語り、不確かな明日に「確かなもの」を約束して人々に希望を与えるという役割を果たしてきた。現代の「リスク社会」において技術者は単に夢を語るだけであってはならない。

「力を振るう者」が当然受けるべき批判を真摯に受けとめ、自らの「責任」を語らなければならないのである。

《註》

(1) ハーバーマス『イデオロギーとしての技術と科学』長谷川宏訳、平凡社ライブラリー、二〇〇〇、一六八頁。ただし訳文は若干変更してある。
(2)『ハイデッガー全集第四〇巻　形而上学入門』岩田靖夫、ハルトムート・ブフナー訳、創文社、二〇〇〇、一六二―一六三頁。ただし訳文のカタカナ表記をひらがな表記に変更してある。
(3) 同書、一七〇―一七一頁。
(4) 同書、一七一―一七二頁。
(5) 同書、一七二頁。
(6) 同書、一六三頁。
(7) 同書、一六九頁。
(8) Helmuth Plessner, *Die Stufen des Organischen und der Mensch*, Plessner Gesammelte Schriften, Bd. IV, Suhrkamp, S. 364.
(9) Ibid., S. 383.
(10) Ibid., S. 384.
(11) リン・ホワイト『機械と神』青木靖三訳、みすず書房、一九七二、八八頁。
(12)『エリュール著作集1　技術社会（上）』島尾永康・竹岡敬温訳、すぐ書房、一九七五、五五頁。
(13) 同書、五五頁。
(14) ホワイト、前掲書、八七頁。
(15) 同書、八八頁。
(16) ハンス・ヨナス『責任という原理』加藤尚武監訳、東信堂、二〇〇〇、一四頁。
(17) 伊東寛『「第5の戦場」サイバー戦の脅威』祥伝社新書、二〇一二、一六頁。
(18) ウルリッヒ・ベック『危険社会』東廉・伊藤美登里訳、法政大学出版局、一九九八、三二四頁。
(19) 加藤尚武『技術と人間の倫理』ＮＨＫライブラリー、一九九六、三〇七―三〇八頁。
(20) ベック、前掲書、三六頁。

あとがき

座小田　豊

昨日からこの冬一番の寒気が日本列島を覆っているという。そのせいか、仙台でも冷え込みが強まり、雪も積もってきている。立春は過ぎたが、大学で卒業論文、修士論文、そして博士論文の口頭試問の日程が続くこの時期が、やはり一番寒くなるようだ。

ちょうど四〇年前の、私が修士論文の口頭試問を控えていた前日も、たしかにそうであった。前の日から雪が降り続いていたが、翌日の試問のことが気になって、午後から文学部の哲学・倫理学合同研究室に出かけて、自分の試問が始まる時間を確認しにいった。雪がますます降り積もって、アパートに帰るのが億劫になってきていた夕方近く、アパートのある北側の山の方をぼんやり眺めていると、加藤尚武先生に声をかけられた。家に来ないか、明日の口頭試問の予行演習をやってあげよう、とおっしゃる。先生は倫理学助教授であったから、哲学専攻の私の直接の指導教員ではなかった。私が、ヘーゲルの『イェーナ実在哲学II』で修士論文を書き上げたことをご存じで、それを肴にお酒をご馳走してくださるというのである。

そばに居合わせた当時哲学の助手をやっておられた須田朗さん（現中央大学文学部教授）も、そうしたら良いと言ってくださる。ならばと、帰りの方向が先生と同じ須田さんと三人で一緒に行こうとすると、偶然に研究室に顔を出された、哲学講座の助教授であった柏原啓一先生が、それじゃ車で送ってあげようということになったのである。雪道になっていたが、先生の車は前輪駆動車だから大丈夫だよ、ということで出かけ、八木山橋を越えて、動物公園に向かって上がっていく長い坂道の取っ付きにたどり着いた。ゆっくりと進んでいくと、坂の途中には何台もの車が放置されていたり、スリップして悪戦苦闘したりしていたが、それらをしり目に、なるほど前輪駆動車はどんどん登っていく。しかし、やがてカーブに差し掛かった急な坂道で柏原先生の車もとうとうスリップを始め、進めなくなってしまった。初めは私と須田さんが下りて車を押したが、どうしても滑ってしまって前に進めない。やがて、加藤先生まで降りてこられて一緒に車を押すことで、ようやく登りはじめ、そのまま急な上り坂がおわるところまで押し続けて、坂道を脱出することができた。ほっと安堵した時には、三人とも、雪まみれ、汗まみれでびしょ濡れになっていた。

加藤先生は当時単身赴任で仙台に暮しておられたが、そのお宅は、八木山の大学官舎で、なかでも古い粗末な、今考えると学生でさえ住みたいとは思わないような長屋つくりの建物であった。すぐにお風呂をつけてくださったように思うが、風呂は木製の、これも懐かしいと、しいて言えば言えそうな代物であったように思う。風呂から上がった後、先生と須田さんと私の三人で日本酒を飲みながら話をはじめ、先生から様々な質問が出されたが、いずれにもまともに答えられたという記憶はない。今かすかに覚えているのは、東京大学倫理学講座の小倉志祥（おぐらゆきよし）先生の、たしか「愛の弁証法」に関するヘーゲル論を出してこられて、これを読んでおくようにと言われたことくらいである。だいぶお酒を飲んだようで、いつ頃どのようにして寝たのかすら覚えていない。昼前であったか、すでに研究室に出ていた須田さんからの電話で呼び出されて、時間に間に合うよう、お礼を申し上げる間も惜しんでそこそこに慌てて先生の官舎を後にした。

合同研究室で顔くらいは洗ったかと思うが、口頭試問の部屋に入っていくと、細谷貞雄先生、滝浦静雄先生、岩田靖夫先生、そして柏原啓一先生が待ち構えておられ、どなたかが開口一番、酒臭いですね、と言われた。柏原先生か須田さんが、前夜のことを話していて、皆さんすでにご存知の様子で、詰問するというよりはにこやかに迎え入れてくださったように思う。修士論文について種々の質問がなされたが、その中身のことはまるで覚えていない。加藤先生との予行演習で試された質問は多分出てこなかったように思う。論文の主題であった「承認」について、どのような関係がその理想であると考えるのか、と岩田先生にかなり突っ込んで聞かれ、もしもそれが今分かっていれば、このような論文にはなっていなかったと思います、と答えた。すると、そこに細谷先生が割って入られて、そんな答え方をするものではないですよ、これからの課題にします、というべきですよ、と叱られたことは、今でもはっきりと想い起される。

時間にしておそらく四，五〇分のことだったのであろうが、酔っ払って試問に出かけるなどとは、まったく言語道断の学生であったのだろう。当時は、今と違って大学院入試は口頭試問の前に終わっていて、博士課程（現在の博士課程後期）への進学については面接試験の場でＯＫをいただいていたが、しかしまだ合格発表はなされておらず、多分口頭試問次第では覆りかねなかったのだろうと思う。加藤先生はもちろん、合格させてくださった先生方の寛容さ、そして包容力にただ感謝するばかりである。

私自身がこの三月で東北大学文学部を定年退職するということもあって、このような懐旧談を「あとがき」に書き連ねてしまった。私がこのようなことを書き記したのはほかでもない。加藤尚武先生の人となり、学生指導の仕方、そして見守り方の独自さをはっきり見てとっていただけると思ったからである。どの学生に対しても同様の接し方をされたわけではなく、学生の個性に応じた対応をされたのだと思うが、どのような場合でも、加藤先生はこのような眼差しを学生に注がれていたのだと思う。もちろん右の「事件」は先生に関わる私の様々な思い出のなかの一景に過ぎないことも付言しておきたい。

＊　＊　＊

さて、栗原さんが書かれた冒頭の「まえがき」にあるように、本書は、栗原さんを代表者とする科学研究費の「成果報告書」と、加藤尚武先生の喜寿記念論集というふたつの「目的」を合わせもっている。玉稿を寄せていただいた執筆者は、したがって、科学研究費の研究分担者と、加藤先生に学恩をいただいた者たちである。その多くが研究分担者であるが、全員が加藤先生に感謝すべくここに集い合った者である。各論考のタイトルからだけでもお分かりのように、先生の幅広く、かつ深い研究領域を示すかのように、参集した論考もまた多様なものとなっている。もちろん、先生に教えを受けたのは、私たちばかりではない。現在日本で活躍している研究者を見渡しただけでも、その数はこの数倍にも、いや数十倍にもなるであろうか。数多くの先生のご著書から直接的に、または間接的に影響を受けたであろう人たちとなると、恐らくはその幾百倍、幾千倍になるであろう。ここでは、僭越ながら、参集した者たちを代表して、先生へのいささか個人的な懐旧の想いを綴ることで「あとがき」に代えさせていただいた。大方のご寛恕を願う次第である。

二〇一五年　二月　一〇日

執筆者紹介（本文執筆順）

加藤　尚武（かとう　ひさたけ）
京都大学名誉教授、鳥取環境大学初代学長
一九三七年東京都出身
東京大学大学院人文科学研究科博士課程中退
専門：哲学、倫理学、環境倫理学、生命倫理学

小田部胤久（おたべ　たねひさ）
東京大学文学部教授
一九五八年東京都出身
東京大学大学院人文科学研究科修了。文学博士
専門：美学芸術学

納富　信留（のうとみ　のぶる）
慶應義塾大学文学部教授
一九六五年東京都出身
東京大学大学院人文科学研究科中退。ケンブリッジ大学大学院古典学部修了。学術博士
専門：古代ギリシア哲学

山内　志朗（やまうち　しろう）
慶應義塾大学文学部教授
一九五七年山形県出身
東京大学大学院人文科学研究科博士課程単位取得退学
専門：中世倫理学、近世スコラ哲学

鈴木光太郎（すずき　こうたろう）
新潟大学人文学部教授
一九五四年宮城県出身
東京大学大学院人文科学研究科博士課程中退
専門：実験心理学

佐藤　透（さとう　とおる）
東北大学大学院国際文化研究科教授
一九六一年新潟県出身
東北大学大学院文学研究科博士課程修了。文学博士
専門：近現代哲学

伊坂　青司（いさか　せいし）
神奈川大学外国語学部教授

一九四八年三重県出身
東北大学大学院文学研究科博士課程単位取得退学。文学博士
専門：近代ドイツ哲学、生命倫理、比較思想・文化論

座小田　豊（ざこた　ゆたか）
東北大学大学院文学研究科教授
東北大学総長特命教授（二〇一五年四月から）
一九四九年福岡県出身
東北大学大学院文学研究科博士課程単位取得退学
専門：哲学、近世哲学

栗原　隆（くりはら　たかし）
新潟大学人文学部教授
一九五一年新潟県出身
神戸大学大学院文化学研究科博士課程修了。学術博士
専門：近世哲学、応用倫理学、人間学

阿部ふく子（あべ　ふくこ）
日本学術振興会特別研究員
新潟県出身
東北大学大学院文学研究科博士課程修了。博士（文学）
専門：ドイツ観念論

松田　純（まつだ　じゅん）
静岡大学人文社会科学部教授
一九五〇年新潟県出身
東北大学大学院文学研究科博士課程単位取得退学。文学博士
専門：倫理学、生命環境倫理学

奥田　太郎（おくだ　たろう）
南山大学社会倫理研究所准教授
一九七三年東京都出身
京都大学大学院文学研究科博士課程 指導認定退学。文学博士
専門：倫理学、応用倫理学

野家　伸也（のえ　しんや）
東北工業大学工学部教授
一九五二年宮城県出身
東北大学大学院文学研究科博士課程修了。文学博士
専門：現象学、科学哲学、技術倫理学

生の倫理と世界の論理

Ethics of life, the logic of the universe

2015年3月31日　初版第1刷発行

編　者／座小田　豊　　栗原　隆

発行者／久道　茂

発行所／東北大学出版会

〒980-8577　仙台市青葉区片平2-1-1

Tel 022-214-2777　Fax 022-214-2778

http://www.tups.jp　info@tups.jp

印　刷／カガワ印刷株式会社

〒980-0821　仙台市青葉区春日町1-11

Tel 022-262-5551

ISBN978-4-86163-260-0　C3010